중국,
엄청나게
가깝지만
놀라울 만큼
낯선

〈가깝지만 낯선, 문화 속 인문학〉 시리즈 ❶

중국, 엄청나게 가깝지만 놀라울 만큼 낯선

의외로 낯선 중국 문화와 사유의 인문학

스위즈 지음 ─ 박지민 옮김

애플북스

중화민족은 지혜롭고 근면한 민족이다. 그러나 중국인은 목소리가
크며 시끄럽고, 돈과 겉치레를 좋아하며, 체면을 중시하고, 의심을
많이 한다는 평가를 받는다. 게다가 교육·문화·과학기술·건축·예
술 분야에서는 세계적으로 영향력 있는 인물이 그리 많지 않다. 유구
한 역사를 가진 대국大國 중국과는 어울리지 않는 상황이다. 왜 이렇
게 됐을까? 이 책에서는 바로 그 문제를 중점적으로 다루려고 한다.

사람마다 자기만의 사고방식과 습관이 있듯이, 각 민족도 다른
민족과 차별되는 사고 특성이 있게 마련이다. 똑같은 상황에서 대
뇌의 반응은 사람마다 다르고, 같은 정보를 들어도 가공하고 처리
하는 면에서 제각각이다. 민족마다 다른, 이런 사고방식을 '민족성'
이라 부른다. 그리고 이 민족성의 차이는 그들의 문화적 특성과 과
학기술적 성취를 결정짓는다. 이는 연구할 만한 가치가 있다.

사람마다 성장 환경이 다르고, 생활 경험이나 교육 배경, 유전적
요인도 다 다르다. 이런 요소들은 모두 한 사람의 사고방식에 영향
을 미친다. 한 민족이라는 전체적 각도에서 보면, 같은 민족에 속하
는 개인들은 공통의 역사 문화 배경을 갖고 있고, 비슷한 자연 환경

과 사회 환경에서 태어나 자랐다. 같은 교육 시스템을 거치면서 공통의 도덕 가치관의 판단 기준을 배우고, 여기에 공통의 유전적 요인이 더해져 다른 민족과는 차별되는 그 민족만의 공통적 사고 특성이 형성된다. 이런 사고 습관은 일단 만들어지면 문화적 유전 요소가 되어, 모든 사람들의 혈액 속에 흐르게 된다. 그들이 어디로 가든, 또 자신의 조국과 얼마나 멀리 떨어져 있든 상관없이 모두 민족의 전통 사고에 영향을 받게 된다.

중국인들은 어떤 문제를 관찰하고 사고하는 데 있어서 그들만의 사고 논리를 펼친다. 이런 논리는 세 가지로 나눌 수 있는데, 첫 번째는 중국인 스스로가 계승하고 발전시키는 것은 물론 세계에 적극적으로 퍼트릴 가치가 있는 우수한 논리다. 두 번째는 좋고, 나쁘고, 뛰어나고, 뒤처지는 것과 상관없는 민족적 특성을 가진 논리다. 세 번째는 인재 육성에 부정적 영향을 미치고, 민족의 소양을 높이거나 과학기술의 발전과 중국의 국제경쟁력을 높이는 데 제약이 되는 논리다.

논리학에는 보통의 논리학, 형식논리학, 양상논리학, 수리논리학 등 여러 종류가 있다. 이 책에서 다룰 내용은 '민족사고 논리학'이라 부를 수 있다. 여기서 말하는 논리는 보통 사람들이 이해하는 논리와는 사뭇 다르다. 과학자들이 탐색하는 과정에서 반드시 따라야 하는 사고법칙 외에 중국인들이 어떤 일을 마주했을 때 어떻게 정보를 가공하고, 어떤 각도로 관찰하고, 어떤 가치관을 기준으로 판단하는지에 특히 주목할 것이다. 이 모든 것들은 중화민족 사고 규칙에 근원을 두고 있으며, 그 사고 규칙은 중화민족의 인식과 행위를 지배하고 있다. 이 같은 내용을 다루는 목적은 이런 습관성 사고의 폐단과 이해득실을 따져보고 반성하기 위해서다.

뭐든 거리를 두고 보면 아름답다. 많은 문제들 역시 일정한 거리를 두고 바라봤을 때 더 정확히 볼 수 있는 법이다. 나는 중국에서 대학원까지 다녔고, 그 뒤 미국에서 7년간 공부했다. 박사 학위를 받은 뒤에는 싱가포르에서 10여 년간 일했다. 싱가포르 역시 중국인 위주의 사회다. 이 기간 동안 매년 중국에 돌아가 몇 개월간 강의도 했고, 홍콩·타이완·유럽 등지에서 열린 학회에 참석하거나 객원교수로 다녀오곤 했었다. 이런 경력은 내가 현재 세계 각지에 살고 있는 중국인들이 어떤 공통점을 갖고 있는지 발견하는 데 유리한 조건이 되었다.

만일 중국에서만 계속 살았다면 많은 문제점들을 정확히 볼 수 없었을 것이다. 예를 들어 중국에 살고 있는 사람들은 모든 사회 문제를 너무도 당연하게 체제 탓으로 돌린다. 그러나 세계 각지에 살고 있는 중국인華僑들을 비교해봐도 많은 문제들이 중국인 모두에게 공통으로 일어나고 있음을 발견할 수 있다. 이런 문제들은 전통에서 기인하고 아주 강한 문화적 힘이 되어 모든 중국인의 혈액 속에 흐른다. 이 중국인들이 중국말을 할 수 있든 없든, 또 중국어를 읽을 수 있든 없든 상관없이 모두 이런 사고의 영향을 받는다.

이 책을 쓰게 된 목적은 전 세계에 흩어져 살고 있는 중화민족의 후손들이 자신들의 사고습관을 알고, 그것의 득실을 이해하여 다른 각도로 세상을 바라보길 바라서다. 그것을 토대로 지혜를 넓히고 경쟁력을 높여 인류의 과학 문화 발전에 공헌하길 바라서다.

이 책에서 말하는 '중국인의 논리'는 중국인의 사고방식이며 처세 철학이다. 이 책에서 말하는 '중국인'은 국가 개념이 아니라 종족 개념으로, 전 세계 모든 중국인들을 의미한다.

이 책에서 다루는 문제들은 사실 엄청나게 크고 복잡한 문제들이라, 나 역시 완전하게 다 안다고 말할 수는 없다. 때문에 지금 나는 먼저 문제 제기를 하고, 함께 논의할 만할 가치가 있는 화제들을 정해 더 많은 사람들과 연구·토론하고 싶다. 이 책에도 이런저런 문제들이 분명 있을 테니, 여러 독자들이 비평과 의견을 주시면 성실한 태도와 넓은 마음으로 받아들여서 개선할 것이다.

이 화제들은 대중을 향한 것이기에 서술 방식 역시 대중들이 쉽게 받아들일 수 있는 방식을 택했다. 또한 추상적인 공식이나 논리는 가급적 피했고, 재미있는 사례를 들어 쉽게 쓰려고 노력했다.

내 딸 징징이 곧 고등학교를 졸업한다. 속 깊은 딸 때문에 평안한 마음으로 글을 쓸 수 있었다. 딸아이의 관찰과 지혜는 내게 신선한 자극이 되었다. 또한 이 책의 최초 독자로서 표현이나 서술상의 문제점들을 찾아내어 값진 조언을 해주었다.

싱가포르 국립대학교 교수

스위즈石毓智

목차

1

중국인의 언어와 음식:
왜 음식과 언어로 세상을 볼까?

음식 문화가 발달하다

중국인이 음식으로 세상을 보는 이유

민족과 상관없이 음식은 생존과 직결되는 것이기에 무엇보다 중요하다. 하지만 중국인들은 단순히 살기 위해서가 아니라 먹는 행위 자체를 통해 세상을 바라본다. 상당히 독특한 문화 현상이다.

한자 '美미'의 기원은 먹는 일에 대한 중국인의 생각이 얼마나 깊은지를 설명하는 좋은 예이다. '美大+羊=美'는 원래 '크고 살찐 양', 즉 '맛있는 양고기 덩어리'를 의미한다. 예부터 양고기는 중국에서 맛있는 음식을 대표하는 먹거리였고, 나중에 거기서 시각적인 아름다움과 청각적인 아름다움의 의미가 파생되어 나왔다.

중국인이 먹는 행위로 세상을 보는 이유는 아마도 살아온 환경 때문일 것이다. 중국인은 날짐승이나 들짐승을 봤을 때 가장 먼저 '잡아먹어야겠다'는 생각부터 한다. 과거의 한자 사전을 봐도 그렇다. 날짐승이나 들짐승 관련 단어에는 '육질이 연하다', '맛이 좋다'라고 설명되어 있어서 마치 요리책을 보는 듯하다. 이 또한 중국인이 오랫동안 먹고사는 문제를 해결하지 못한 것과 관련 있다. 당시에는 고기나 달걀 같은 단백질 음식을 섭취하는 일이 그리 쉽지 않아서 그런 것들만 보면 맹렬하게 식욕이 돋을 때였다. 눈에 띄는 대로 잡아먹은 결과 현재 중국의 들짐승이나 날짐승 수는 땅덩어리 면적이나 자연 환경에 비해 그리 많지 않다. 참새조차도 이제는 쉽게 볼 수 없게 되었다.

먹는 모습으로 인품과 능력을 판단하는 중국인

중국 문화에서 먹고 마시는 행위에는 깊고 돈독한 정이 숨어 있다. 결코 간과해서는 안 될 부분이다. 그 안에 깃든 오묘함을 이해하지 못한다면 중국인을 진정으로 이해하기 어렵다.

현대 사회에서 식사 자리는 가장 중요한 교제 장소가 되었다. 친구들 사이에서도 친한지 아닌지를 보려면, 또 아랫사람이 상사를 따르는지 아닌지를 알려면 식탁에서의 행동을 봐야 한다.

"조금 친하면 입만 살짝 적시고, 많이 친하면 크게 한 모금 마시고, 형제라 여길 정도면 위장에서 피가 날 만큼 마신다."

이 말은 술 마실 때 몸을 사리지 않을수록 서로 간의 감정이 깊고 사이가 좋다는 의미다. 만일 상대가 권하는 술을 받아 마시지 않는다면, 이는 상대방의 체면을 깎아내리는 행동이다. 특히 이 사람이 준 술은 마셨는데 저 사람이 준 술은 마시지 않는다면, 그것은 한쪽만 편애하거나 어느 한쪽을 얕잡아보는 것이라 생각한다. 술을 권할 때도 자기가 먼저 한잔 마시고 권하면 마음이 너그러운 사람이고, 자기는 입에도 안 대고 권하기만 하면 약삭빠른 사람이라 생각한다. 만일 술에 취해 터무니없는 말로 사람들을 웃기면, 분위기를 즐겁게 했다며 그의 희생정신을 오랫동안 기억한다. 몇 차례 이런 술자리를 갖는다면 다른 사람들 눈에는 그저 먹고 마시는 친구들로 보일지언정 그들끼리는 '절친'이라 생각한다.

공자孔子는 학구적인 학생을 좋아했다. 그가 학구적이라 판단한 기준은 바로 식사 태도였다. 공자는 배불리 먹으려 하지 않고, 편안한 곳에서 지내려 하지 않는 학생을 제일로 쳤다. 그다음은 공부 자세를 봤다. 매일 배불리 먹고 마시면 공부를 해도 들어갈 공간이 없을 것이라 생각했다. 공자가 문제를 보는 관점은 평범한 사람들과는 확실히 달랐다.

중국인은 먹는 것으로 그 사람의 품성을 관찰한다. 먹는 것을 좋아하는 사람은 게으르다는 속설이 있을 정도로 먹는 일에 지나치게 신경 쓰는 사람은 편한 것만 찾고 게으르다 여겼다. 대중매체에 자주 등장하는 '푸얼다이富二代. 중국 부자들의 자녀를 일컫는 말'들은 부모의 재력만 믿고 흥청망청 먹고 마시며 돈을 펑펑 쓰다가 결국은 집안 재산을 다 말아먹기도 한다.

사람들은 대부분 많이 벌어들이고 조금만 내주기를 바란다. 그래서 먹기만 하고 배설은 하지 않는 동물, '비휴中國 고서에 등장하는 전설 속의 동물로 금은보화를 먹고 산다고 한다. 입은 있으나 항문이 없어 한번 삼킨 것은 그대로 몸속에 간직하는데, 중국에서는 재물을 불러들이는 동물로 여긴다'를 만들어냈다.

사람의 기氣는 먹는 것으로 알 수 있다. 고서를 보면, 무림의 고수들은 잘 먹는다. 특히 술을 엄청나게 마신다. 남송 시대의 승려 제공濟公. 민간 전설에서는 정의롭고 용감한 승려로 묘사되었다은 엄청 말랐지만 식사량과 주량이 엄청났고,《수호지》의 무송武松은 호랑이를 때려잡기 전에 술을 열여덟 사발이나 마셨다.

지금도 사람들은 대접받기를 좋아한다. 술자리에서 대접을 잘 받으면 그 사람을 높이 평가하고 오랫동안 좋게 기억한다. 대접이 소홀하면 인색하다는 뒷말이 나게 마련이다. 중국에서 열리는 수많은 학술회의에서도 이런 대접 문화를 엿볼 수 있다. 그래서 회의 주최 측은 참석자로부터 좋은 평가를 받기 위해 음식 준비에 엄청난 비용을 쓴다.

회사에 출근하는 첫날, 대부분의 사람들은 그곳 분위기나 업무 상황을 파악하는 데 주력한다. 이때 중국인들은 서류뭉치를 뒤적이는 것보다 밥 먹고 술 마시며 파악하는 걸 훨씬 자연스럽게 생각한다. 일단 거한 회식 자리가 벌어진다. 사람들은 신입사원의 술 마시는 태도를 보며 성실한지, 회사 일을 열심히 할 사람인지, 특히 상사에 대한 충성도가 높은지를 관찰한다. 누군가 이 자리에서 상사를 위해 몸 바쳐 술을 마시고 인사불성이 되거나 한술 더 떠 병원에 실려 갈 정도로 술을 마신다면, 아마 그는 상사에게 깊은 인상을 주어 앞으로 중요한 일을 맡을 것이 분명하다.

아직도 많은 중국인들은 밥을 함께 먹지 않으면 일이 성사되지 않는다고 믿는다. 그래서 어떤 일을 하기 전에 가장 먼저 '식사 초대'를 한다. 다른 사람의 밥을 먹는다는 것은 그에게 정을 하나 빚진 것과 같으므로, 초대해준 사람의 일이 성사되도록 돕는 것으로 보답한다.

세계 여러 나라를 가봤지만, 중국만큼 많이 식사 자리에 초대하는 경우를 보지 못했다. 이제 '준비하다'라는 말은 '식사 자리를 준비하다'와 같은 뜻으로 쓰인다. 만일 누군가가 "오늘 저녁 일정은 내가 준비할게"라고 한다면, 그것은 저녁에 식사 대접을 하겠다는 뜻이다.

가족이나 친구 간의 관심 역시 먹는 것으로 표현한다. 집 떠난 자녀의 전화에 부모는 "밥은 잘 먹고 다니니"라며 걱정하고, 집에 가면 부모는 가장 맛있는 음식으로 사랑을 표현한다.

중국인은 옛 시절을 회상할 때도 음식을 가장 먼저 떠올린다. 어렸을 때 먹고 싶었지만 자주 먹지 못했던 음식을 가장 맛있는 음식이라 여기고, 오랜만에 고향을 찾으면 가족 친지를 만나는 일 외에 어렸을 때 자주 갔던 오래된 식당이나 가게를 찾아가 고향의 옛 맛을 음미한다.

다른 나라를 경험하지 못한 중국인들은 어쩌면 전 세계인이 모두 먹는 것을 가장 중시하고, 먹는 행위로 세상을 본다고 생각할 것이다. 하지만 민족마다 음식을 대하는 태도가 아주 다르다. 서양인들은 대체로 특별한 날이 아니면 가볍게 먹는다. '애플' 같은 큰 회사도 신제품 발표회에서 생수와 크루아상, 샐러드와 치즈 몇 종류만 내놓는다. 중국의 보통 가정에서 차린 손님 초대상보다 훨씬 간단하다.

중국의 음식 문화는 대단히 발달했다. 음식 종류의 풍부함이나 긴 역사는 말할 것도 없고, 그 안에는 다른 나라 사람들은 잘 이해하지 못하는 의미가 담겨 있다. 이 점을 알아야 중국인을 더 잘 이해할 수 있을 것이다.

언어의
힘을 믿다

중국인의 목소리가 큰 이유

언어에 특별한 힘이 있다고 믿는 중국인들은 꿈을 이루려 할 때, 자신의 목표를 표어처럼 만들어 여기저기 써 붙여놓고 마치 소리가 크면 클수록 목표에 가까이 다가가는 듯 매일매일 크게 소리 내어 읽는다.

하지만 현실을 고려치 않을 경우 종종 주관주의에 빠져 극단으로 치닫기도 한다. 신중국 성립 이후 중국이 추진한 '대약진운동'이 그렇다. 그 당시 중국 전역에 기개 넘치는 구호들이 넘쳐흘렀다.

"사람은 얼마나 대담하고, 땅은 얼마나 많은 것을 생산하는가!"

"1무畝, 중국의 토지 면적 단위로 약 666.7제곱미터 당 5천 킬로그램을 생산하자!"

이런 구호를 만든 사람들은 객관적 조건과 과학적 논증은 전혀 고려치 않고 맹목적으로 구호만 내걸었다. 그들은 토양이나 기후를 분석하는 일이나 각 농작물들의 성장 특성 따위엔 관심이 없었다. 당연히 어느 정도가 최대 생산량인지 전혀 알지 못했고, 또 알려고도 하지 않았다. 대중들은 크게 외칠수록 잘 따라올 거라 여기고 매일매일 구호를 읽고 외쳤다. 정상적인 농업활동이 불가능하자 결국

민족의 대재난이 닥쳐 대기근 시대가 오고야 말았다.

중국인이 큰 소리로 말하는 이유를 알려면 그들의 언어에 대한 태도를 눈여겨볼 필요가 있다.

언어에 신비한 힘이 있다고 믿는 사람들

민족마다 고유의 언어를 갖고 있지만 언어에 대한 태도는 다르다. 한족漢族은 예로부터 언어에는 신비한 힘이 있다고 믿었고, 이런 믿음은 중국 문화에 깊은 영향을 미쳤다. 나는 이런 현상을 '언어숭배교'라 부른다.

문화혁명1966년부터 1976년까지 10년간 마오쩌둥을 중심으로 이루어진 사회주의 운동 시기에 중국 사회는 갖가지 표어와 구호로 넘쳐났다. 마오쩌둥毛澤東 주석의 새로운 교지가 내려올 때마다 관리들은 날이 채 밝기도 전에 북을 치고 다니며 알렸다. 당시 중국인들은 새벽에 놀라 깨는 일이 많았다. 이는 관리들의 충심을 표현하기 위한 방법으로, 고대 황제의 교지를 받드는 모습과 거의 비슷했다.

표어와 구호는 도시는 물론 시골까지 넘쳐났다. '하나만 낳아 잘 기르자!', '남자아이나 여자아이나 다 같다!', '부자가 되려면 나무를 심자!' 등 주제와 화제도 다양했다. 이 같은 상황에서 지방 간부들은 중앙 정부의 새로운 정책이 내려올 때마다 공을 세우려 애썼지만, 결코 쉽지 않았다. 그래서 열심히 하고 있다는 것을 보여주기 위해 사람들이 해야 할 일을 눈에 확 띄게 갖가지 색깔로 크게 써서 왕래가 많은 길목 담벼락에 붙여놓았다. 매일 오가며 이것을 본 사람들은 "나도 저렇게 해야겠다"라는 마음이 생겼고, 시찰 나온 상부 간부들은 고개를 끄덕이며 만족했으니 그 일을 실제로 하는 것보다 선전 효과는 훨씬 더 좋았다.

중국인은 언어에 신비한 힘이 있다고 믿어서인지 역사적으로 여러 차례 문자옥文子獄. 문자나 글 때문에 화를 당하는 일. 필화 사건이 일어났고, 언론을 특히 엄격하게 제한했다. 서양에서 언어는 정보를 전달하는 부호에 지나지 않아, 듣지 않으면 그저 바람처럼 사라진다 생각해서 언론의 자유를 외친다. 부시 대통령 시절, 미국 내에서는 이라크 침공을 반대하는 시위가 연일 벌어졌지만, 그로 인한 큰 변화는 없었다.

가장 소박한 장식품, 서예

유럽이나 미국 가정에서 글씨를 장식품으로 집 안에 걸어두는 이는 거의 없다. 반면, 중국 가정에서는 서예 작품을 쉽게 볼 수 있다. 문자를 대하는 동서양의 다른 태도가 글자를 쓰는 체계에 차이를 가져왔다. 서양의 언어는 자모 문자다. 수십 개의 단순한 형태의 자음과 모음으로는 다양한 선의 변화를 만들어 예술로 끌어올리기 어렵다. 반면, 수만 자에 달하는 한자는 예술적 상상력을 발휘하기에 충분하다. 그래서 서양에는 없는 '서예가'라는 직업이 중국에는 있다.

서예는 오랫동안 중국 예술의 한 분야였다. 서예가 성행한 이유는 한자의 형태와 관련 있지만, 중국인의 언어 숭배 관념과도 관련 있다. 청빈한 학자나 성공하고 싶지만 별다른 계획이 없는 사람들이 가장 먼저 하는 일은 거실 벽에 자신이 원하는 내용을 크게 써서 걸어두는 것이다.

중국 대학교의 교훈도 대부분 학교 교문에서 가장 잘 보이는 자리에 있다. 유명한 서예가를 초청할 뿐 아니라 재료에도 정성을 기울여서 녹슬지 않는 강철이나 대리석에 글을 새긴다. 학교 곳곳은 선인들의 명언이나 교육 격언들을 새긴 돌이나 나무로 꾸며져 있다.

칭찬과 자랑은 깃발과 구호로

중국에서 가장 유행하는 표어, 구호는 따르고 본받자는 내용이다. 업종이나 기업마다 '선진 노동자', '모범 교사', '우수 소년대' 등 온갖 이름의 본받아야 할 모범 인물들이 있다. 그리고 벽에 걸린 현수막, 광고, 텔레비전, 신문 등 각종 매체에서 이런 내용들을 호소하고 있다. 고대 중국에서는 사람이 죽고 나면 각종 작위나 이름을 내리는 전통이 있다. 공자는 사후에 '만세사표萬世師表'라 불렸는데, 지금의 '모범 교사'라 할 수 있다. 예나 지금이나 모범을 세워놓으면 사람들이 자극을 받아 열심히 노력해 사회의 도덕 기준을 높일 수 있다고 생각한다.

반면, 미국에서는 이런 내용의 표어나 구호, 신문기사는 거의 찾아볼 수 없다. 나는 미국 내 대학교 세 곳에서 공부 또는 일을 했는데, 그 대학교 모두 노벨상 수상자가 강의를 하고 있었다. 하지만 그 어느 곳에서도 그들에 대한 광고나 소개를 찾아볼 수 없었다.

1997년, 내가 스탠포드대학교에서 공부하고 있을 때 핵물리학과

의 스티븐 추중국계 미국인 물리학자로 2009년부터 2013년까지 미국 에너지부 장관을
역임했다 교수가 노벨 물리학상을 수상했다. 어느 날 물리학과에 갈
일이 생겨 속으로 '건물에 축하 현수막이 걸리고 그의 업적과 생활
에 관한 보도 자료들이 전시되어 있겠구나' 했는데, 아무것도 없었
다. 유일하게 '스티븐 추'라는 이름을 물리학과 강의 시간표에 있는
전체 교수들 이름들 중에서 찾을 수 있었다. 스탠포드대학교에서
스티븐 추는 물리학과 학부생에게 강의를 하는 교수일 뿐이었다.

중국의 대학교라면 아마 완전히 달랐을 것이다. 온 학교에 노벨
상 수상자의 놀라운 업적을 알리는 선전물이 넘쳐날 테고, 'ㅇㅇ 동
지에게 배우자!', 'ㅇㅇ 동지에게 경의를 보낸다!' 같은 현수막이 여
기저기에 걸려 있었을 것이다. 게다가 노벨상 수상자는 과학 연구
분야에서 본받아야 할 대상일 뿐만 아니라 생활에서도 본받아야 할
대상이 되어 그가 아이를 데리고 다니는 모습, 가족과 식사를 하는
모습이 담긴 사진도 곳곳에 붙어 있었을 것이다.

본받고 따르자는 표어와 구호가 가득한 모습은 중국 문화의 특색
이고, 그 바탕에는 중국인의 언어에 대한 숭배의식이 숨어 있다.

아첨과 아부를 부르는 언어 숭배

대다수 중국인은 아첨, 아부를 저비용 고효율의 처세법이라 여긴다.
아첨은 어느 사회에나 있지만, 중국인이 특히 좋아하는 이유는 언
어의 신비한 힘을 믿기 때문이다. 언젠가 책에서 본 대화가 이런 중
국인의 특징을 제대로 보여준다.

"나는 이제 다른 사람에게 아첨하지 않을 테니, 다른 사람도 나한 테 아첨 안 했으면 좋겠어!"

"자네가 다른 사람에게 아첨을 안 할 수는 있겠지만, 다른 사람 이 자네에게 아첨을 못하도록 할 수는 없을 걸세. 왜냐면 아첨하는 사람은 자네가 아첨이라고 느끼지도 못하게 자네를 아주 기분 좋게 해줄 수 있거든!"

아첨에 대한 보통 사람의 심리를 그대로 보여주는 일화다.

과거 중국인은 이름도 함부로 부르지 않았다. 예전에는 아명兒名, 아이 때 이름이 있었고, 자字. 본명 외에 부르는 이름와 호號. 본명이나 자 이외에 허물 없이 쓰기 위해 지은 이름가 있었다. 스승이 학생을 부르는 법도, 학생들끼 리 부르는 법도 다 따로 있었고 아이는 부모의 이름을 부를 수 없었 다. 아이들끼리 싸울 때 상대방의 부모 이름을 부르는 것은 상대를 모욕하는 것과 같았다. 이름을 부호처럼 담담하게 여기는 서양에서 는 이런 현상을 찾아볼 수 없다.

중국인들은 서로의 관직명으로 불리기를 가장 좋아하고, 또 그게 예의다. 그래서 '~장'이라는 호칭이 넘쳐난다. 관직을 부를 때는 기 교가 필요한데 '버금가다'라는 뜻의 '부副' 자는 무조건 빼고 승진시 켜 불러야 하고부국장이면 국장이라 부른다, 또 죽을 때까지 통용된다. 국 장으로 퇴직한 지 수십 년이 흘러도 언제나 국장으로 불러야지, 그 렇지 않으면 권세나 재물에 빌붙는 소인배라 여긴다.

언어에 생각이 담기다

사물을 관찰할 때 중국인과 서양인의 차이

영국인은 사물을 관찰할 때 한 개인지, 두 개인지, 그 이상인지 수량을 주의해서 본다. 그래선지 영어 문법에도 단수와 복수를 표기하는 방법이 다르다. 한 개인지, 두 개인지가 중요치 않는 상황에서도 영어로 말할 때는 반드시 정확히 말해야 문법적으로 바른 문장이 된다. 사실 외국인이 보기에 'Two Books'의 's'는 별다른 의미가 없다. 'Two'라는 말에서 이미 정확한 수량을 알 수 있기 때문이다. 그래도 약속이기 때문에 지켜야 한다.

중국어로 말할 때는 사물의 수량보다 형태에 주의해야 한다. 사물의 수량을 셀 때는 형태에 적합한 '양사사람이나 사물 혹은 동작의 수량 단위를 나타내는 품사'를 사용해야 하기 때문이다. 중국어 문법은 수사와 명사를 이어 쓸 수 없고, 중간에 반드시 양사를 붙여야 한다. 만일 서점에 가서 "我要买5书책 5를 사고 싶어요"라고 하면 틀린 말이다. '5' 와 '书' 사이에 양사 '本권에 해당하는 양사'을 넣어야 맞는 말이다. 즉 "我要买5本书책 5권을 사고 싶어요"라고 해야 한다.

양사들은 보통 물체의 생김새에 따라 정해지기 때문에 중국인은 물체의 형태를 특히 주의해서 본다. 예를 들어 중국어로 케이크나

식빵을 말할 때 '세 케이크', '다섯 식빵'이라 말하면 다들 외국인이라 생각할 것이다. 중국인이라면 식빵에는 '片피엔'을 사용하고, 케이크에는 '块콰이'를 숫자 뒤에 넣는다. '片'은 비교적 얇은 물건에, '块'는 비교적 두툼한 물건에 사용한다. 사실 배고픈 사람에게 두께가 무슨 의미 있을까? 두툼하든 얇든 그냥 배만 채우면 되는데 말이다. 하지만 이 역시 중국어의 약속이니, 다른 사람과 소통하려면 이런 정보를 정확히 주어야 한다.

중국어 발음과 관련된 미신 문화

2012년 런던 올림픽에서 중국 육상 스타 리우샹은 금메달을 확신했던 선수였다. 하지만 경기 시작 후 첫 번째 허들도 못 넘고 넘어진 그를 보고 온 중국인들은 실망을 감추지 못했다. 당시 나도 그 경기를 보고 있었는데, 리우샹이 6조 4번 레인에 서 있는 것을 보고 갑자기 불길한 생각이 들었다. 숫자 '4'는 한자 '死'와 발음이 같아서 둘 다 '쓰'라고 발음한다, 중국인들은 생활 속에서 가능하면 이 숫자를 피하려고 한다. 휴대폰 번호가 4로 끝나는 번호는 원하는 사람이 거의 없고, 호텔에서도 4층이나 4가 들어가는 객실 호수는 없애거나 다른 숫자를 앞에 더하기도 한다.

경기가 끝나고 사람들은 리우샹이 4번 레인에 배정받았기 때문에 실수한 거라고들 했다. 사실 이 두 가지 사이에는 아무런 인과관계가 없다. 리우샹의 다리 부상이 재발한 것이 객관적 이유지만, 언어의 미신을 믿는 많은 사람들은 리우샹의 운이 나빴기 때문이라고 말한다.

숫자가 주는 심리적 암시가 사람들의 정서에 영향을 미치고, 그런 정서가 행동에 영향을 준다는 것을 인정하지 않을 수 없다. 수많은 국제대회를 치른 리우샹이 이런 숫자 때문에 마음이 흔들렸을 리는 없다. 하지만 숫자 미신을 믿는 운동선수가 불길한 숫자를 달게 됐다면 분명 긴장할 테고, 자신도 모르게 '아 큰일 났다. 불길한데…'라고 중얼거릴지도 모른다. 이 경우 평소 실력을 충분히 발휘하지 못할 가능성이 크다. 반면, 중국인이 좋아하는 6번 레인이나 8번 레인 앞에 섰다면 운이 좋다고 생각하며, 평소 이상의 실력을 발휘할 수도 있을 것이다.

숫자의 힘을 믿고, 숫자에서 어떤 사건과의 인과관계를 찾는 것은 중국인들에게 아주 보편적인 사고방식이다. 다른 나라 사람들은 아마 이런 미신도 믿지 않고, 숫자 때문에 정서에 영향을 받지도 않을 것이다.

한자가 중국인의 사고에 미친 영향

중국어는 한자를 필기 시스템으로 사용하고 있다. 그 한자의 본질적 제약 때문에 중국인의 사고가 직관에만 머물러 있고, 어떤 발견을 과학 공식으로 발전시키기 어렵다.

과학적 사고는 기호 체계와 밀접한 관련이 있다. 로마자라틴 문자 와 비교해서 한자는 부호화, 기호화가 어렵다. 즉 단어로 현실 세계의 사물 현상을 표현하고 개괄하는 데는 아무 문제없지만, 과학적·수학적 개념을 개괄하는 것은 어렵다. 예를 들어 로마자로는 X, Y 같이 자모 하나를 약속으로 정해 표기하는 것이 쉽지만, 한자는 그것이 어렵다. 기호, 부호는 과학 공식을 만드는 데 아주 중요하다. 과학 공식은 추론과 증명이 관건이고, 과학 시스템에 기대서 만들어지는 도구다.

표의문자인 한자는 극소수의 단어 외에 대다수는 모두 형체, 음, 의미의 삼위일체로, 어떤 한자어를 봐도 원래 의미의 관여나 제약에서 벗어날 수 없다. 이런 점이 과학적·추상적 사고에 불리하다. 만일 누군가가 어떤 과학이나 수학 공식을 발견했다 하더라도 한자로 표현하기가 매우 어렵다보니, 한 단계 발전하기도 어렵고 또 타인에게 과학적 보편성을 명확하게 이해시키기도 어렵다.

'피타고라스의 정리'가 그 대표적인 예이다. 단순히 로마자로 표기한 공식과 고대 한자로 표기한 것을 비교해봐도 부호와 기호의 중요성을 알 수 있을 것이다.

$$a^2 + b^2 = c^2$$

勾廣三, 股修四, 徑隅五 《주비산경周髀算經》*의 첫머리 구절

솔직히 말하면 《주비산경》의 '구勾', '고股', '경徑' 정리는 엄격한 의미의 정리, 규칙이라 할 수 없다. 왜냐하면 '3三', '4四', '5五'라는

---

* 작가 미상의 고대 중국의 천문 수학서. 기원전 5세기에서 기원전 2세기 후한 무렵에 편찬되었다. 원주율을 3으로 하는 등 수학적인 내용도 들어 있고, '피타고라스의 정리'와 같은 구·고·경의 법을 기초로 하는 개념도 제시되어 있다.

구체적인 숫자를 이미 언급하고 있으므로 수학적 개괄성이 약하다. 하지만 어쩔 도리가 없다. 한자 시스템에서는 간단하게 표현할 수 있는 방법이 없기 때문에 어떤 과학적 발견을 분명하면서도 단순하게 설명하기 어렵다. 로마자에서는 평방미터 부호를 'x²'으로 간단하게 약속하면 되는데, 한자로는 '廣광', '修수', '隅우'라는 세 개의 한자를 각각 사용해 표기해야 한다. 그러니 학생들이 헷갈리지 않을 수가 없다. 아마 후대인들도 '대체 이것이 무슨 말인가' 하며 갸우뚱했을 것이다. 그 결과 중국인이 발견했다 하더라도 어떤 수학적 시스템이나 분야로 발전시키기가 어려웠다.

중국의 과학기술 역사를 살펴보면 번뜩이는 생각은 결코 적지 않았지만, 그 생각이 직관적 응용에만 머물고 과학으로 발전되지는 못했다. 그렇게 된 이유들 중에는 한자의 쓰기 체계의 제약 역시 포함된다.

유명한 '조충칭상曹沖稱象, 조충이 코끼리 무게를 재다' 이야기를 통해 한자가 과학적 추상에 끼친 영향을 살펴볼 수 있다. 진수陳壽가 지은 《삼국지三國志》〈위서魏書〉에 실린 이 이야기는 중국에서 기념우표로도 발행되었고, 초등학교 교과서에도 실려 있다. 중국인이라면 누구나 알고 있는 교훈적 이야기가 실은 중국 과학 발전의 결함을 보여주는 사례인 셈이다.

조조의 아들인 조충은 대여섯 살 때부터 총명함이 남달라, 다들 어른보다 낫다고 했다. 어느 날 손권이 코끼리 한 마리를 선물로 보냈는데, 조조는 그 무게가 얼마나 나가는지 몹시 궁금했다. 사람들에게 방법을 물었으나, 누구도 나서는 자가 없었다. 그러자 다섯 살인 조충이 말했다. "코끼리를 배에 실은 다음 배가 물속에 어느 정도 가라앉는지 표시했다가 나중에 그만큼의 돌을 싣습니다. 그런 다음 그 돌을 꺼내 무게를 재면 될 것입니다." 그 말에 조조는 크게 기뻐했다.

이 이야기에서 다섯 살에 불과한 조충이 정말 이렇게 놀라운 지혜를 갖고 있는지는 별로 중요치 않다. 중요한 것은 《삼국지》가 쓰인 시대에 사람들은 이미 '부력의 정의'를 활용할 수 있었다는 사실이다. 하지만 이 역시 단순히 직관적 관찰에만 머물렀을 뿐 과학 규칙으로 만들지는 못했다. 이 직관적 관찰이 과학 규칙이 되려면 액체의 속성, 즉 부력과 부력이 발생하는 원인을 알아야 한다. 또 어떻게 부력을 계산할지도 알아야 한다. 이 내용을 정확한 공식으로 만든 것이 '아르키메데스 원리'다.

물론 겨우 다섯 살 아이에게 왜 부력 원리를 발견하지 못했냐고 탓할 수는 없다. 다만, 당시 그곳에 있었던 조조와 관료들은 그저 조충의 천재성만 칭찬했을 뿐 그 안에 담긴 의미를 생각조차 하지 않은 점이 안타깝다. 조조는 걸출한 문학가이자 군사가였지만, 아들의 천재성을 보고도 더 깊이 생각하지 못했다. 안타깝게도 이후 2천 년이 넘도록 후세인들도 다들 조충의 천재성에 감탄만 했을 뿐, 이 문제를 더 깊이 고민하고 연구한 사람은 없었다. 그렇게 이 위대한 물리학 정의는 중국인을 스쳐 지나가고 말았다. 예부터 수학적으로 사고하는 부분이 약하고, 수량화와 형식화에 대한 자각 의식이 부족해 수많은 발견이 직관적 관찰에 그치고 만 것이다.

현대에 들어서도 수많은 학자들이 조충의 이야기가 사실인지, 아닌지 진위에 대한 논쟁을 벌였다. 그런데 이 이야기가 사실인지, 아닌지 가리는 것이 무슨 큰 의미가 있겠는가? 최초 발견자가 조충인지가 중요한 것이 아니라, 당시 중국인도 이미 과학 규칙을 실제로 활용하고 있었다는 사실이 중요하다. 지금 우리가 진지하게 생각해봐야 할 부분은 그 뒤로도 조충이 코끼리의 무게를 잰 원리를 연구하고 발전시켜 과학 규칙으로 만든 이가 아무도 없었다는 점이다. 그렇다면 어떤 요인이 중국인의 과학기술 분야에 대한 연구를 제약한 것일까? 이 문제는 깊이 생각해봐야 한다.

중국에서는 전통적으로 수학 사상이나 논리 추리가 직관적 형상을 대체하는 데 그쳤다. 설령 번뜩이는 발견을 했더라도 간단한 정의나 정리로 개괄하는 것이 어렵다보니 과학 체계로 발전시키기 곤란했다. 이런 까닭에 보편적인 규칙을 찾기도 어려웠고, 논리적 추론으로 발전하기도 힘들었다. 수학 언어는 보통 부호나 기호로 대체된다. X, Y로 모든 변수를 대체할 수 있고, 수학 계산이나 수학 관계도 =, +, > 같은 특수 부호로 간단히 설명할 수 있다. 반면, 이런 부호가 없다면 모든 것을 말로 설명해야 하니 복잡하고 길어진다. 게다가 말로 정확하게 설명할 수 없는 수많은 공식들도 있다 보니, 더 이상의 발전이 어려울 수밖에 없었다.

간단한 실험을 해봐도 알 수 있다. 수학 분야에서는 그리 복잡하지 않은 '테일러 공식'이 있다. 이 공식을 모르는 사람에게 중국어로 한번 설명해보자. 그리고 자신은 정확히 설명할 수 있는지, 또 상대방은 알아들을 수 있는지 살펴보자. 아마 당황스러운 결과에 직면할 것이다. 이 실험을 통해 자음과 모음 체계가 과학 사상 발전에 얼마나 큰 기여를 했는지 알게 될 것이다.

다시 돌아와서 중국어가 한자 같은 문자 체계를 선택한 것은 우연이 아니다. 어떤 언어에 어떤 글쓰기 방법이 맞는지를 연구해서 그 논리에 따른 것이다. 중국어의 음절 구조는 단순해서 같은 발음이 굉장히 많다. 예를 들어 일一. 중국어 발음으로 [yī]과 똑같은 발음의 한자가 1천 개에 달한다. 이렇게 많은 한자를 다 병음중국어 한자음을 로마자로 표기하는 발음부호. 자음에 해당하는 성모가 21개, 모음에 해당하는 운모가 15개로 총 36개다 'yī이'라고 쓴다면, 아마 이 단어가 무슨 뜻인지 알기 어려울 것이다. 그렇게 되면 독서하는 속도가 현저히 떨어지고, 내용을 정확히 이해하기도 어려워진다.

반면, 로마자로 표기하는 방법을 선택한 언어는 그것으로 발음, 단어, 어법의 특징이 정해진다. 그들 언어의 단어들은 대다수 다음절이며, 하나의 음소로 어법의 범위를 정하기도 한다. 예를 들어 's'로 명사의 복수를 표시할 수 있다. 때문에 문자를 기록하는 데 이런 언어들은 대단히 편리하다.

많은 사람들이 중국어와 한자를 정확하게 구분하지 못하고 대부분 한데 섞어서 말한다. 많은 사람들이 중국어는 배우기 어렵다고 하는데, 사실은 한자가 쓰기 어려운 것이다. 언어의 본질은 청각적 시스템이고, 문자가 이런 청각적 시스템을 시각 부호로 바꾸는 것이다. 문자는 언어의 외재된 저장장치이지, 모든 언어에 다 있어야 하거나 부족해서는 안 되는 부분은 아니다.

갑골문자로 시작된 한자 기록의 역사는 3천 400여 년에 불과하지만, 중국어는 그 이전에 이미 존재했다. 전 세계에 6천여 종의 언어가 있지만, 그중 대부분은 고유의 문자가 없어 다른 문자를 빌려 자신의 언어를 쓰는 방법을 만들었다. 문자를 빌려 쓰는 일은 아주 많았다. 과거에 일본어, 한국어, 베트남어 등도 한자를 빌려 글을 썼지만, 지금은 일본어가 아직까지 일부를 한자로 쓰는 것 말고는 한국어, 베트남어는 모두 고유의 문자로 기록한다.

고유의 문자가 있느냐, 없느냐 하는 것은 한 민족의 문명에 지대한 영향을 미친다. 또 어떤 문자 체계를 선택하는가에 따라 그 민족의 과학기술이 어떻게 발전할지 방향이 정해진다. 만일 문자 체계가 없다면 사람들의 생각은 머릿속에서만 맴돌다 사라질 것이다. 타인이나 후손에게 전해질 수 없을뿐더러 발전하는 일 역시 어려워질 것이다.

보고 들은 기억만으로 전해지는 사상은 오랫동안 이어지기 어렵다. 그래서 나는 중화민족 5천 년 역사에서 한자가 담당한 역할이 결코 작지 않다고 생각한다. 다만, 우리는 한자가 기호로 대체되는 데 불리한 문자라는 사실에 주목해야 한다. 한자의 이런 점 때문에 중화문명에는 문학·역사·철학 방면이라는 직관적 사유 분야가 특히 발전했고, 추상적·논리적인 과학 체계가 만들어지기 어려웠던 것이다.

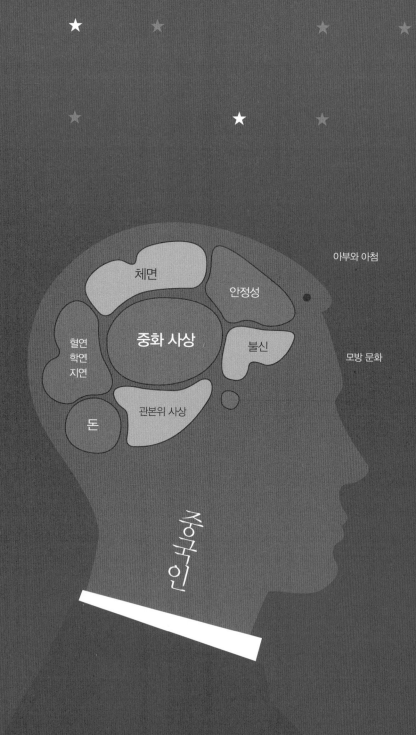

2

중국인의 모방과 창조:
왜 따라하고 베끼기를 좋아할까?

같음을
추구하다

남과 다른 것을 두려워하는 중국인

중국인의 사고방식에는 특징이 있는데, 그중 하나는 '같음'이다. 통일 또는 일치되는 것을 좋아하고, 일반적이지 않거나 도드라지는 사람 또는 일을 참지 못한다. 누군가의 언행이 다른 사람과 다르면, 정신이 병들었다고 생각한다. 그 때문에 현대 중국 사회에서 정신병은 점점 더 많아지고 있다.

의학적으로 정신병은 신체 일부가 아니라 정신적으로 문제가 있는 것으로 본다. 즉 정신의 장애나 이상으로 말미암아 말과 행동에 문제가 생긴 것으로, 병원에서 약물 치료 등을 받는다. 만일 어떤 사람의 말과 행동이 비정상적이라는 생각이 들면 농담처럼 말한다. "약이나 먹어!" 또는 "오늘 약 먹는 걸 잊었나 봐!" 남과 다르거나 이상한 행동을 하면 바로 "너 어디 아프냐?"라는 말을 듣는다. '왜일까' 하는 의심도 없이 바로 '병'이라는 단어를 쓴다.

오늘날 이 말은 너무도 흔하다. 마치 자신이 정신과 전문의라도 된 것처럼 함부로 사용한다. 타인의 상황을 판단해줄 능력도 없으면서 말이다. 물론 그들 모두 자신은 아주 건강하고 정상적이라고 생각한다. 그들의 진단 기준은 자신이 생각하는 정상적인 말과 행동이고, 거기서 벗어나면 아픈 사람이다.

'미쳤다', '아프다', '이상하다'라는 말의 위력을 하찮게 여겨서는 안 된다. 대중이 인정하는 행동 기준을 벗어나면 바로 이런 말들을 쏟아낸다. 그로 인해 개성이 강하고 독특한 행동을 하는 이들은 심한 압박감을 받는다. '다른 부류'라고 분류된 사람들은 살아남기 위해 얌전히 대중 속으로 숨어들어가 결국은 남들과 똑같은 사람이된다.

보통 사람에게 누가 "저 사람은 미쳤어. 이상해!"라고 한다면, 그 것은 부모를 욕하는 것보다 견디기 어렵다. 이 말은 강한 살상력을 지녀 한 사람의 생활과 일에 직접적인 영향을 미친다. 누가 부모를 욕하면 마음에 담아두지 않고 무시하면 되지만, 많은 사람들이 한 사람을 두고 "미쳤어, 이상해!"라고 하면 다들 그와 거리를 두고 가까이하려 들지 않기 때문이다.

공자는 문제아

공자가 죽고 나서 왕과 제후를 비롯한 많은 이들이 공자를 성인으로 받들었다. 제자 재여宰予는 공자를 성인으로 추대하는 활동을 벌이면서 '공자가 요순堯舜 임금보다 훌륭하며, 고금을 통틀어 가장 현명하고 덕 많은 사람'이라고 말했다.

하지만 생전에 공자는 오늘날처럼 추앙받는 성인이 아니라 오히려 그 반대였다. 그가 여러 나라들을 돌아다닐 때 일반 백성은 물론 제후나 군주 누구도 그를 반기거나 만나려 하지 않았다. 공자는 단순히 냉대를 당한 정도가 아니라 '사서 고생한다', '제 무덤을 판다'며 비웃음을 들었다.

문지기는 예나 지금이나 지위가 높은 직업은 아니다. 그런데 이런 사람들도 공자를 풍자하고 비꼬았다.

어느 날 제자 자로子路가 작은 마을에서 하루 머물고 다음 날 아침 일찍 성을 나서는데, 성문을 열던 문지기가 물었다.

"어디서 오셨소?"

"노나라에서 온 공씨 성을 가진 분을 모시고 있소"

"그 성공하지 못할 줄 알면서도 포기하지 않고 계속 다니는, 그 양반 말이요?"

이 문지기는 공자를 '고지식하고 융통성 없는 사람', '타협을 모르는 고집불통'이라고 말한다. 오늘날의 말로 해석하면 결국 '이상한 사람', '미친 사람'이다.

노나라에서 사법부의 우두머리였던 공자는 그 지위를 내려놓고, 아내와 자식도 팽개치고, 제자들을 이끌고 여러 나라를 떠돌며 살았다. 오늘날의 평범한 사람들이 이런 공자를 어떻게 볼까? 가장 적합한 말이 아마 '이상해, 미쳤어!'일 것이다.

지금 중국의 수많은 '공씨' 중에서 아마 공자가 가장 유명할 것이나, 당시에는 그렇지 않았다. 세상 사람들이 자기 스승을 어떻게 보는지도 모르고, 스승이 유명한 사람이라고 철썩 같이 믿는 자로는 귀엽기조차 하다. 다들 스승을 우러러볼 줄 알았는데, 문지기로부터 이런 말을 들을 줄 아마 상상도 못 했을 것이다.

춘추전국시대에 은둔하며 수양하던 이들은 자기가 가장 똑똑하지만 속세를 떠나 청렴하고 고고하게 산다고 생각해 공자를 못마땅하게 여겼다. 공자가 잘못된 길을 깨닫지 못하고 계속 가는, 여기저기 기웃거리며 관직을 얻으려는 세속적인 사람이라 생각했다.

공자가 여러 나라를 돌던 시절, 한번은 강을 건너려 하고 있었다. 나루가 어딘지 몰라 둘러보니, 근처에 일하는 농부 두 명이 있어 자로에게 가서 물어보라 했다. 그 두 사람은 장저長沮와 걸닉桀溺이었다 장저와 걸닉은 공자와 같은 시대에 살던 은둔자로, 진짜 이름은 알 수 없다. 자로가 그들 앞에 서서 공손하게 예의를 갖춰 물었다.

"강을 건너려고 하는데, 나루가 어디 있습니까?"

장저는 쟁기질을 하면서 대답은 하지 않고, 오히려 자로에게 물었다.

"방금 말고삐를 잡고 있던 이는 누구인가?"

"공孔 자, 구丘 자를 쓰십니다."

"노나라의 그 공구공자의 본명 말인가?"

"그렇습니다."

"천하의 잘못된 점을 바로잡을 수 있다는 사람이니, 나루가 어디 있는지 정도는 알지 않겠나!"

그리고는 쟁기질을 하며 더 이상 상대해주지 않았다.

두 사람의 대화에서 우리는 공자가 제자들의 보살핌을 받으며 편안하게 이 나라, 저 나라를 다닌 것이 아니라 직접 마차를 몰며 다

녔음을 알 수 있다. 그런데 장저의 말이 너무 심하다는 생각이 든다. 가르쳐주지도 않을 거면서 누구냐고 묻고, 심지어 비꼬기까지 했으니 말이다. 성격이 불같았던 자로가 남의 나라라 조심해야 한다는 생각에 참지 않았다면 아마 큰일이 일어났을 것이다.

사실 공자는 이 두 사람이 평범한 농부가 아니라, 속세를 떠나 숨어사는 고수임을 알아보았다. 장저의 비꼬는 말에 이어 옆에 있던 걸닉은 한술 더 뜬다.

"온 세상이 하나같이 무질서하고 도가 무너졌는데, 당신은 누구와 함께 이런 세상을 바꾸려 하는가? 공구처럼 사람을 피해 다니는 사람을 따라 다니느니, 차라리 우리처럼 세상을 떠나 농사를 짓는 게 낫지 않겠는가?"

걸닉은 공자를 '사람을 피해 다니는 사람'이라 했다. 요즘 말로 '사람과 어울리지 못하는 사람', '스스로 사람과의 관계를 끊은 사람'이라 할 수 있다. 요즘에 미친 사람을 보면 피하듯이 당시 보통 사람들도 공자를 보면 피했다.

어떤 사회든 큰 포부를 지니거나 무언가를 추구하는 사람은 '이상한 사람', '나와 다른 사람'으로 취급받는다. 다행히 춘추전국시대에는 아직 강력한 집권 국가가 출현하기 전이라 정치 분위기가 자유로웠고, 사람과 사람 사이도 지금처럼 경쟁 관계만은 아니었다. 때문에 공자 같은 사람도 벽에 부딪히고 궁지에 몰리긴 했어도 살아남을 여지는 있었다.

중국 사상의 황금기였던 춘추전국시대는 수많은 철학자를 배출했고, 중화민족 정신을 형성해 많은 나라에 영향을 주었다. 공자가 살던 시대에는 집권 사상이 완전히 형성되지는 않아서 사회적 관용도가 컸기에 많은 사상가들이 배출될 수 있었다.

스티브 잡스가 중국인이었다면

미국은 개방적이고 다원화된 사회다. 그런 곳에서도 어렸을 때부터 남들과 다른 길을 걸었던 스티브 잡스는 결코 평범하지 않은 독특한 사람이었다. 다행히도 미국 사회는 관용도가 커서 잡스가 큰 문제없이 살 수 있었다. 현재 그는 미국에서 창조성이 가장 뛰어난 사람으로 손꼽힌다.

어렸을 때부터 시작된 잡스의 독특한 행동을 과연 우리는 아무렇지 않게 받아들일 수 있을까? 다음 내용을 보면 내 질문의 뜻을 이해할 수 있을 것이다. 만일 그가 중국인 사회에서 자랐다면 어떤 결과가 나타났을지 한번 상상해보길 바란다.

잡스는 초등학교 시절 여교사의 의자 밑에 자신이 만든 화약을 설치해 터트려 기절시켰고, 고등학교 시절부터 마약을 했다. 차고에서 마약을 발견한 아버지가 불같이 화를 내도 잡스는 아랑곳하지 않았다. 잡스는 대학을 1년 만에 그만두고도 9개월 동안 친구 기숙사에 얹혀살면서 수업을 들었다. 대학을 중퇴하고 집으로 돌아온 잡스는 비디오게임 회사인 '아타리Atari'에 취직했다. 면접날, 잡스는 부스스한 머리에 낡은 옷을 입고, 거기에 슬리퍼 차림으로 면접실에 들어가 '일자리를 주지 않으면 이곳에서 한 발도 나가지 않겠다'고 소리쳤다.

아타리에서 몇 달간 근무하던 잡스는 어느 날 갑자기 '인도에 정신수양을 하러 간다'며 사표를 던지고, 자신의 여행 경비도 해결해달라고 요청했다. 아무튼 잡스는 정말로 인도로 떠났고, 그곳에서 7개월을 머물렀다. 회사에 있을 때도 잡스는 잘 씻지 않아서 멀리서도 그의 좋지 않은 체취를 맡을 수 있었다. 또 상대방의 감정은 아랑곳 않고 함부로 말하다보니, 동료들 중에서 잡스를 좋아하는 이가 단 한 명도 없었다. 회사 직원들의 거듭되는 요구로 사장은 결국 잡스를 야간 근무조로 돌렸다.

잡스가 유명해진 뒤 스탠포드대학은 그를 초청해 강연을 열었다. 강단에 오른 잡스는 학생들을 보자마자 두 가지 질문을 했다.

"여기 아직 처녀, 총각인 사람?"

"여기서 마약해본 사람?"

학생들은 당황했고 분위기는 싸해졌다.

잡스가 스물세 살 때 사귀던 여자친구가 딸 리사를 낳았지만, 처음에는 본인의 딸임을 인정하지 않았다. 리사 모녀는 정부의 생활보조금을 받을 정도로 경제적 사정이 어려웠다. 당시 잡스는 이미 백만장자였지만, 모녀를 전혀 돌보지 않았다. 결국 재판을 통해 친자임을 인정한 후에야 비로소 딸에게 경제적 지원을 하는 등 아버지 역할에 충실했다.

또한 잡스는 자기 이름이 동업자 스티브 워즈니악에 이어 두 번째로 적힌 애플사의 직원 명단을 보고 난리를 피웠다. 재무부서 담당자는 기지를 발휘해 잡스 앞에 '0'이라는 숫자를 써서 그를 달랬다.

잡스의 일화는 이외에도 얼마든지 더 있다. 앞에서 말한 일화 중 단 한 가지 행동만 해도 아마 중국인은 쉽게 받아들이지 못할 것이다. 잡스의 행동은 중국인에게는 이상하다 못해 거의 정신병자 수준처럼 보인다. 특히 인도로 정신수양을 떠나기 위해 멀쩡한 회사에 사표를 내는 일은 중국인이라면 아마 상상도 못할 일이다. 미치지 않고서야 절대 할 수 없는 일인 셈이다.

사실 중국인 사회의 문제는 다들 너무나 정상적이라는 점이다. 정신적인 집착이나 무엇인가를 끝까지 지켜내려는 정신이 부족하다. 잡스 같은 창조적인 인물은 자신만의 집착과 고집을 갖고 있다. 그들은 발명과 창조로 세상을 바꾸려는 포부를 가지고, 자신이 추구하는 일에 모든 것을 쏟아 붓는다. 그런 모습이 타인의 눈에는 천진하게도 보이고, 이상하게도 보인다. 그래서 남들과 똑같이 사고하기를 바라는 중국인 사회에서는 잡스 같은 창의성이 뛰어난 사람을 만나기 어렵다.

부모와 중국 사회로부터 만들어진 교육관

다른 나라에 살면서 중국어도 못하고 중국 관련 책도 읽지 않은 중국인들도 사고방식은 중국인만의 특성을 많이 닮았다. 아마도 어렸을 때부터 부모의 말과 행동을 보고 배웠기 때문일 것이다. 부모의 영향은 무시 못 할 부분이다.

중국의 부모들은 아이가 어릴 때부터 질서를 존중하고, 겸손하라고 가르친다. 그런 교육의 목적은 아이가 사회 속에서 잘 어울려 살기를 바라서다. 중국의 부모들은 개성이 강하고 독립적으로 행동하는 아이로 키우지 않으려 하며, 권위에 도전하고 전통에 반하는 것을 특히 싫어한다.

공자가 교육기관을 만든 이후로 학교는 학생을 똑같은 모습으로 길러내는 곳이 되었다. 공자는 '유교무류有敎無類'를 주장했고, 후대 인들은 그것을 '신분의 귀천에 상관없이 똑같은 교육을 받는다'라고 해석했다. 하지만 그 해석은 틀렸다. 공자의 교육 목적은 '교육을 통해 모두를 분류할 수 없이無類 똑같이 만든다'는 것이다. 즉 교육을 통해 학생들을 지식 구조나 능력, 심지어 성격까지 비슷한 사람으로 만드는 것이 최종 목적이었다.

공자는 학생들이 《시경詩經》을 외우고 예법과 음악을 공부해서 나중에 모두 정치가가 되길 바랐다. 때문에 번지樊遲가 농업을 배우고 싶다고 했을 때 불같이 화를 내며, 쓸모없는 소인배라고 꾸짖었던 것이다. 성격이 급한 자로를 온갖 방법을 통해 조금은 느긋하게 바꾸었고, 느릿느릿한 염유冉有는 일을 빨리하도록 닦달했다. 공자는 장점은 살리고 단점은 보완하는 교육 방식을 주장했다. 그 어떤 일도 넘치는 것은 좋지 않다 여겼다.

이처럼 고대 중국의 교육은 개인의 개성과 특성을 억누르는 방법을 택했기에 배출된 인재들은 거의 다 비슷비슷했다. 치열한 사상 논쟁의 불꽃은 스러졌고, 모난 부분은 둥글게 마모되었다. 이로 말미암아 독특하고 뛰어난 사상가와 과학자는 거의 나오지 않았다.

현대 중국의 교육도 유교식 교육 방법을 따르고 있다. 대학 교육을 예로 들어보자. 중국에는 수백 개의 대학교가 있지만, 분명한 개성을 가진 대학교는 많지 않다. 모든 대학은 통일된 시험을 통해 학생을 뽑고, 통일된 교재로 학생들을 가르친다. 같은 전공의 학생들은 똑같은 과목을 듣고, 비슷한 내용을 배운다. 그 결과 이 대학이나 저 대학이나 비슷하고, 이 학교 학생이나 저 학교 학생이나 별 차이가 없다.

　동서양은 사고방식이 다르기 때문에 가치판단의 기준도 다르다. 중국인은 '같음'을 추구하기에 어떤 일이건 모두와 같은 것이 좋다고 생각한다. 중국인에게 좋은 학생이란, 부모와 교사의 말을 잘 듣는 학생이다. 학교에서 모범 학생의 기준은 '규율을 잘 따르고, 교사를 존경하고, 학생들의 단결에 힘쓴 학생'이다. 이 말에서도 우리는 어떤 일에 나서거나 눈에 띄는 것을 좋아하지 않음을 알 수 있다.

　반면, 서양에서는 '다름'을 추구해서 개성 있는 학생을 좋게 본다. 서양에서 교사들이 학생을 칭찬할 때 가장 많이 쓰는 말은 바로 "너는 특별하단다You are special!"이다. "너는 다른 학생들과 다르다!"라고 칭찬하는 것이다. 이 말은 중국인에게는 칭찬보다는 비판에 가깝다. 중국인에게 '특별하다', '다르다'는 말은 그 사람의 언행에 동의하지 않는다는 의미를 담고 있는 경우가 많다.

　중국의 대도시 건축도 마찬가지다. 도시마다 땅이 파헤쳐져 있고, 부동산 개발 열풍이 불면서 곳곳에 고층 건물들이 들어서고 있다. 건축물의 외관만 보면 중국 어느 도시나 거의 비슷해서 건축물만으로는 어느 도시인지 가려낼 수 없다. 반면, 같은 시기라면 도시는 달라도 건물은 마치 한 장의 설계도로 지은 것처럼 비슷해서 건물의 구조만 보고도 어느 시대에 지어진 것인지 알 수 있을 정도다.

　중국인이 시류에 휩쓸리거나 유행을 쫓는 것도 이런 같음을 추구하는 사고와 관련 있다. 다들 좋다고 하거나 유행하는 어떤 물건이 나오면 다들 자신에게 필요한지, 맞는지 따져보지도 않고 일단 사고 본다. 다른 사람에게 뒤떨어질까 염려해서다. 어떤 사업이 유망하다고 하면 다들 그 분야에 뛰어들고, 어떤 색깔이나 디자인이 유행하면 다들 그것을 산다. 텔레비전에서 어떤 음식이 건강에 좋다고 하면 다들 몰려가 사먹는다. 헬스, 기공단전호흡, 태극권 등도 중국에서는 단체 운동에 속한다. 이런 사회 현상의 바탕에는 바로 같음을 추구하는 사고가 큰 역할을 하고 있다.

중국인은 특별하거나 남과 다른 것에는 마음을 잘 주지 않는다. 언어로도 폄하하거나 배척하고, 몸에 있다면 그것을 없애려고 한다. '맨 앞에서 날아가는 새가 총 맞는다', '모난 돌이 정 맞는다', '돼지는 살찔까 두려워하고, 사람은 이름이 날까 두려워한다', '다른 나무보다 높이 자라면 반드시 바람에 쓰러진다' 같은 속담을 봐도 알 수 있다.

중국인은 천성적으로 다른 것을 없애려는 욕망을 품고 있다. 같음을 추구하는 사고 때문에 판단이나 가늠하는 기준도 단 한 가지 방식을 선택한다. 학생의 좋고 나쁨도 점수로 나누어, 점수는 학생의 목숨 줄이 된다. 세계 어디를 가도 중국인은 이런 생각을 갖고 있다.

시험에 초점을 맞추는 교육 제도에서는 학생의 지식과 사고 능력이 모두 한 방향으로 맞춰진다. 관직과 직위의 높고 낮음에 따라 사람을 평가하고, 돈을 얼마나 버느냐에 따라 사업가의 능력을 평가한다. 이 모든 평가 기준은 너무나 단순한 수치에만 의존한다. 이런 기준이 합리적인지에 대해서 고민하는 사람은 거의 없다.

같은 것이 좋은 것이고, 특별하거나 다르거나 눈에 띄는 것은 좋지 않다는 중국인의 사고 습관은 생각보다 강력하다. 아직도 많은 중국인들이 정치적으로나 사회적으로 같음을 추구하고, 행동을 통일하고, 사상적으로 이견을 달지 않는 것이 가장 긍정적인 현상이라고 생각한다. 가정이나 회사에서도 마찬가지다. 이런 '대통일' 사상이 중국인 사고방식의 가장 큰 특징이다.

그런데 과학기술의 혁신은 다른 사고에서 온다는 사실을 알아야 한다. 역사적으로나 실제 상황을 보더라도 중국인은 창의력과 혁신성이 떨어지는데, 이 역시 중국인의 같음을 추구하는 사고와 관련 있다.

긍정에서 부정으로 의미가 바뀐 단어, '괴짜'

'치파奇葩'는 중국에서 잘 사용하지 않던 단어였는데, 최근 몇 년 사이에 갑자기 유행어가 되었다. 치파란 원래 '진기하고 아름다운 꽃'을 뜻하지만, 인터넷에서는 어떤 사람이나 사건, 사물이 기이하고 개성 있어 인간 세상에서는 아주 드물다는 뜻으로 쓰인다. 한마디로 '괴짜'라는 뜻이다.

중국에서 누군가가 "너는 정말 괴짜야!"라고 한다면, 듣는 이는 아마도 상당히 불쾌할 것이다. 이 말은 그의 언행에 절대 동의하지 않는다는 부정적 의미로 사용되기 때문이다. 원래대로라면 치파는 아주 긍정적인 의미로 쓰여야 한다. '기화이초奇花異草, 진귀한 꽃과 풀'라 해서 아주 뛰어난 문학 작품을 비유할 때 즐겨 사용했다. 흔히들 루쉰의 《아Q정전》을 '중국 근대문학의 한 떨기 치파'라고 일컫는다. 그런데 요즘 사람들에게 이렇게 말하면, '이 작품이 썩 대단치 않구나'라는 뜻으로 받아들일 것이다. 치파가 원래 뜻이 아닌 부정적 의미를 가진 '괴짜'라는 뜻으로 더 많이 사용되기 때문이다. 그런데 이 단어가 언제부터 이렇게 부정적 의미로 변해서, 사람의 언행을 부정적으로 보는 데 쓰이게 되었는지는 알 수가 없다. 이 배후에도 중국인의 사고 특성과 가치 취향이 숨어 있다.

앞에서 말했듯이, 중국인들은 같음을 추구하는 사고가 아주 강해서 의식적으로 남과 다르거나 독립적으로 행동하는 사람을 거부한다. 여기서 이 단어가 왜 부정적으로 변했는지 알 수 있다. 치파의 뜻이 '진기한 꽃'이라면, 이는 보통의 평범한 꽃들과 다르게 고귀하다는 의미를 지닌다. 따라서 '뛰어난 나무는 바람에 흔들린다'는 대중 심리가 작용해 사람들에게 심리적으로 배척당하게 된 것이다.

우리는 한 단어가 변화, 발전하는 과정에도 대중의 가치와 취향이 큰 영향력을 발휘함을 알아야 한다.

모험을
싫어하다

안정만을 추구하는 소농의식

중국에 "너는 너의 양관陽關, 고대 중국인이 서역으로 갈 때 통과하던 육로 관문. 둔황에서 '북로'와 '남로'로 갈라지는데, '양관'은 바로 남로의 관문이다으로 가고, 나는 나대로 외나무다리로 가겠다"라는 속담이 있다. 현대적 의미로 해석하면 "나는 너의 아름다운 앞날이 전혀 부럽지 않고, 힘든 생활이라도 기꺼이 나의 삶을 살겠으니 서로 간섭하지 말자!"라는 말이 된다.

그런데 이 속담의 원래 뜻은 따로 있다. 바로 "굳이 나라를 벗어나 위험한 곳에 가겠다면 네 맘대로 해라. 나는 이곳에서 작은 땅이나 일구며 가족과 함께 소박하지만 안정되게 살겠다!"라는 뜻이다. '양관'은 가욕관자위관, 서역으로 향하는 관문으로 만리장성의 서쪽 끝에 있다과 쌍벽을 이루는 중국 서쪽의 맨 끝에 위치한 관문이다. 당나라 시인 왕유王維가 지은 시 〈송원이사안서送元二使安西〉에도 양관이 등장한다. "내가 권하는 술 한 잔 비우시게나. 서쪽 양관으로 가면 아는 이 하나 없으리니." 양관의 서쪽 지역은 풀 한 포기 자라지 않는 사막 땅이고, 거기서 더 서쪽으로 가면 누란樓蘭 왕국과 소수 민족들이 사는 땅이 나온다.

오랜 농경 문화로 인해 중국인은 모험을 싫어하고 안정을 좋아하는 민족성을 갖게 되었다. 농사를 잘 지으려면 때 맞춰 비료도 주고, 물도 대고, 잡초도 제거해야 한다. 만일 오랫동안 집을 비우면 땅이 황폐해져 제대로 수확할 수가 없다. 집을 지키며 농사를 지으면, 수입은 적지만 안정은 보장된다. 반대로 밖으로 나가면 큰돈을 벌 기회가 많지만, 전 재산을 탕진할 수도 있다. 즉 가족의 삶을 담보로 위험을 감수해야 한다.

예나 지금이나 위험을 감수하며 모험에 뛰어드는 중국인은 그리 많지 않다. '모험심' 하면 떠오르는 역사적 인물은 한나라 시대의 장건張騫, 실크로드의 개척자과 당나라 시대의 현장玄奘, 일명 삼장법사로 서역의 여러 나라를 여행하고 돌아와 《대당서역기》를 남겼다이다. 그들의 이야기는 모험과 고난으로 가득했고, 여러 번 죽을 고비를 넘겼다. 후대에 그들의 이야기를 바탕으로 여러 문학 작품이 탄생했는데, 대부분 죽을 고비를 넘긴 엄청난 고난에만 집중해 서술하고 그들의 강한 모험 정신은 거의 다루지 않았다.

중국인이 안정을 추구하는 데는 '효도'도 관련 있다. "부모가 살아 계시면 먼 곳으로 가지 않는다"라는 생각이 중국인의 전통 속에 자리 잡고 있다. 자신의 안전을 생각지 않고 일을 하거나 몸을 다치거나 죽는 일은 부모에게 가장 큰 불효다. 유교는 부모의 곁을 지키며 효도를 다하라고 강조한다.

안정을 추구하는 사상은 중국인의 뇌리 깊은 곳에 박혀 있다. 몇년 전 유행했던 노래에 "부모는 자식이 사회에 큰 공헌을 하기보다는 평생 안정되고 편안하게 살기를 바란다"라는 구절이 있다. 이게 아마 중국 대다수 부모의 마음일 것이다. 부모는 자식의 안정과 행복을 가장 바라고, 자녀의 성공과 사회에 대한 공헌은 그다음이다.

안정을 추구하는 사고는 국가 방어에서도 볼 수 있다. 2천 년 전에 쌓아올린 만리장성은 중국인의 이런 사고 특성을 가장 잘 설명해준다. 동쪽 산해관산하이관에서 시작해 서쪽 옥문관위먼관까지 만 리가 넘는 장성은 실로 장관이며, 인류 건축사상의 기적이다. 중국 같은 농경 문화에서만 이런 방어 정책을 볼 수 있다. 즉 "나도 넘어가지 않을 테니, 너도 조용히 넘어오지 마라. 각자 평안하게 살자"라는 의미다.

그런데 이 만리장성을 쌓기 위해 얼마나 많은 국력이 소모되고 백성들이 착취당했는지 아는가? 게다가 들인 노력에 비해 그 효과는 그리 크지 않았다. 과연 만리장성이 얼마나 많은 이민족의 침입을 성공적으로 막아냈는지 의문이다. 예로부터 중국은 이민족의 잦은 침략에 시달렸고, 한나라 시대에는 오랫동안 북방 이민족의 통치를 받았던 사실만 봐도 알 수 있다.

만리장성은 중국인의 자랑거리인 동시에 반성해야 할 부분이기도 하다.

중국인의 직업 선택 기준

중국인은 직업을 선택할 때 가장 먼저 '안정성'을 고려한다. 중국에서 살든 외국에서 살든 상관없이 거의 모든 중국인은 그런 특징을 보인다.

개혁개방1978년, 덩샤오핑이 추진한 정책 이전에는 중국 대부분의 업종이

'철밥통'이라 해서 정년까지 고용을 보장했다. 당시에는 개인의 모든 일상생활과 생로병사를 회사가 책임져주었다. 이런 제도는 국가의 활력을 떨어뜨리고, 창의력을 저해하는 주요 원인이었다. 나중에 이 제도는 점차 사라졌고, 기업들도 점차 독립 경영을 하며 손익을 스스로 책임져야 했다.

그렇지만 국가 공무원은 여전히 그대로 철밥통 전통을 이어가고 있다. 공무원의 월급은 외국 기업보다 적지만, 안정적인 사회보장의료, 주택, 양로 등의 복지 혜택을 누리고 있다. 게다가 종신제라 실직에 대한 부담이 없어서 중국인이 선호하는 직업이다. 이런 장점 때문에 점점 더 많은 사람들이 공무원 시험에 몰리고 있다. 특히 최근에는 공무원 열풍이 몰아쳐 수천, 수만 대 일의 경쟁률을 보이고 있다. 국가 고위 기관의 자리는 경쟁이 더 치열해 2013년 중국 중앙기관 및 기타 직속 기관의 공무원 시험 경쟁률은 사상 최대를 기록했다. 한 예로, 국가통계국 충칭重慶조사국의 하부 연구소 연구원 한 명을 뽑는 데 무려 9천 470명이 몰렸다. 공무원 자격 요건에 연중 출장이나 야간 근무가 필요하다고 적혀 있어도 다들 철밥통인 공무원이 최고라고 생각한다.

다른 나라에 사는 중국인들도 마찬가지다. 미국의 실리콘밸리는 세계 IT업계의 중심으로, 그곳에도 중국에서 온 많은 엔지니어들이 있다. 대부분은 중국에서 명문대학을 졸업한 후 미국에서 석사나 박사 학위를 받은 사람들이다. 물론 미국에서 태어나 자란 중국인들도 있다. 그들 대부분은 창업이라는 모험의 길로 들어서기보다는 대기업이라는 안정된 울타리 안에서 일하기를 바란다. 그 문화적 배경이 바로 모험보다는 안정을 추구하는 중국인의 민족 심리가 작용한 것이다. 실리콘밸리의 중국인들은 대부분 회사의 중·하위 직책을 맡아 구체적인 실무를 담당한다. 실리콘밸리의 IT업계를 주름잡고 있는 사람은 말할 것도 없고, 기업의 고위 간부나 연구부 핵심 기술자 중에도 중국인은 거의 드물다.

중국인이 안정을 추구하는 특징은 대학교 전공을 선택할 때도 드러난다. 나는 스탠포드대학교 졸업식에 여러 번 갔었는데, 중국인 학생들의 전공은 몇몇 학과에 편중되어 있었다. 의학이나 공학 관련 학과를 졸업하는 중국인이 가장 많았다. 반면 심리학·법률학·경제학 관련 졸업생들 중에서는 중국인을 찾아보기 어려웠다. 왜 이런 현상이 일어날까? 의학이나 공학 관련 학과는 일자리를 찾기도 쉽고, 비교적 안정적이며, 수입도 높다. 반면 다른 영역은 위험도가 높다. 이처럼 전공을 선택할 때도 민족의 사고 특성이 반영된다.

성급함을 나무라는 중국인

부모나 교사는 젊은이들에게 "조급하게 행동하지 마라. 먼저 마음을 가라앉힌 다음 착실히 준비해서 조건이 마련되면 다시…"라고 충고한다. 젊은이가 무슨 일을 무모하게 시작하려 하면 성급하다고 비판하면서, 서두르면 오히려 일을 그르친다고 충고한다.

다들 요즘 젊은이들은 너무 성급하다고 말한다. 심지어 중국의 유명 대학교 학장은 중국인이 노벨상을 타지 못하는 이유가 젊은이들이 너무 성급하기 때문이라고 했다. 그렇다면 중국의 젊은이들은 정말 그렇게 성급한가?

사실 성급한 성격은 중국 학생보다 미국 학생이 훨씬 심하다. 그렇지만 미국의 부모나 교사는 그런 시각에서 학생들을 비판하지 않는다. 오히려 학생들에게 일단 뭐라도 해보라고 격려한다. 그런 환경이기에 빌 게이츠나 스티브 잡스처럼 20대에 큰 성공을 거둔 사람들이 나올 수 있었다.

어떻게 행동하면 성급한 걸까? 다른 사람 눈에 아직 조건이 성숙되지 않았는데 일단 시도하고 저질러보는 것이다. 하지만 현실에서 조건이 완벽해지는 시기는 아마 영원히 없을 것이다. 성공하고 싶다면 모험은 필수다. 하고 싶은 일이 있다면 일단 실패를 두려워하지 말고 시도해봐야 한다. 미래는 불분명하기에 누구도 정확히 알 수 없다. 모험 정신과 무언가 해보고 싶다는 갈망은 젊은이들의 특권이며, 사회의 소중한 재산이다. 젊은이에게 자신의 능력을 펼칠 수 있고 포부를 실현할 수 있는 기회를 많이 줄 수 있을 때 사회 전체가 활력과 창조력으로 넘쳐난다. 젊은이들의 성급함을 이해하고, 무언가 해보려는 정신을 지지할 때 젊은이들의 진취성을 지켜줄 수 있다.

빌 게이츠가 중국에서 태어났다면, 아마 성급한 젊은이의 전형이 되었을 것이다. 빌 게이츠는 스무 살이 조금 넘었을 때 하버드대학을 중퇴하고 사업을 시작했다. 중국인에게는 있을 수 없는 일이다. 아마 부모는 말리고, 교사는 충고하고, 사회는 아무런 도움도 주지 않았을 것이다. 은행 대출? 아마 은행 문턱도 못 넘었을 것이다. 누구도 이 젊은이가 그런 일을 할 수 있으리라 믿어주지 않았을 것이다. 사회에서 제대로 한방 먹고 각종 압박에 시달리다가 결국 다 포기하고 학교로 돌아가 얌전히 졸업장을 받았을 가능성이 가장 크다. 그의 뒷이야기는 뻔하다. 아마도 명문대 졸업장을 들고 평범한 직장인으로 살아갔을 것이다.

IT업계는 빠르게 변화·발전하는 분야라 기회도 빠르게 지나간다. 만일 빌 게이츠가 1, 2년 늦게 뛰어들었다면 가장 좋은 기회는 날아가 버렸을 것이다. 다행히 빌 게이츠에게는 빠른 판단력과 모험 정신이 있었기에 세계 최고의 부자가 되었을 뿐 아니라, 과학기술로 세계 발전을 이끌었다. 빌 게이츠가 성공한 뒤에 하버드대학교는 그에게 졸업식 축사를 해달라고 부탁했다. 이를 보면 하버드대학교도 학생들이 그의 모험 정신을 배우기를 바랐던 것 같다. 빌 게이츠는 졸업식에서 자신의 행동을 따라 하지 말라고, 그렇게 되면 졸업식에 참석할 학생이 아무도 없다고 농담해 큰 환호와 박수를 받았다.

빌 게이츠는 자신만 그렇게 행동한 것이 아니라 친구 폴 앨런에게도 "성급할지라도 일단 행동으로 옮겨라"라고 자극했다. 빌 게이츠와 폴 앨런은 하버드대학교 동창으로, 당시 가장 친한 친구였다. 폴 앨런은 하버드대학교를 졸업한 후 스탠포드대학교에서 MBA 과정을 밟았다. 스탠포드대학교 MBA 과정은 미국에서도 1, 2위를 다투는 곳으로, 졸업 후엔 고소득 연봉이 보장된다. 폴 앨런이 MBA 과정에 들어간 지 1년 정도 되었을 때, 빌 게이츠로부터 마이크로소프트에 들어오라는 제안을 받았다. 폴 앨런은 주저했고 부모의 반대도 심했다. 그러자 빌 게이츠가 말했다.

"네가 학위를 마칠 때면 회사의 이 직위는 아마 다른 사람이 차지하고 있을 거야!"

결국 폴 앨런은 학교를 떠나 마이크로소프트로 갔고, 빌 게이츠가 은퇴한 뒤 오랫동안 CEO로 일했다.

애플의 스티브 잡스는 그 이상이었다. 잡스는 리드대학교를 다닌 지 1년 만에 중퇴했지만, 학교를 떠나지 않고 9개월간 머물면서 각종 예술 관련 강의는 모두 다 들었다. 그 뒤 잡스는 부모의 집으로 돌아와 실리콘밸리의 한 게임회사에 취직했다. 거기서도 1년을 못 채우고, 갑자기 정신적 스승을 찾아 인도로 떠났다. 인도에서 죽을 고생을 하며 7개월간 머물렀지만 정신적 스승을 찾지 못한 그는 다시 집으로 돌아왔다. 그 뒤 몇 년 동안 잡스는 히피 같은 생활을 하며 살았다.

잡스에게는 환상의 파트너, 스티브 워즈니악이 있다. 워즈니악 역시 본분을 지키는 학생은 아니었다. 콜로라도대학교를 1년 정도 다니다 그만두고, 실리콘밸리에 있는 집으로 돌아온 그는 야간 대학에 다니며 학업을 계속했다. 워즈니악은 컴퓨터 만지는 것을 좋아했는데, 단순한 취미일 뿐 무엇을 발명하겠다거나 그것으로 돈을 벌어야겠다는 생각은 없었다.

어느 날 잡스와 워즈니악은 컴퓨터 관련 모임에서 만난 전자부품 가게 사장으로부터 워즈니악이 설계한 회로기판을 주문받았다. 두 사람은 크게 기뻐했지만, 문제는 제작비였다. 아무 경력도, 경험도 없는 청년들에게 돈을 빌려주는 은행은 없었다. 결국 잡스는 부품회사의 사장을 설득해 외상으로 부품을 구입해서 회로기판을 만들어 팔았고, 그 돈이 그들 창업의 종자돈이 되었다. 창업 초기, 그들의 환경은 아주 열악했다. 잡스의 차고는 그들의 공장이 되었고, 부모와 형제자매, 친구들은 직원이 되었다.

중국인이 보기에는 정말 미친 짓이 아닐 수 없다. 하지만 현재 세계에서 가장 높은 가치를 자랑하며, 창의성이 가장 뛰어난 제품을 생산하는 애플은 이렇게 시작되었다. 만일 잡스가 조건이 성숙되기를 기다려 창업했다면, 아마 스티브 잡스의 애플은 이 세상에 없었을 것이다.

1986년, 내가 다니던 화중과학기술대학교에 단 한 대 있던 컴퓨터는 모두 애플 제품이었다. 컴퓨터를 사용하려면 1시간에 1위안을 내야 했는데, 당시 내 한 달 생활비가 40위안 정도였으니, 엄청 비싼 가격이었다. 헤아려보니 잡스는 그때 겨우 서른한 살이었다.

1981년 애플이 상장했을 때 고작 스물여섯 살이던 그는 순식간에 2억 5천만 달러의 부자가 되었다. 이것이 성급한 것이 아니면 무엇이 성급한 것인가? 이제 우리 사회는 젊은이들에게 잡스처럼 성급하게 시도하라고 격려해야 한다.

청년들의 모험 정신을 장려하는 것은 미국에서는 일종의 문화다. 빌 게이츠, 폴 앨런, 스티브 잡스, 스티브 워즈니악 등 세계적으로 영향력 있는 과학기술 분야의 엘리트들은 모두 20세 전후해서 일을 시작했다. 또 휴렛팩커드HP의 두 창업자 역시 20대에 창업했고, 교사에게 빌린 몇 백 달러를 갖고 차고에서 시작했다.

미국인과 중국인은 많은 관념이 상반된다. 잡스가 직원을 뽑은 일화를 보면 분명히 알 수 있다. 한번은 버클리대학교 2학년 학생이 애플에 면접을 보러왔다. 이 학생이 마음에 든 잡스는 채용을 결정했다. 그런데 이 학생은 주저하며, 학업을 마친 후에 다시 일하러 오겠다고 말했다. 그의 말에 잡스는 이렇게 대꾸했다.

"자네가 세상을 바꿀 수 있는 기회는 아마 평생에 한 번 올 걸세. 하지만 자네가 이후에 학위를 딸 기회는 얼마든지 있을 걸세!"

그 학생은 결국 학교를 포기하고 애플에 입사했다.

이 일이 만일 중국에서 일어났다면, 학생 스스로도 주저했겠지만 회사도 거절했을 것이다. 회사는 아마 대학 졸업장이 없으니 기초 지식도 얕다고 생각해서, 일단 학교로 돌아가 공부를 마치고 다시 오라고 충고했을 것이다.

스탠포드대학교에는 1년 내내 각종 창업 강좌가 열린다. 거의 매주 한 번씩 여러 업계에서 성공한 창업자들을 초청해 강연을 듣는데, 2010년 객원교수로 머물렀을 때 나도 자주 이 강연을 들었다. 그중에서 두 강연이 내게 깊은 인상을 주었다.

"가능하면 일찍 실패하고, 빨리 실패해라!"라는 주제로 한 기업가의 강좌가 있었다. 그는 어떤 기업가도 성공 전에 수많은 실패를 경험한다고 했다. 그 과정을 겪으며 성장하기 때문에 실패는 가능하면 일찍, 빨리 겪는 게 좋다고 말했다. 또 그는 실패를 두려워하는 마음은 창업 정신이 부족해서라고 덧붙였다.

또 다른 강좌는 MIT공대 출신의 한 기업가가 주인공이었다. 그는 대학 시절 세 개의 벤처 기업을 창업했고, 그 경험이 이후 자신의 창업에 큰 도움이 되었다고 했다. 한 나라가 젊은이에게 얼마나 많은 창업의 기회를 줄 수 있느냐가 그 나라 기업의 창업 활력과 국가 경쟁력을 결정한다.

과학 연구 분야에서도 젊은이의 이런 정신이 필요하다. 대학을 졸업하고가 아니라 학생일 때도 훌륭한 연구 성과를 낼 수 있도록 격려해야 한다. 근대 수학사에서 3대 난제 중 하나로 일컬었던 '4색정리'도 1852년 영국의 한 대학생 구스리Guthrie에 의해 제기되었다. "나라들이 연결되어 있을 때, 모든 평면지도는 네 색 이하로 칠할 수 있는가?" 이 문제는 100여 년이 지나서야 컴퓨터를 통해 증명되었고, 이후 수학 발전에 큰 영향을 끼쳤다.

노벨상이나 세계적인 학술상을 수상한 중국계 학자들을 봐도 대부분 학생일 때였다. 2009년, 찰스 가오는 영국에서 박사 과정에 있을 때 노벨 물리학상을 수상했다. 특히 수학 분야에서는 20대에 놀라운 성과를 거둔 이가 많다. '수학에서의 노벨상'이라 불리는 필즈상은 지금까지 두 명의 중국계 학자가 수상했다. 하버드대학교의 종신교수인 야우싱퉁은 박사 논문으로 그 상을 수상했고, 테렌스 타오중국 이름은 타오저쉬안는 스물다섯 살에 스탠포드대학교에서 박사 학위를 받은 후 서른 살에 이 상을 받았다.

스탠포드대학교에서 공부할 때 나는 학부와 석사 과정에 재학 중인 학생들이 각종 학술 잡지에 논문이나 글을 발표하는 모습을 자주 보았다. 반면 학생들에게 "너무 조급하게 행동하지 마라. 먼저 기초를 잘 닦으며 열심히 공부한 후에 성과를 내도 안 늦는다"라고 충고하는 교수를 본 적은 단 한 번도 없다. 중국에서라면 아마 그렇게 말했을 것이다. 이런 충고는 과학 연구 분야에는 맞지 않으니 바꾸어야 한다.

유교의 전통교육법을 들여다보면, 기초를 튼튼히 하는 것을 강조하고, 순서대로 하나씩 착실하게 진행할 것을 주장하며, 성급하게

중국인의 모방하고 따라하고 베끼기를 좋아할까?

행동하는 것을 막는다. 《논어》에 보면 전형적인 예가 나온다.

관직이 하나 나자, 자로가 후배인 자고子羔를 추천했다. 그런데 공자의 반
응이 아주 차가웠다.
"남의 자식을 망치는 일을 했구나!"
공자의 말에 자로가 말했다.
"아래에 백성이 있고, 위에 나라가 있습니다. 사람들은 그 속에서 많은
것을 배울 수 있습니다. 왜 책만 끌어안고 사는 것만이 배움이라 하십니
까?"

자로의 말에도 일리가 있다. 사회는 커다란 교실과 같다. 실천을
통해 많은 지식을 배울 수 있다. 특히 춘추전국시대라면 실제적인
사회 경험을 통해 책으로 접하는 것보다 더 많은 지식을 배울 수 있
었을 것이다.

이 문제에서 공자가 고려하지 못한 상황이 있다. 자고가 공부를
마쳤을 때는 아마 그 자리는 다른 이가 차지하고 있었을 테고, 자고
는 집에서 기회를 기다려야 했을 것이다. 공자는 이 논쟁에서 자로
를 완전히 압도하지 못하고, "그래서 내가 말만 번지르르한 사람을
싫어한다"라고 했다.

성급하거나 무모해도 되지만, 아무것도 없는데 허세나 허풍을 떨
어서는 안 된다. 둘 다 현실을 벗어나서 본다는 공통점이 있으나, 발
과 입이라는 차이가 있다. 성급함과 무모함은 자신의 발로 하는 것
이어서 자기가 높이 뛸 수 있는 만큼 뛰면 된다. 높이 뛰어넘을 수

도 있고 넘지 못하고 쓰러질 수도 있겠지만, 결과는 오로지 자신이 감당한다. 반면 허세와 허풍은 입으로 하는 것이다. 경계도, 범위도 없이 마음대로 지껄일 수 있다. 성급함과 무모함은 발로 직접 부딪히는 것이고, 허세와 허풍은 입으로 떠드는 것이다. 말만으로 큰일을 할 수는 없다.

내가 관찰해본 중국 대학생들미국에 유학 중인 중국인과 미국계 중국인 포함은 지나치게 성실하고, 지나치게 본분을 지킨다. 무모하고 성급하게 도전하지 못하고, 할 생각도 하지 않는다. 농경문명이 낳은 유교 문화와 교육이 가장 반성해야 할 부분은 지나치게 기초와 준비를 강조한다는 것이다. 그런 교육을 받은 학생들은 창업에 가장 필요한 모험 정신이 부족할 수밖에 없다.

앞에서 중국인은 같음을 추구하는 생각이 강하고, 천성적으로 특별하거나 남과 다르거나 무리와 잘 섞이지 않는 사람을 싫어한다고 했다. 이런 생각의 배후에는 바로 안정을 추구하는 심리가 숨어 있다. 만일 누군가가 남과 다르게 생각하거나 다른 일을 하려 한다면, 그를 기다리는 것은 박수와 환호, 칭찬이 아니라 우려와 걱정의 시선일 것이다.

사상과 문화 분야에서도 혁신, 개척 정신, 모험 정신이 필요하다. 사회가 포용심이 부족하면 개인이 모험심과 실험 정신을 맘껏 펼치기 어렵다. 중국인에게 창조력이 부족한 이유는 바로 이 때문이다.

창조 능력이 부족하다

노벨상에 중국인은 낄 수 없다

창조력은 종합적이고 복합적인 능력이다. 통찰력과 상상력을 바탕으로 추리, 가설 등의 사고 활동이 더해져 새로운 현상을 발견하거나 현상과 본질의 연관성을 찾는 일이다. 과학기술이 발달한 나라에 비해 중국인의 창조력은 부족하다. 다음의 몇 가지 사실을 보면 금방 이해할 수 있을 것이다.

집집마다 텔레비전, 냉장고, 에어컨, 전자레인지 등 수많은 종류의 전기 제품을 사용하고 있다. 이중에서 중국인이 발명한 제품은 단 하나도 없다.

인류에게 영향을 준 '가장 위대한 100가지 발견'에는 양자, 전자, 미생물, 자유낙하 정의 등이 포함된다. 모두 현대 과학기술의 기초가 된 중요한 발견이지만, 이중 중국인이 발견한 것은 하나도 없다. 지금까지 아홉 명의 화교가 노벨상이나 필즈상을 받았지만, 현대 과학계에 큰 획을 그은 뉴턴이나 다빈치, 아인슈타인 같은 과학자는 아직 중국에서 나오지 않았다. 이런 사실은 5천 년이 넘는 문명과 세계에서 가장 많은 인구를 자랑하는 중국과는 어울리지 않는다.

중국 기업들 중에도 애플, 마이크로소프트, 보잉 같은 세계적인 기업은 드물다. 또 중국에는 엄청난 부자들이 많지만, 빌 게이츠나 스티브 잡스 같은 과학기술적 소양과 창의성을 갖춘 부자들은 부족하다. 기업들은 부동산이나 주식이나 외국 제품의 하청기업으로 엄청난 부를 쌓은 경우가 많다.

세계적인 명품 브랜드 중에서도 중국 디자인은 찾기 어렵다. 중국은 언제나 명품 브랜드를 생산하는, 하청 공장의 역할만을 해왔다. '세계의 공장'이라는 이름은 중국의 자랑이자 동시에 반성해야 할 칭호다. 그것은 중국인에게 창조성이 부족하다는 것을 설명해주기 때문이다.

중국 거리를 가득 채우는 자동차들 중에서 중국이 자체 개발하고 디자인한 차는 얼마나 될까? 아마 열 대 중 한 대도 안 될 것이다. 중국의 자동차 시장은 크게 일본과 미국, 독일이 삼등분하고 있다. 거기에 한국의 현대자동차도 상당한 부분을 차지하고 있는데, 중국산 자동차는 달릴 곳이 없는 듯하다.

중국인은 4대 발명종이, 화약, 나침반, 인쇄술을 자랑으로 여긴다. 이 4대 발명은 기술을 응용한 것이고 경험의 축적으로 이뤄진 것들이라, 중국만의 과학적 학문 분야가 되지 못해 발전이 계속 이어지지 못했다.

중국 사회에 깊숙이 자리 잡은 모방 문화

중국 정부는 매일 창조와 발명을 부르짖는데, 정작 중국인은 창조보다는 모방과 짝퉁에서 답을 찾고 있는 듯하다. 그러다보니 중국인은 과학기술 분야에서 늘 다른 나라의 꽁무니만 쫓아가기 바쁘다.

역사상 중국의 과학기술 분야의 혁신은 대부분 실용적인 측면에만 머물러 과학적 검증을 통해 이론화시키는 능력이 부족했다. 그래서 현대 과학기술의 발전과는 별다른 인연이 없었다. 지금까지도 현대 과학기술 분야에서 중국인이 성장·발전시킨 분야는 거의 없다. 물리학, 화학, 생물학, 수학 등 주요 과학기술 관련 서적을 펼쳐봐도 중국인의 이름은 찾아보기 어렵다.

중국의 문명에서 가장 발달한 분야는 문학예술이다. 하지만 언어의 벽이 높아 다른 민족들이 감상하기 어렵다보니 그 영향력은 중국인 사회에 국한되고 있다. 문학 작품에서도 사실 고대인들이 강조했던 것은 모방을 통한 학습이었다. 당나라 시대는 시가 가장 발달한 때였지만, 두보杜甫 같은 대시인도 "책 만 권을 읽으면 신들린 듯 글을 쓸 수 있다"라고 했다. 당나라 시대의 문장가인 한유韓愈 역시 "춘추전국시대와 한나라 시대의 글이 아니면 읽지 않는다"라고 했다. 그들 모두 선인들의 것을 힘껏 따라 했다. 당나라 시대의 찬란한 시를 따라 하는 데 그치다보니, 후대 문인들의 사고는 나태해져 새로운 사조를 이끌지 못했다. 이런 풍토에서 더 이상 당나라 시대의 시인 같은 뛰어난 시인은 나타나기 어려웠다. 모방을 아무리 잘하더라도 뛰어난 문학가가 될 수는 없는 법이다.

모방은 중국인 마음 깊은 곳에 자리 잡은 심리적 편애로, 많은 사람들이 모방 속에서 기쁨을 얻는다. 노래방 문화도 이런 중국인의 심리를 설명해준다. 중국 어디에나 노래방이 있고, 친구나 손님을 접대할 때 늘 가는 곳이다. 소박한 노래방부터 특급 호텔에 딸린 초호화 노래방까지 실로 다양한 수준의 노래방이 있다. 노래방의 본질은 무엇인가? 노래 반주에 맞춰 유명 가수의 노래를 따라 부르며, 가수 같은 기분을 즐기며, 감정을 되새기는 것이다. 중국인에게 노래방은 너무나 일상적이고 재미있는 오락이다.

반면, 내가 미국에 있을 때는 노래방을 본 적이 거의 없다. 한두 번 경험한 것도 중국인 친구의 집이었는데, 그곳에 초대받아 가서 노래방 기계에 맞춰 노래한 것이 전부였다. 스탠포드대학교에서 4년 동안 공부할 때도 마찬가지였다. 교수나 학생들이 노래방에서 놀거나 하는 것을 본 적도, 들은 적도 없다. 미국인도 음악을 사랑하지만, 그들이 음악을 즐기는 방식은 중국인과는 많이 다르다.

2010년, 미국에서 객원교수로 있을 때 언어학과와 심리학과가 개최한 신학기 파티에 참석했었다. 두 학과의 교수와 박사 과정 학생들이 공연을 맡았다. 그들은 음악 팀을 조직해 연습을 했는데, 대부분이 창작곡이었다. 파티에서 그들이 연주하는 모습을 보며, 나는 한 가지 의문에 사로잡혔다.

"왜 중국인과 미국인은 여가, 오락 활동이 이렇게 다를까?"

내가 관찰한 바로는 평범한 중국인들은 대부분 남의 노래를 따라 부르거나 연주한다. 자신이 창작한 노래를 부르거나 음악을 연주하는 일은 거의 드물다. 적어도 내 경우에는 그런 중국인을 본 적이 한 번도 없다. 반대로 미국인은 노래방에서 남의 노래를 따라 부르기보다는 무대 연출부터 공연까지 직접 다 하는 걸 좋아한다.

모방 작업은 쉽고, 가볍고, 즐겁다. 창작의 고통이 덜하다. 반면 예술 창작에는 힘과 노력이 따른다. 동서양에서 음악을 즐기는 방식이 다른 이유는 각각의 민족 사상과 관련 있다. 한쪽은 모방을 숭상하고, 한쪽은 창의를 숭상한다.

현재 중국에서 가장 인기 있는 텔레비전 오락 프로그램은 각종 따라 하기 선발대회, 모방왕 뽑기 등이다. 가수의 노래를 똑같이 따라 부르는 것부터 유명인의 성대모사하기, 유명인의 닮은꼴 얼굴 찾기 등 온갖 프로그램이 다 있다. 이런 모방 프로그램에서 도전 정신은 거의 찾을 수 없다.

중국인은 천성적으로 모방을 좋아한다. 그 때문에 유명인을 따라 하면서 즐거움과 만족감을 얻는다. 반면 서양인은 창조를 좋아하기 때문에 창작 활동 속에서 즐거움과 만족감을 얻는다.

처음부터 창조력이 떨어진 것은 아니다

창의력이 떨어져서 모방을 하는 것일까? 아니면 모방만 하다 보니 창의력이 떨어진 것일까? 내 생각에 중국인은 뒤쪽에 가깝다. 중국인의 창조력이 처음부터 떨어진 것은 아니었다. 그런데 모방 문화가 성행하면서 창조와 혁신을 소홀히 하다 보니, 결국에 갖고 있던 창의력도 사라져버린 것이다.

애플의 성공 과정을 보면 알 수 있다. 모방은 성공할 수 없을 뿐만 아니라, 사고를 타성에 젖게 만들고 창조력을 저하시킨다. 짝퉁이 나타난 지는 그리 오래되지 않았지만, 짝퉁 문화는 이미 오래전부터 있었다. 중국의 과학기술이 서양과 교류한 이래 대부분은 모방 학습의 길을 걸었다. 한참 앞서가는 다른 나라의 과학기술을 따라잡기 위해서는 모방 학습이 필연적이었다.

모방을 당연시하는 것은 결국 스스로를 '이류'라고 치부하는 것이다. 최근 짝퉁 문화 현상을 다룬 책들이 많이 나오는데, 내용을 보면 대부분이 긍정적이다. 심지어 짝퉁 문화를 장려하기도 한다. 그들은 짝퉁 문화가 약자의 생존 전략이며, 강자로 가기 위해 필요한 길이라 말한다. 하지만 짝퉁 문화가 성행하게 되면 약자는 더욱 약해져서 강자가 될 날은 영원히 오지 않는다는 사실을 알아야 한다.

짝퉁 문화는 창조 정신의 적이다. 창의력을 말살할 뿐만 아니라 지적 재산권을 침해하는 부도덕한 행위다. 스티브 잡스는 이렇게 말했다.

"애플 창립 초기부터 나는 성공의 성패는 지적 재산에 있다고 생각했다. 만일 누군가가 우리의 소프트웨어를 마음대로 복제하고 빼냈다면, 아마 우리는 벌써 파산했을 것이다. 지적 재산이 보호받지 못한다면, 우리는 새로운 소프트웨어를 개발하고 새로운 제품을 디자인하려는 의지를 잃고 말 것이다. 지적 재산에 대한 보호가 없다면 혁신적이고 창의적인 기업은 사라지거나, 어쩌면 나타나지도 못할 것이다. 훔치는 것은 부도덕한 행동이다. 이런 행동은 남을 다치게 할 뿐 아니라 자신의 명예도 떨어뜨린다."

잡스의 말 속에서 우리는 몇 가지 내용을 특히 눈여겨봐야 한다. 첫째는, 애플이라는 회사가 탄생할 수 있었던 것은 지적 재산에 대한 법률적 보호가 있었기 때문이다. 그렇지 않았다면 애플은 벌써 파산했을 것이다. 한번 생각해보자. 엄청난 자금과 오랜 시간을 들여 새로운 기술을 개발했는데, 누군가 그것을 몰래 복제해서 생산해냈다. 이 경우 애플은 신기술 개발로 인한 아무런 경제적 이익도

볼 수 없고, 투자금도 회수할 수 없게 된다. 결국 더 이상 신제품을 개발할 수 없게 된다.

둘째는, 합법적으로 타인의 기술을 모방할 수 있다면 누가 돈과 시간을 들여 신제품을 개발하겠냐 하는 문제다. 아마도 다들 누군가의 노동성과를 기다렸다가 따라 하려고 할 것이다. 그렇다면 창의적인 회사는 아예 나타날 수 없을 것이다.

셋째는, 모방과 모조는 부도덕한 행동으로 그 본질은 지식을 도둑질하는 것이다. 이는 불공평할 뿐만 아니라, 모방하는 이에게도 절대 좋지 않다. 결국에는 사회 전체가 혁신 동력을 상실하게 될 것이다. 따라서 한 나라가 지적 재산을 보호하는 법률 제도를 제대로 갖추지 않고, 업계 종사자들 역시 지적 재산을 존중하지 않는다면 창의적인 기업은 절대 탄생할 수 없다. 짝퉁 문화가 유행하는 환경에서는 애플 같은 기업이 절대 존재할 수 없을 것이다.

잡스는 짝퉁, 모방 문화를 혐오했다. 2010년 1월, 타이완의 HTC가 구글의 안드로이드 기반의 신형 휴대폰을 출시하며, 터치스크린 기능을 대대적으로 선전했다. 또 아이폰과 외관 디자인이 비슷한 점을 언급했다. 이에 분노한 잡스는 애플이 가진 20여 개의 특허를 침해했다며, HTC와 구글의 안드로이드 시스템 설계자에게 소송을 걸었다. 잡스의 전기《스티브 잡스》를 쓴 월터 아이작슨은 당시 그의 모습을 전하며, "잡스가 그처럼 화내는 모습은 처음 봤다"라고 말했다. 잡스는 아이작슨에게 소송 내용 중 일부를 보여주었다.

"구글이 아이폰을 베꼈다. 우리의 모든 것을 완전히 다 베꼈다. 구글은 절도범이다. 필요하다면 우리는 마지막 호흡까지, 애플 자산

400억 달러를 다 쓰는 한이 있더라도 이 잘못을 바로잡을 것이다. 나는 남의 것을 훔친 안드로이드를 완전히 끝장낼 것이다. 이를 위해 필요하다면 핵전쟁도 불사할 것이다. 아마 그들은 자신의 죄를 알기 때문에 무척 두려울 것이다. 검색 엔진 외에도 안드로이드와 구글 독스Google Docs 등 구글의 모든 제품은 아무런 가치가 없다."

당시 구글의 CEO 슈미트는 잡스와의 화해를 시도했지만, 잡스는 단호하게 거절했다.

"나는 화해에 전혀 흥미가 없다. 당신의 돈은 필요 없다. 당신이 50억 달러를 들고 와서 화해를 청해도 응할 의사가 없다. 나도 돈이라면 얼마든지 있다. 당신이 안드로이드에서 우리 애플의 창의력을 사용하는 것을 멈추게 할 것이다. 그것이 내가 원하는 바이다."

보통 사람이라면 잡스가 대체 왜 이리 화를 내는지 이해하기 어려울 테고, 아마 발명이나 창의적인 일을 해본 사람만 잡스의 분노를 진정으로 느낄 수 있을 것이다. 창조와 발명이 얼마나 힘든 일인지 알기에 그들의 지혜로 만든 성과가 다른 이의 존중을 얻기를 간절히 바란다.

중국은 지적 재산을 보호하는 법률이 점차 체계적으로 갖춰지고 있지만, 일반 국민들의 지적 재산에 대한 의식은 아주 희박하다. 이런 사회 분위기는 창의력을 방해하는 요인이 된다.

창조력 부족을 증명하는 중국인의 투기

중국에는 안달하고 초조해하는 사람들이 정말 많다. 이 역시 민족 문화와 관계가 있다. 현재 천정부지로 치솟은 중국의 부동산 가격이 도무지 떨어질 줄 모르는 것도 이런 중국인의 심리와 관계가 깊다. 물론 부동산 개발자와 일부 지방 정부에게도 책임은 있다. 자, 집 세 채를 가지고 있다고 생각해보자. 이 경우 집값이 계속 오르기를 바랄 것이다. 어떡해서든 집값이 떨어지지 않도록 만들려 애쓸 것이다. 현재 중국 사회에서 가장 손쉽게 부자가 되는 방법은 바로 부동산 투기다.

투기는 중국 사회에서는 보편적인 현상이나, 미국이나 유럽에서는 드문 현상이다. 중국 어디를 가든 투기 현장을 목격할 수 있는데, 생활용품은 물론 주식·아파트·금·땅 등 돈이 된다면 대상을 가리지 않는다. 아무것도 모르는 풋내기들도 작전을 통해 중국에서는 '투기의 신'이 될 수 있다. 투기 뒤에는 작전, 과대광고가 이어진다. 그 목적은 자신은 아무것도 투자하지 않고 남을 종용해 그 이익을 나눠가지면서 돈을 버는 데 있다. 많은 사람들이 '어떻게 판을 짤 것인가?', '어떻게 하면 분위기를 띄울 수 있는가?' 하며 지혜를 짜낸다. 물론 그렇게 해서 돈을 번 사람도 있지만, 이는 비정상적·불법적인 수단을 통해 다른 이의 돈을 가져온 것뿐이다. 이런 부는 사회 전체의 부를 증가시키지 못한다.

투기, 작전, 과대광고가 유행하는 것은 그 사회에 창조력이 부족함을 증명한다. 이는 사회의 건강한 발전을 저해한다.

그뿐만이 아니다. 한 중국인이 가게를 열어 돈을 엄청 벌면, 얼마 안 가서 다른 중국인들이 같은 지역에 하나둘씩 같은 가게를 연다. 그리고 제살 깎는 경쟁이 시작되고, 다들 돈을 못 벌다가 결국은 하나둘 문을 닫는다. 중국인의 특징을 보여주는 이야기다.

반면, 유태인은 다른 방법을 선택한다. 같은 민족끼리 서로 협력해 그 업종을 제어할 방법을 찾아낸다. 생산, 공급, 판매 루트를 전부 조직해서 다른 민족이 낄 여지를 차단하는데, 이렇게 독점을 통해 모두 함께 이익을 가져가도록 한다.

따라 하고 베끼기 좋아하는 중국인의 특성은 어디서나 드러난다. 특히 농민들이 부수입을 올리려고 할 때 이런 사고의 악순환에 빠진다. 1980년대 중국에는 담비를 길러 상당한 수입을 올리는 농민들이 많았다. 그러자 너도나도 담비를 키우기 시작했고, 결국 공급과잉으로 시장이 붕괴되어 많은 농민들이 빚더미에 올랐다. 그 뒤로도 장모 토끼 사육, 연초 재배가 인기를 끌었다. 또다시 많은 농민들이 거기에 뛰어들었으나, 처음 시작한 사람 말고는 재미를 보지 못했다. 나머지는 모두 손해를 보고 포기하는 일이 속출했다. 이렇게 남을 따라 하는 사고방식으로는 무슨 일을 해도 결코 장기적으로 잘될 수가 없다.

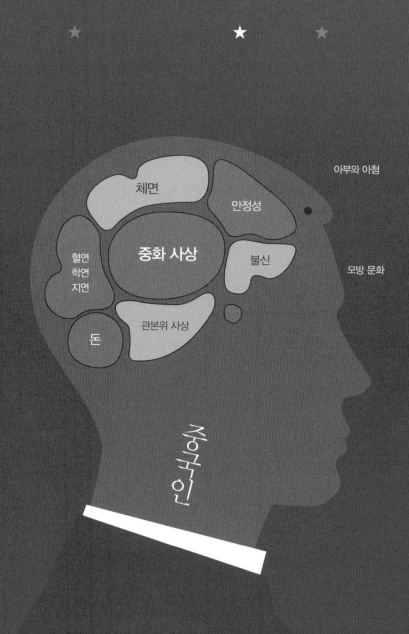

3

중국인의 사고방식:
왜 미신에 열광할까?

감성적이고
직관적이다

시적, 감성적 사고가 발달한 민족

중국인은 시詩적 사고, 감성적 사고가 아주 발달한 민족이다. 예로부터 중국인들은 시적인 정취와 그림 같은 풍경에 아주 민감해서 아름다운 것을 보면 직관적으로 반응하고, 시나 글로 표현하기를 좋아했다. 그 때문인지 중국 문화 중에서도 특히 시나 노래가 발달했다.

중국 장시성江西省에 있는 루산廬山, 1996년 유네스코 세계자연유산에 등재된 명산은 예로부터 많은 문인들이 사랑한 산이다. 이백李白을 비롯해 백거이白居易, 소식蘇軾 등 대문장가들이 루산의 아름다움을 시로 남겼다. 하지만 이들은 루산에 대해서 직관적인 감상만 남겼을 뿐 이성적인 사고로 발전시키지는 못했다. 가장 적절한 예는 근대 지질학자 리쓰광李四光이 1930년대에 쓴《빙하기의 루산》이란 책에 나온다. 즉 리쓰광은 루산에 중국 빙하기의 흔적이 남아 있음을 밝혀냈다.

루산을 오르내렸던 사람이라면 누구나 출입구 쪽에 있는 거대한 돌을 봤을 것이다. 지질학적으로 이 돌은 이 지역에서 생겨난 것이 아니라 다른 곳에서 왔음을 알 수 있는데, 돌의 크기로 봐서는 웬만한 사람의 힘이나 강물의 물살로는 옮기지 못했을 듯하다. 리쓰광은 지질조사를 통해 이 돌이 간빙기빙하기와 빙하기 사이에 있던 비교적 온화했

때 빙하가 녹으면서 생겨난 힘으로 루산까지 밀려 내려왔음을 밝혀냈다. 빙하기의 발견은 '인류 역사상 가장 위대한 100대 발견' 중 하나로 일컫는다. 만일 리쓰광이 인류 최초로 빙하기 가설을 제시했다면 그는 세계 최고의 지질학자가 되었을 것이다. 하지만 리쓰광은 서양의 지질학 이론을 바탕으로 그 증거를 발견했을 뿐이다. 빙하기는 유럽인이 가장 먼저 발견했다. 중국 문인들이 아름다운 산의 경치를 어떻게 시로 표현할까 고민할 때, 유럽인은 다른 시각으로 세상을 보았다.

200여 년 전 스위스의 과학자 루이 아가시Louis Agassiz는 산속을 걷다가 높고 험한 절벽에 물이 부딪혀 깎인 흔적을 발견했다. 그곳은 강물이 다다를 수 없는 높이였고, 또 계곡마다 엄청나게 큰 돌들이 가득했다. 아가시는 '어떤 힘이 이 돌들을 이곳까지 들어 올렸을까'라고 고민하기 시작했다. 얼마 뒤 그는 멀리 떨어진 곳에서 이와 비슷한 지질 형태를 발견했다. 아가시는 '아주 오래전에 지구의 표면은 두꺼운 얼음으로 덮여 있었고, 그 얼음층이 녹으면서 생겨난 힘이 큰 돌들을 움직인 것이 아닐까' 하는 상상을 해보았다. 그렇게 탄생한 빙하기의 가설은 훗날 수많은 지질학적 발견이 더해져 정설로 자리 잡았다.

그렇다면 중국의 선인들은 왜 '빙하기'라는 의문을 과학적으로 풀어내지 못했을까? 노자老子의 《도덕경道德經》에 나오는 글귀에서 우리는 그 답을 찾을 수 있다.

"사람은 땅을 따르고, 땅은 하늘을 따르고, 하늘은 도를 따르고, 도는 자연을 따른다人法地, 地法天, 天法道, 道法自然."

법法은 '따르다'라는 의미다. 이 말은 자연에 의문을 갖고 사고하지 말라는, 또는 사고할 필요가 없다는 뜻이다. '도는 자연을 따른다'라는 말은 모든 것이 자연스럽게 오고 간다는 의미를 지녔다. 반면 과학은 자연에 대해 의문을 품고 고민해야 한다. 특히 현상의 본질을 직시하려는 고민을 하지 않으면 진정한 과학적 발견은 불가능하다고 말한다.

중국인은 자연 앞에서 시나 노래를 지었고, 유럽인은 자연 앞에서 거대한 돌의 이동 원리를 생각했다. 그 결과 중국은 아름다운 시와 문학을 얻었고, 유럽인은 새로운 과학 시대를 열었다. 사고 습관이 이 차이를 만들어냈다.

중국인의 문화적 취향

중국인의 '시적 사고'는 태생적인 것이 아니라, 문화의 가치 취향 때문에 생겨났다. 시적 사고는 감화력이 강해 사람들의 지혜를 이 방향으로 발전하도록 이끌었다.

고대 중국 사회에서 가장 영향력 있는 아동교육서로 꼽히는《삼자경三字經》은 시 형식으로 쓰였고, 시적 재능으로 지혜를 보는 가치관을 널리 퍼뜨리고 있다. 책에서 말하는 지혜의 기준은 악기를 다루고, 시를 짓고, 글을 쓰는 일이었다. 그러면서 아이들에게 이런 문학가들과 예술가들을 따라 배우라고 했다. 그래서 중국 역사에는 훌륭한 문인들이 넘쳐났다.

만일《삼자경》에서 과학자, 발명가를 본받으라고 했다면 어땠을

까? 예를 들어 '혼천의천문관측기'와 '후풍지동의지진계'를 만든 장형張

衡, 후한 시대의 과학자이자 문학가이나 '채후지'라는 종이를 발명한 채륜蔡

倫, 후한 시대의 관리, 그리고 원주율 계산과 '대명력'이라는 업적을 남긴

조충지祖沖之, 남북조시대 송나라의 수학자 겸 천문학자. '카발리에리의 원리'라 부르는 수

학 원리를 카발리에리보다 1,100여 년 먼저 발견했음이 밝혀져 '조충지의 원리'라 부르기도 한

다 등의 인물로 책 내용이 채워졌다면 아마 청소년들은 과학 분야

쪽으로 더 노력하지 않았을까? 그랬다면 수많은 장형, 채륜, 조충지

같은 과학자와 사상가를 배출해냈을지도 모른다.

　중국 전통 가치관에서 장형, 채륜, 조충지는 사회적 지위가 낮았

다. 사마천이나 이백, 두보 같은 문인들에 비해 형편없는 대우를 받

았다. 당연히 과학자보다는 문장가를 꿈꾸는 것이 훨씬 더 인정받

았다.

　《시경》에는 중국 서민들의 노래, 즉 민가民歌가 많이 수록되어 있

다. 이 민가들은 자연의 소리이고, 중국 민족의 천진난만한 시절의

영혼을 노래하고 있다. 《시경》에서 첫 번째로 나오는 '관저關雎'는

노래하는 한 쌍의 새를 보며 아름다운 여인과 멋진 대장부가 어울

린다는 것을 비유적으로 읊은 시다. 또 '도지요요桃之夭夭'는 복숭아

꽃이 피고 잎이 무성해지고 과실이 열리고 낙엽이 지는 모습을 여

자의 아름다움과 결혼, 출산을 겪는 인생에 빗대 표현한 시다.

　이런 시들은 서정적이고 아름답지만, 사건의 원인과 결과의 논리

적 추론이 부족하다. 노래하는 한 쌍의 새, 그리고 아름다운 여성과

멋진 남성이 어울린다는 것, 이 사이에 어떤 논리 관계가 있는가. 또

복숭아꽃의 성장, 그리고 여자의 결혼과 출산은 어떤 내재적 관계를

맺고 있는가. 시적인 사고의 범주에서는 이런 현상이 어떤 관계가 있는 듯 보이나, 직관적이고 논리적 근거가 부족한 사고일 뿐이다.

한 민족이 시적 감수성과 과학적 창조성 모두 뛰어나기는 어렵다. 민족마다 사고 습관이나 태도가 다르기 때문에 둘 다 가질 수는 없다.

고대 중국에서는 한 개인의 앞날이나 벼슬길이 대련對聯, 종이나 나무에 쓰거나 새긴 한 쌍의 대구이나 시 한 수, 문장 한 편으로 결정되는 일이 많았다. 시 한두 수를 잘 써서 이름을 얻고 역사에 길이 남기도 했다. 이런 평가 체계에서 온 정신과 정력을 시를 짓거나 글을 쓰는 데 바치지 않을 수 있겠는가?

이렇게 시나 글로써 재능을 판가름하는 것은 오늘날까지도 이어지고 있다. 매년 설날 무렵이면 중국의 방송국이나 신문사는 대련 글을 선정해 상을 주는 이벤트를 진행하는데, 매년 접수되는 글이 수십만 건이라고 한다. 섣달 그믐날부터 정월 보름날까지 자신의 능력을 뽐내기 위해 밥도 제대로 안 먹고, 명절 분위기도 못 즐기면서 노심초사 글을 써낸 뒤 그 결과를 기다리는 사람들, 아직도 이런 사람들이 얼마나 많은지 모른다.

예부터 중국인은 재능을 이렇게 시를 짓고 글을 쓰는 데 대부분 사용했다. 이는 중국인이 형상적 사고가 특히 발달했음을 보여주지만, 동시에 이성적 사고가 왜 낮은지 보여주는 부분이기도 하다. 중국인들은 시적 문화를 가지고, 시적 사고를 하며, 시적 즐거움을 누린다. 지금 우리는 이 부분을 이성적으로 반성해야 하지 않을까?

중국인과 독일인, 생각의 차이

같은 상황에서 중국인과 독일인의 반응은 완전히 다르다. 시적 묘사에 치우치는 중국인은 아름다운 문학 작품들을 많이 만들었고, 추상적 사고 능력이 발달한 독일인은 현대 과학에서 한 지류를 형성하고 여러 학설을 세웠다. 다음 이야기를 예로 들어보자.

17세기 초, 독일 쾨니히스베르크지금은 러시아의 칼리닌그라드에는 마을을 가로질러 흐르는 프레겔 강이 있었다. 그 강에는 마을들을 잇는 일곱 개의 다리가 놓여 있었다. 어느 날 누군가가 "이 일곱 개의 다리를 한 번씩만 건너서 모든 다리를 다 건널 수 있을까?" 하는 문제를 냈다. 얼핏 들으면 수수께끼 같지만, 그 안에는 과학적 이론이 담겨 있었다. 이것이 바로 세계 수학사상 유명한 문제인 '일곱 개의 다리'다.

만일 중국 고대에 비슷한 마을 풍경이 있었다면, 아마 그 마을의 대표는 "이 풍경에 가장 어울리는 시를 짓는 이에게 황금을 내리겠다"라고 했을 것이다. 그 결과로 중국은 훌륭한 시인을 배출했을 테고, 독일은 위대한 수학자 오일러Leonhard Euler를 배출했다.

1736년, 스물아홉 살의 오일러는 이곳을 여행하다가 이 문제를 접했다. 그는 수학적 방법으로 접근한 뒤 〈쾨니히스베르크의 일곱 개의 다리〉라는 제목의 논문을 써서 성페테르부르크 학술원에 제출했다'쾨니히스베르크의 일곱 개의 다리'는 한붓그리기와 관련된 문제로, 오일러는 이것이 불가능함을 입증했다. 훗날 오일러는 이 문제를 심도 있게 연구해 수학의 새로운 분야인 그래프 이론과 토폴로지위상수학의 기반을 만들었다.

이 이야기는 오일러나 힐버트 같은 수학자가 독일에서 탄생한 원인을 설명하고 있다.

한편, 중국 문단에도 전해 내려오는 아름다운 이야기가 있다. 오일러가 일곱 개의 다리 문제를 해결했던 때와 비슷한 시기였다.

청나라 시대, 한 서당 선생이 학생들을 데리고 봄맞이 소풍을 나가서 작은 다리 위에 올랐다. 강을 내려다보니 여인의 시신 한 구가 강물에 떠내려가고 있었다. 선생은 그 시신을 가리키며 학생들에게 시를 짓도록 하고, 본인이 먼저 한 수 지었다.

"열여섯 아름다운 소녀가, 바람에 날려 다리에서 떨어졌구나. 삼혼三魂이 물결에 휩쓸려가고, 칠백七魄도 물 따라 흘러가는구나."

스승의 시에 학생들은 모두 감탄하며 박수를 쳤는데, 그중 제일 어린 학생이 고개를 저으며 의문스러운 표정을 지었다. 선생이 이유를 묻자 그 어린 학생이 답했다.

"저 여자가 열여섯인지 어떻게 알 수 있습니까? 바람 때문에 다리에서 떨어졌다 하셨는데, 마치 직접 보신 듯 말씀하십니다. 또 삼혼칠백인간의 모든 영혼이라 하셨는데, 영혼을 보셨습니까?"

어린 학생의 말에 선생은 깜짝 놀랐다.

"너라면 어떤 시를 짓겠느냐?"

그러자 어린 학생이 바로 시를 읊었다.

"저 아름다운 여인은 뉘 집 규수인데, 무슨 이유로 다리에서 떨어졌을까? 검은 머리는 물결에 쓸려가고, 고운 얼굴도 물 따라 흘러가네!"

선생은 감탄하며 말했다.

"좋다. 본 것을 그대로 썼구나. 시를 지을 때도 학문처럼 이렇게 근거가 있어야 한다!"

이 소년이 바로 그 유명한 정판교鄭板橋[**] 다.

두 이야기 모두 강과 다리와 관련 있지만 내용은 완전히 다르다. 독일인은 수학의 한 학설을 만들어냈고, 중국인은 아름다운 시를 만들어냈다. 즉 독일은 세계 수학사에 영향을 미친 오일러를 탄생시켰고, 중국은 재능이 뛰어난 시인 정판교를 탄생시켰다. 어쩌면 두 이야기는 배경이 전혀 다르다고 지적하는 사람이 있을 것이다. 정판교의 스승은 다리를 한 개밖에 못 봤으니, 일곱 개의 다리 같은 수학적 문제를 떠올리는 것은 불가능하다고 할 것이다. 하지만 나는 설령 다리가 스물네 개가 있었다 해도 중국인은 저런 수학 문제를 내지 못했을 것이라고 생각한다.

당나라 때 시인인 두목杜牧이 지은 칠언절구 '기양주한작판관寄揚州韓綽判官'에 이런 구절이 나온다.

"스물네 개 다리에 달이 밝은 밤, 미인은 어디서 퉁소를 불고 있는가?"

두목은 아름다운 퉁소 소리와 몽롱한 달빛 아래의 미인을 주목하며, 직관을 표현하고 감각을 자극한다. 과학적 사고는 민족의 사고 습관이 결정한다. 현대 과학기술 대부분이 서양에서 발전하기 시작

[**] 본명은 정섭(鄭燮), 호는 판교. 청나라 시대 시인, 화가, 서예가. 양주팔괴(揚州八怪, 청나라 중기에 양주 지방에서 활약한 화가들을 통칭) 중 한 사람으로 시체에 제약을 받지 않고 자유로운 시를 지었다. 이 일화의 뒷이야기는 자신이 어린 정판교의 재주를 오히려 방해할까 걱정된다며 그 선생은 다음 날 마을을 떠났다고 한다.

한 것은 결코 우연이 아니다. 오일러 이야기와 비슷한 일은 아주 많고, 이는 서양인의 사고 특성을 반영한 것이다.

2008년, 학회에 참석하기 위해 독일 하이델베르크를 찾았다. 그곳에는 유명한 철학자의 길이 있는데, '칸트의 시계'라는 에피소드도 바로 이 길에서 탄생했다. 그밖에 헤겔, 야스퍼스 등 세계적인 철학자들이 이 길을 걸으며 사색에 잠겼다 해서 '철학자의 길'이라 불린다. 나 역시 그들이 걸었던 길을 따라 걸어보았다. 그 길에서 본 풍경은 정말 아름다웠다. 성 위에서 내려다보니 도시 전체를 관통하는 강이 흐르고, 아름다운 집들과 멀리 푸른 산들과 오래된 성들이 조화를 이루고 있었다. 이런 풍경이라면 중국에서는 아마 도연명풍의 아름다운 전원시가 지어졌을 테지만, 독일에서는 세계사에 영향을 준 철학 책들이 탄생했다.

민족마다 다른 사고방식이 있고, 그로 인해 다른 문화가 생겨난다. 미래의 중국 과학기술 분야가 세계와 나란히 어깨를 겨루려면 서양의 과학적이고 이성적 사고방식을 배워야 한다.

중국의 문법학이 발전하지 못한 이유

자연과학이든 인문과학이든 중국인은 과학적 가설을 세우는 것을 별로 좋아하지 않는다. 언어학을 예로 들어보자. 중국의 언어학 연구는 역사가 아주 길다. 동한東漢 시대에 이미 세계에서 가장 오래된 사전인 《설문해자說文解字》를 편찬했다.

그러나 다른 과학 분야와 마찬가지로 중국의 학자들은 글자의 형태, 뜻, 발음 같이 바로 관찰할 수 있는 현상에만 관심을 가져서 언어 연구가 체계적으로 이루어지지는 못했다. 그 결과 글자의 형태를 연구하는 '문자학', 뜻을 연구하는 '훈고학訓詁學', 발음을 연구하는 '음운학'은 발전했지만 언어 사용의 규칙을 연구하는 '문법학'은 발전하지 못했다. 추상적인 어법의 규칙을 연구하기 위해선 상상력과 가설, 그리고 논리적 추리가 필요하기 때문이다.

중국인의 사고 특성 때문에 중국에서는 문법학이 발전하지 못했다. 서양의 문법학을 모방해서 중국어에 맞는 문법학을 만들었을 뿐이다. 그 때문에 중국어 문자학, 음운학, 훈고학은 2천 년이 넘는 역사를 갖고 있지만 문법학 연구는 100여 년 전 유럽에서 문법학을 공부한 중국 학자 마젠종에 의해 겨우 시작되었다. 이처럼 문법학은 시작도 늦었지만 다른 나라에서 들여온 학문이라 여겨져 오랫동안 중시되지 않았다.

중국의 교육 사상계에는 커다란 변화가 필요하다. 실사구시實事求
是, 사실을 토대로 진리를 연구하는 일와 격물치지格物致知, 사물의 이치를 깊이 연구하여
지식을 넓히는 것만 강조하던 풍토에서 벗어나 상상력·연상력·창조력을 키우는 교육으로 변화해야 한다. 생각의 틀에서 벗어나야만 각 분야에서 의미 있는 가설과 질문들이 나올 것이다.

과학적 사고가
부족하다

이상한 현상에 혹하는 중국인의 심리

중국을 보면 과학기술은 낙후되었고, 대중의 이성적 사고능력은 낮고, 이상하고 놀라운 일은 끊임없이 발생하고 있다. 이 세 가지 현상은 전혀 상관없어 보이지만, 실은 내적으로 연결되어 있다.

중국에서는 신기하고 이상한 일들이 끊임없이 일어난다. 대중이 원하는 것이 있으면 바로 생긴다. 대중이 건강한 몸과 마음을 원하면 그와 관련된 수많은 방법과 약들이 넘쳐난다.

최근 몇 년간 중국에서는 건강식품에 대한 대중의 관심이 폭발적으로 일어났다. 녹두 열풍, 가지 열풍, 고구마 열풍, 마늘 열풍…. 건강을 유지하는 것은 과학의 문제다. 식품에 든 영양소를 파악해서 자신의 몸 상태에 맞게 섭취하면 된다. 하지만 그런 지식과는 별개로 주변 사람들이 "○○가 몸에 좋다"라고 하면 자신의 몸 상태와 상관없이 무조건 사서 먹는다.

기공氣功은 중국의 전통 수련법으로, 내공이 깊은 사람들의 엄청난 법력이 전설처럼 전해진다. 관련 잡지와 책, 영화가 넘쳐나고, 기공을 전파하고 수련하는 사람들을 어디서나 볼 수 있다. 기공은 태극권과 마찬가지로 몸과 마음을 단련하는 데 더할 나위 없이 좋다.

다만, 도를 넘어선 맹신과 잘못된 이야기를 퍼트리는 것이 문제다. 기공으로 무슨 병이든 고치고, 떨어져 있는 사람에게 기공으로 공격을 할 수 있다는 허무맹랑한 말을 하는 사람들이 있다. 그저 무협 영화 이야기라고 가볍게 넘기면 되는데, 진짜로 그것을 믿는 사람이 많다는 것이다.

그 어떤 능력도 물리학 원리를 벗어날 수 없다. 그들 말의 진위 여부는 간단한 과학 실험이나 측정기를 통해 검증해볼 수 있다. 하지만 아직까지 그 어떤 기공 수련자도 엄격한 과학 테스트를 받아들이지 않고 있다. 그들이 제시하는 테스트 결과는 사실 아주 편협하고 단순한 것들뿐이다.

신기하고 놀라운 능력이나 힘을 좋아하고 믿는 것은 이성적 사고가 부족하다는 말을 달리 표현한 것이다. 이런 모습이 보편적이라면 어떻게 과학 문화가 자리를 잡을 수 있겠는가! 대중의 과학적 소양이 개선되지 않는다면, 중국에서 세계적인 사상가나 과학자가 나오기를 바라는 것은 허황된 기대일 뿐이다.

군중심리에 쉽게 휩쓸리는 중국인

일반적으로 중국인들은 과학적 소양이 부족하고, 이성적 사고력이 약한 편이다. 이는 맹목적 군중운동이 일어나는 사회적 심리의 바탕이 된다. 국민들의 이런 성향은 일상생활부터 정치적 사건에까지 좋지 않은 영향을 미쳐, 작게는 개인을 다치게 하고 크게는 민족에게 대재난을 가져왔다.

'대약진 운동' 시기에 전국 곳곳에 내걸렸던 놀라운 성과는 대부분 거짓이었다. 한 생산대에서 1무당 보리를 5톤 생산했다고 선전했지만, 사실은 10여 무가 넘는 땅의 보리를 한 곳에 옮겨 심어놓은 것이었다. 상부 관리들이 와서 봤지만 아무도 사실 여부를 검증하지 않았다.

이 관리들은 왜 그랬을까? 물을 댈 수 없을 정도로 촘촘하게 심어져 비료도 줄 수 없고 바람도 안 통할 것 같은 상황인데 보리가 제대로 자랄 수 있을까? 다른 지역은 1무당 수백 킬로그램밖에 생산하지 못하는데, 왜 이 지역만 이렇게 생산량이 많을까? 보리가 이렇게 단기간에 자랄 수 있을까? 그들은 이런 의문을 왜 갖지 않았을까? 조금만 이성적으로 생각해봐도 답을 찾을 수 있는데, 다들 그런 고민 없이 너무 쉽게 믿고 열광했다.

또 그 당시는 제련제강 열풍에 휩쓸린 시기라 농민들은 농산물을 수확할 시간이 없었다. 고구마밭 수만 평을 수확하려면 보통 보름 정도가 걸리는데, 그 시기에는 하룻밤 만에 수확해서 상부로부터 표창을 받았다고 널리 선전했다. 그게 어떻게 가능했을까? 실제로는 고구마를 뽑아서 밭에 그대로 던져두었을 뿐이다. 그러다가 겨울이 되어 식량이 떨어지면 그제야 사람들은 밭에 나뒹구는 고구마를 주워 먹으며 배고픔을 달랬다.

중국인은 쉽게 감동하고 쉽게 감정에 휩쓸리는 편이라 집단적 맹종 사건이 자주 일어난다. 2011년 3월 11일, 일본 후쿠시마에서 발생한 대지진으로 원자력 발전소가 파괴되어 방사능 물질이 유출되었다. 당시 일본은 큰 동요 없이 조용했는데, 중국에서는 난리가 났었다. 갑자기 중국 곳곳에서 소금 사재기 현상이 일어나 소금을 수백 킬로그램씩 산 사람들도 있다고 한다. 소금 판매업자가 거짓 정보를 흘린 것인지, 아니면 어느 신경과민자가 이런 집단적 맹종 행위를 일으킨 것인지는 모르겠다.

하지만 조금만 생각해보면 이게 얼마나 우스운 행위인지 알 수 있을 것이다. 유출된 방사능이 미래에 생산될 소금에 영향을 줄까? 심지어 소금을 많이 먹으면 방사능 피해를 막을 수 있다고 주장한 사람도 있었는데, 과연 과학적 근거가 있을까? 설령 그렇다 해도 사람이 그렇게 많은 소금을 먹을 수 있을까? 진짜 그렇다면 그 사람은 방사능 피해를 입기 전에 먼저 과다 소금 섭취로 몸에 문제가 생겼을 것이다. 또 가짜가 만연하는 중국에서 과연 자신이 구입한 소금이 방사능에 안전한 것이라고 누가 장담할 수 있겠는가. 소금 사재기 광풍이 휩쓸고 지나간 뒤 사람들은 뭐에 잠깐 홀렸음을 깨달았다.

대약진 운동이나 문화대혁명처럼 파괴적이고 집단적인 정치운동은 중국 역사에서 여러 번 반복적으로 일어났다. 소수 음모가들의 선동이 원인이었겠지만, 이것 말고도 대중의 사고방식이 연관돼 있다. 약점 하나만 잡아 내리치면 대중의 비이성적인 사고가 호응하고, 파괴적으로 변질되면서 민족의 대재난을 가져왔다.

대중의 사고 수준이 사회의 발전을 결정하고, 훌륭한 학자나 지도자를 만드는 데 영향을 준다. 중국 교육에서 가장 중요한 책무는 바로 대중의 이성적 사고 능력을 높이는 것이다.

자연현상과 과학적 탐구에 대한 고민 부족

도가 사상을 담은 고전,《열자列子》에 이런 이야기가 나온다.

공자가 각 제후국을 돌아다닐 때였다. 하루는 길에서 열띤 토론을 벌이는 두 소년을 보고 공자가 발길을 멈췄다. 첫 번째 소년이 말했다.

"태양이 막 떠올랐을 때가 저랑 가장 가깝고, 정오 무렵에 가장 멀리 있다고 생각해요. 아침에 태양은 마차 바퀴만 한데, 정오에는 대접만 하잖아요. 제 경험으로 같은 크기의 물건은 가까이 있을 때 가장 크게 보이고, 멀리 있을수록 작아 보였거든요."

그러자 두 번째 소년이 "아니, 아니에요. 이른 아침에 태양이 가장 멀리 있고, 정오에 태양이 가장 가까이 있어요. 그건 정오 무렵의 태양이 아침보다 더 뜨겁잖아요. 불과 가까울수록 더 뜨거운 것 아닌가요?"라고 했다.

공자는 첫 번째 소년의 말을 듣고 고개를 끄덕였는데, 두 번째 소년의 말을 듣고도 고개를 끄덕였다. 공자는 잠시 난처해하더니 아무런 말도 해주지 못하고 자리를 뜨고 말았다.

사실 공자가 아무 말 없이 자리를 떴다는 말이 그리 놀랍지는 않다. 그는 문과 선생이지, 물리학자가 아니지 않는가. 이 문제는 단순해보이지만 사실은 물리학적 지식이 필요하다. 지구의 자전과 공전, 그리고 빛의 투사와 태양열이 대기층에 전달되는 원리 등도 알아야 한다. 그 시대의 지식으로는 이런 물리적 현상을 쉽게 풀이하고 해석하기란 불가능했을 것이다.

두 소년의 문제의식은 뛰어났다. 일상생활의 경험으로 문제를 제기하고 풀었지만 상당한 과학적 가치가 있고, 물리 원리도 담고 있다. 그렇지만 2천 년이 넘는 동안 중국의 수많은 소년들은 이런 문제들을 등한시했다. 깊이 생각하거나, 이 모순된 경험에 대한 해답을 찾고자 시도하지 않았다. 많은 과학적 발견은 모두 선인들이 던진 과학적 문제를 후손들이 대를 이어 탐색하고, 오류 속에서 경험을 얻고, 끊임없이 진리에 접근하고자 하면서 이루어낸 것이다. 반면 중국 고대 과학기술 역사를 보면 이렇게 문제를 탐색하고 이어가는 전통이 없었다. 설령 누군가가 아주 훌륭한 문제 제기를 했어도 계속 이어지지 않았기에 그저 재미있는 이야깃거리로 끝나버렸다.

중국인들의 사유는 수천 년 동안 직관적 경험에만 정체되어 있었고, 실용성에만 관심을 두다보니 중국에서 과학기술의 발전은 더딜 수밖에 없었다. 인류의 과학기술 발전사를 보면, 중국인들이 얼마나 많은 중요한 발견을 그냥 스쳐 지나갔는지 알 수 있을 것이다.

오랫동안 중국인의 달은 평면이었다

수천 년 동안 중국인이 달을 묘사하며 지은 시나 글은 수십 만 편에 달하지만, 그 긴 세월 동안 그 누구도 달이 공 모양의 '구체球體'라는 문제 제기를 하지 않았다. 이 역시 중국인의 사고 체계를 설명해준다.

2010년 가을, 스탠포드대학교에서 테렌스 타오가 '우주의 계단'이라는 제목으로 강연을 했다. 테렌스 타오는 스물두 살 때 프린스턴대학교에서 박사학위를 받았고, 서른 살 때 수학계의 노벨상이라 불리는 필즈상을 수상한 수학자다. 그는 고대 그리스 시대에 어떻게 초급 수학 지식을 응용해서 별의 부피, 거리, 운동 등을 탐색했는지 설명했다. 그 강연에서 가장 인상 깊었던 내용은 고대 그리스 시대에 이미 달이 둥글다는 사실을 알아냈고, 달과 지구의 거리를 계산해냈다는 이야기였다. 그 당시에 벌써 과학적으로 관찰하고, 광학과 기하학 등의 과학적 지식을 활용했다는 사실이 놀라웠다.

그렇지만 중국인은 달이 입체적인 구체라는 사실조차도 오랫동안 알지 못했고, 그저 바퀴나 접시처럼 평평한 원형이라 생각했었다. 달과 관련된 신화와 전설이 넘쳐나고,《시경》이 쓰였던 때부터 현대 과학이 유입되기 전까지 이런 전설을 모티프로 해서 수많은 사람들이 달을 주제로 아름다운 시를 남겼다.

하지만 그 누구도 달이 어떤 모양인지, 또 우리와 얼마나 떨어져 있는지에 대해 깊이 고민하지 않았다. 마찬가지로 중국인들은 지구가 평평하지 않고 둥글다는 것에 대해서도 생각하지 않았다. 현대 과학이 들어오기 전까지 중국인은 '하늘은 둥글고 땅은 네모이고 평면에서 산다'고 믿었다. 일상생활의 수많은 경험들이 그것이 아님을 암시했지만, 이런 직관적 경험을 발전시켜 추리하고 연구하는 사람은 없었다. 다음은 이백이 지은 시의 한 구절이다.

"외로운 배가 푸른 허공 사이로 점점 사라지고, 장강양쯔강만이 하늘 끝으로 흘러가네〈황학루송맹호연지광릉黃鶴樓送孟浩然之廣陵〉 중에서."

"물길 양쪽으로 짙푸른 산이 솟아 있고, 돛단배 한 척이 하늘 끝에서 오네 〈망천문산望天門山〉 중에서."

떠나가는 배를 보면, 먼저 배의 선체부터 사라져서 점차 시야에서 벗어난다. 반면 들어오는 배를 보면, 먼저 돛대부터 보이고 점차 배의 전체 모습이 시야에 들어온다. 이런 시각 현상은 현실 생활 속에서 경험한 땅의 모습과 완전히 똑같다. 누군가 이런 현상에 대해 조금만 더 고민하고 추리했다면 땅이 둥글다는 사실을 어렵지 않게 발견했을 것이다. 모든 곳의 땅이 이렇게 둥글다면 그 논리적 결론으로 '지구는 둥글다'라는 사실에 도달할 수 있었을 것이다.

그 어떤 과학 분야도 처음에는 직관적 관찰에서 시작해서 가설을 세우고, 실험을 하며, 마지막에 규칙을 찾게 된다. 서양인과 비교했을 때 중국인의 직관적 관찰력은 결코 뒤떨어지지 않지만, 과학적 추상력과 논리적 추리력은 다소 약한 듯하다.

수박 겉핥기식 학습을 쫓아가는 교육

중국의 도시들을 둘러보면 온갖 속성 학원이 넘쳐나고, 서점에도 각종 속성교재들이 즐비하다. 이런 현상은 서양에서는 찾기 힘들다. 이 역시 빠른 성과를 원하는 중국인의 급한 성격을 반영한 것이다. 학습 내용의 난이도와 개인의 인지능력의 한계를 이해한다면 보통 지식이나 기술을 배우는 데 속성은 불가능하다는 것을 알 수 있다.

교육 방법의 문제인지, 중국인의 영어 학습 효과는 그렇게 좋지 않다. 학교에서 12년 동안 영어를 배우는데도 간단한 일상회화도 쉽지 않고, 외국인 앞에서 입을 뗄 용기도 없다. 그렇지만 현재 중국 사회에서 영어 능력은 아주 중요하다. 대학원 진학이나 승진, 유학을 앞두고 영어 시험은 필수다. 발등에 불이 떨어진 사람들을 위해 중국 사회는 온갖 속성반을 제공하고 있다. 기초가 전혀 없어도 한 달이면 영어로 말할 수 있다는 학원 광고들, 진짜 그게 가능할까?

내가 미국에서 사는 동안 중국 유학생들을 많이 만났다. 미국에서 몇 년 살았다는 학생들의 영어 실력은 그리 뛰어나지 않았고, 미국에서 수십 년간 살았다는 사람들도 미국인이 말하는 것과는 분명한 차이가 있었다. 영어 발음은 단기간에 비슷해질 수 있겠으나, 제대로 된 미국식 화법으로 말하려면 오랜 시간이 걸린다. 하루하루의 노력과 실천이 쌓여야만 제대로 말할 수 있고, 특히 영어 환경이 아닌 곳에서 사는 사람들은 단기간에 쉽게 터득할 수 없다. 그런데 어떻게 영어가 모국어가 아닌 환경에서 한 달 만에 영어로 말할 수 있게 만들 수 있다는 말인가.

지금 중국인들에게 학습은 그저 수단에 불과하고, 돈을 버는 것이 목적이 되었다. 이 때문에 돈을 빨리 벌 수 있다는 각종 속성반이 이렇게 많이 생겨난 것이다. 다들 몇 달만 투자해서 배우면 돈을 벌 수 있다고 광고한다. 하지만 무엇을 키우거나 심거나 돈을 벌려면 기술과 방법 말고도 시장 상황을 이해해야 한다. 이런 속성반을 거친 학생들 중에서 돈을 번 사람이 얼마나 될까? 아마 그 속성반 원장이 가장 돈을 많이 벌었을 것이다.

무엇을 하든 과학 규칙을 위반하면 과학 규칙에 의해 벌을 받는다. 대부분의 속성반은 '수박 겉핥기'에 불과하다. 그런데도 속성반이 끊임없이 생겨나고 잘되는 이유는 돈을 많이 벌고는 싶은데 과학적 사고는 부족한 사람들이 너무도 많기 때문이다.

많음을 추구하다

많으면 많을수록 좋다

신중국 건립 초기였던 1950~60년대에 사람들이 외쳤던 구호를 살펴보면 '많이', '빨리', '아껴'라는 단어가 빠지지 않았다. 무슨 일을 할 때 '많이'와 '빨리'를 부르짖는 것은 중국인의 공통적 특성이고, '아껴'도 마찬가지다. 즉 가장 적은 재료를 사용해 가장 많이 생산하는 것으로, 결국은 '많이'로 귀결된다.

이렇게 수량을 추구하는 구호는 중국 역사상 끊이지 않았다. 특히 대약진 운동과 문화혁명 때 극에 달했고, 그로 인해 중국은 엄청난 재난을 겪었다. 왜 중국인은 언제나 맹목적으로 양적 성장에 목숨을 거는 것일까? 나는 민족적 특성과 관련이 있다고 생각한다.

고대 중국에서는 '땅'과 '백성'을 쟁취의 대상으로 보았다. 땅이 넓고 인구가 많을수록 나라는 더 강해지고 부유해졌다. 그렇게 강한 나라를 만드는 목적은 무엇이었을까? 대부분의 왕들은 백성들의 삶의 질과 행복지수를 높이기 위해서가 아니라, 자신의 힘을 과시하고 정벌을 통해 더 많은 땅과 백성을 얻기 위해 전쟁을 일으켰다. 그럴 때마다 사회 발전은 퇴보되었고, 백성들의 삶은 어려워졌다.

한신韓信과 관련 있는 '다다익선多多益善'이라는 고사성어를 모르는 사람은 아마 없을 것이다. 군사가 많을수록 전쟁에서 이길 가능성이 높다 생각하겠지만, 100퍼센트 맞는 말은 아니다. 병사 수십 명에 총 수십 자루라면 당연히 지겠지만. 군사 수가 일정 정도 되면 승패는 양이 아니라 질에 따라 결정된다. 병사가 얼마나 잘 훈련되어 있는지, 또 장수가 지략을 갖췄는지가 승패의 핵심이다.

진시황이 천하를 통일했을 때 군사의 숫자는 다른 나라보다 오히려 적었다. 당시 초나라, 월나라, 제나라 등이 보유한 군사나 무기의 수가 진나라보다 훨씬 더 많았다. 진나라가 최후에 승리할 수 있었던 까닭은 병사의 수준이 뛰어났고, 지략을 갖춘 장수가 있어 군기가 잘 잡혀 있었기 때문이다. 마찬가지로 후한 말, 조조가 북쪽 지역의 패권을 확정지었던 관도대전官渡大戰. 원소와 조조가 대륙의 패권을 두고 벌인 큰 전투에서 싸움 상대였던 원소는 군사 수가 훨씬 더 많았지만 결국은 조조에게 패했다. 훗날 조조는 80만 대군을 이끌고 '적벽赤壁'에서 대규모 전투를 벌였지만, 손권과 유비에게 대패했다. 군사 수가 압도적으로 많았으나 조조는 목숨까지 잃을 뻔했다.

과거 중국인의 자녀 계획도 마찬가지다. 다들 아이를 낳아서 어떻게 키울까 고민하기보다는 자식은 많을수록 좋다고 생각했다. 시대가 발전하면서 사람들의 생각도 변했다. '한 자녀 정책'이 아니더라도 문화 수준이 높은 사람들은 두세 명 이상은 낳지 않는다. 하지만 교육 수준이 낮거나 생활이 어려운 계층일수록 전통적 사고방식에서 벗어나지 못하고 있다. 농촌에 가보면 바로 전 세대만 해도 일고여덟 명의 자식은 흔했다. 당시 사람들은 삶의 질이나 행복 추구보다는 대를 잇는 것에 중점을 두고 살았다.

중국인들은 집도 크면 클수록 좋다고 생각한다. 과거에는 대여섯 식구가 함께 살아도 십수 평이면 만족했는데, 이제는 두세 식구가 살아도 수십 평은 되어야 한다고 생각한다. 가족 구성원은 점점 적어지는데 집은 점점 더 커지고 있다. 단순히 실내 면적만 따지면, 중국의 1인 평균 면적이 미국이나 영국보다 넓다. 한편 중국인은 마당이나 정원, 주변 환경 따위엔 관심을 보이지 않는다. 실내 면적이 어느 정도에 이르면 주변 환경이 삶의 질을 결정하는 중요한 요인이 되는데도 말이다.

학교는 지식인이 모이는 곳이다. 그런데 맹목적인 수적, 양적 성장을 추구하는 점은 보통 사람과 별반 다르지 않다. 중국 대학교의 홍보 전략은 대부분 수적 성장에 맞춰져 있다. 대학교 부지가 몇 평이고, 건물은 얼마나 크고, 또 배출된 정치가와 기업가는 몇 명이고…. 교수들 역시 자신의 학술성과를 말할 때 내세우는 근거로 이런 것들을 든다. 책을 몇 권이나 출판했고, 대학원생을 몇 명이나 거느리고 있으며, 얼마나 많은 직책을 역임하고 있는지 말이다. 자신이 학술 발전에 얼마나 공헌했는지, 이런 실질적인 문제에 대해 고민하는 이는 극소수다. 고대 중국이든 외국이든 성공한 교육의 예를 들 때는 숫자보다는 그 질적 수준이 핵심이 되어야 한다.

양적 성장으로 인한 낭비

중국인이 추구하는 '많이양적 성장'와 '빨리속도' 관념은 때로는 엄청난 낭비를 가져온다. '많이'와 '빨리'는 같은 의미다. 2012년, 후난성

湖南省 창사長沙 시에서 20일 만에 30층짜리 빌딩을 완공했다는 기사가 신문을 도배했다. 다들 그 속도에 놀라고 감탄만 했지, '이 건물이 과연 안전할까' 하는 핵심적인 문제에 관심을 갖는 이는 드물었다. 중국의 많은 건물들이 이렇게 완공 속도에 목매달고 있는 실정이다. 그러다보니 안전성에 문제가 생기고, 어떤 집들은 짓는 도중에 금이 가기도 한다. 빨리 지었지만 계속되는 문제로 결국 입주도 못 하고 방치된 건물도 적지 않다. 기초 건설 분야와 관련된 기사나 보도 방향을 보면 대부분 그 속도가 얼마나 빠르냐에 맞춰져 있다. 다들 며칠 만에 몇 층이 올라가고, 예정 완공 시기보다 얼마나 앞당겼는가를 중점 보도한다. 또 정해놓은 날짜에 완공식을 하기 위해 공사를 서두르는데, 그 과정에서 많은 문제가 일어날 수밖에 없다.

중국은 몇 년만 지나면 건물들이 바뀌고 알아볼 수 없게 된다. 경제성장 때문이기도 하지만, 날림공사로 인한 문제도 적지 않다. 사실 품질을 높이는 것이 가장 좋은 절약이다. 중국의 적지 않은 도시의 아파트들은 10년만 지나면 문제가 발생해 다시 짓는다. 도로는 1, 2년에 한 번씩은 뒤집어엎는다. 집을 나서면 곧게 뻗은 길을 자유롭게 걷기 힘들다. 지금 중국은 사방 어디를 둘러봐도 도로는 파헤쳐 있고, 건물은 올라가고 있다. 도대체 언제쯤 이 난리가 끝날지 알 수가 없다.

중국인은 들볶는 것을 좋아한다. 과거에는 정치적으로 사람들을 들들 볶더니, 이제는 건설로 사람들을 들볶는다. 이런 현상이 일어난 배후에는 수량과 속도를 맹목적으로 추구하는 사고방식이 있다.

지나친 절약으로 넘쳐나는 부실공사와 가짜

덜 먹고 아껴 쓰는 근검절약 정신은 중국인의 미덕이지만, 품질을 희생시키며 하는 절약은 결국은 낭비다. 속도만을 추구하는 부실공사가 대표적인 예다. 많은 기업들이 더 많은 제품을 생산하고 이윤을 극대화하기 위해 원재료를 최대한 절약하고 있다. 쑤저우蘇州의 다리 하나가 균열이 생겨 살펴보니 그 안에는 종이 쓰레기가 섞여 있었고, 상하이上海의 한 아파트는 완공하자마자 무너져 조사해보니 기준보다 한참 모자라게 사용한 철근이 원인이었다. 1998년 양쯔강에 홍수가 났을 때, 장시성江西省의 댐이 무너져 수많은 인명 피해와 재산 피해를 입었다. 나중에 원인을 조사해보니 철근이나 콘크리트 함량이 기준에 한참 못 미치는 부실공사였다.

꼭 필요한 비용이나 원재료를 줄여 이익을 얻는 것은 살인 행위다. 쓰레기 식용유, 가짜 쌀, 가짜 분유같이 사회를 놀라게 한 사건들은 다 이익을 더 얻기 위해 재료를 아끼자는 생각에서 비롯했다.

중국에는 온갖 가짜가 넘쳐난다. 개인이 아무리 조심해도 피할 수 없기에 사람들은 늘 불안해한다. 적은 노력과 자본으로 큰 이익을 얻으려는 생각은 정말 무서운 발상이다. 수량의 맹목적인 추구가 가짜가 범람하는 사회를 만들어냈다. 이런 가짜와 단절하려면 우선 '다다익선', 즉 많으면 많을수록 좋다는 사고부터 바꿔야 한다.

인과관계에 서툴다

억지 비교 위에 세워진 유교 사상

오랫동안 유교 경전은 학자들의 필독서였으며, 중국인의 사고방식에 깊은 영향을 주었다. 후대 사람들은 공자의 말을 금과옥조로 여겼는데, 사실 공자의 말은 대부분 결론적 성격을 갖고 있으며 엄격한 논증을 거친 것이 아니었다. 그래서 논리성이 부족하거나 상식에 위배되는 경우가 다분하다. 그렇지만 스승을 존경하라는 유교 전통으로 인해 학생은 스승의 가르침에 도전할 수 없었다. 그리고 이 전통은 공자로부터 시작되었다.

사마천이 쓴 《사기史記》를 보면 공자와 재여宰予. 공자의 제자가 부모 삼년상을 치르는 문제로 논쟁을 벌인 이야기가 나온다. 공자는 부모가 죽으면 삼년상을 치러야 한다고 했고, 재여는 1년이면 족하다고 자신의 의견을 피력했다. 재여는 두 가지 이유를 들었다.

첫째, 정신적 소양을 높이는 데 좋지 않다. 군자가 3년 동안 예를 공부하지 못하고, 연습을 게을리 하면 선비의 소양이 낮아질 수밖에 없다. 둘째, 생활에도 피해가 생긴다. 봄에 씨를 뿌리고 가을에 수확해야 하는데, 3년 동안 농사를 짓지 않으면 뭘 먹고 살겠는가. 따라서 상복 착용과 시묘살이는 1년이면 충분하다.

공자 역시 두 가지 반대 이유를 들었다.

첫째, 아이가 태어나면 부모는 3년을 품에 품고 지낸다. 둘째, 삼년상은 이 세상에서 공통으로 하는 법칙이다. 따라서 부모가 죽으면 자식도 3년 동안 상복을 입고 시묘살이를 해야 한다.

"부모가 죽은 뒤 삼년상을 치러야 할까?'라는 주제로 토론회를 연다고 가정해보자. A팀이 재여, B팀이 공자라고 했을 때 당신은 어느 팀에 몇 점을 주겠는가? 나는 재여에게 100점, 공자에게 30점을 주겠다.

재여의 이유가 훨씬 더 타당하게 느껴지고, 공자의 이유는 선뜻 받아들이기 어렵다. 아이는 3년 동안 젖을 먹고 나서도 부모의 사랑과 관심을 계속 필요로 한다. 부모의 관심은 평생 필요한데, 그렇다면 평생 상복을 입고 살아야 하는가? 공자의 두 번째 이유 역시 권위를 근거로 삼은 논법으로, 논리적으로 문제가 있다. '세상에 통용되는 법칙'이라는 말로 재여를 누르고 있지만, 그의 말은 사실이 아니다. 당시의 기록을 보면 많은 제후국에서 삼년상 제도를 받아들이지 않았다.

이 논쟁 때문에 공자가 재여에게 안 좋은 감정이 생겼는지, 어느 날 공자는 낮잠을 자고 있는 재여를 보고 이렇게 말했다.

"썩은 나무에는 조각을 할 수 없고 썩은 흙으로 쌓은 토담은 손질할 수 없다 했으니, 너 같은 사람은 아무리 꾸짖어야 소용이 없다."

재여의 관점은 근거가 있을뿐더러 공자보다 훨씬 더 논리적이었지만, 천하에 쓸데없는 학생이란 욕을 얻어먹었다. 그 뒤에도 수천 년간 부정적인 모습의 전형이 되었다. 반면 공자는 모든 이가 본받고자 하는 성인으로 추앙받았다. 더 아쉬운 점은 재여의 논리가 공자보다 더 뛰어났다고 말하는 이가 아무도 없었다는 것이다. 이후 중국인들은 과학적 분석을 통한 비판 정신이 결여되고, 권위로 옳고 그름을 판단하는 것이 보편화되었다.

고대 중국인의 논증 방법

공자가 결론만 내릴 뿐 논증을 하지 않은 반면, 맹자는 설득에 능했다. 다만, 맹자의 설득은 단순한 현상을 억지 비교한 것으로, 논리성이 떨어졌다. 중국 고대 경전들을 살펴보면 논리에 입각한 서술보다는 단순한 비교를 통한 서술이 대부분이라 논리성이 떨어진다. 이런 논증법은 중국인의 사고방식에 영향을 주었고, 현대인들도 이런 전통적 영향을 받았다.

공자가 제후국을 돌아다닐 때, 그의 정치 주장을 받아들인 나라는 없었다. 그 원인 중 하나는 공자 자신에게 있었다. 그는 증거를 제시하거나 논증을 하기보다는 건의와 주장만 했기 때문이다. 공자가 서른여섯 살 때 관직을 얻기 위해 제나라에 갔다. 군주인 제경공齊景公이 공자에게 어떻게 정치를 할 것인지 물었다. 공자는 "정치는 재물을 아끼는 데 있다"라고만 했다. 재물을 아끼는 것이 왜 중요한지, 어떻게 해야 하는지 등에 대한 설명은 없었다.

얼마 뒤 제경공이 다시 공자에게 같은 질문을 던졌고, 공자는 "임금은 임금답고, 신하는 신하답고, 아비는 아비답고, 자식은 자식다워야 한다"라고 답했다. 공자의 이번 답은 윤리적 시각에서 정치를 말한 것으로, 윤리와 정치 관계의 논증이 필요한 답이다. 그렇지만 공자는 이번에도 '침묵은 금'인 양 더 이상의 설명을 하지 않았다. 나중에 공자가 원하는 보수와 조건이 너무 높아서 제나라 대신들이 강하게 반대하자, 제경공은 결국 거절하며 공자에게 노나라로 돌아갈 것을 권했다. 이렇게 제나라에서 일하려 했던 공자의 꿈은 이뤄지지 못했다.

유교 성인들 중에서 변론에 가장 능했던 이는 맹자다. 사서 중에서 《맹자》를 좋아하는 사람들이 많은데, 특히 맹자의 변론 능력을 좋아한다. 맹자의 변론 능력은 분명 뛰어나서 수많은 군주들의 고개를 끄덕이게 만들었다. 다음은 그와 송나라 대영지戴盈之가 나라 세수입에 관해 나눈 유명한 이야기 '양계攘鷄'다.

대영지가 말했다. "십분의 일의 세율을 적용하고, 관문과 시장의 세금을 철폐하는 정책을 올해는 시행하기가 어려우니, 우선 세금을 경감하고 내년에 시행하면 어떻겠습니까?"

맹자가 말했다. "지금 어떤 사람이 날마다 그 이웃의 닭을 훔치는데, 누군가가 '이는 군자의 도리가 아니다'라고 하니 그가 '훔치는 횟수를 조금 줄여서 한 달에 닭 한 마리씩만 훔치다가 내년에 그만두겠습니다'라고 하는 것과 같다. 만일 그것이 의義가 아님을 알았다면 빨리 그만둘 것이지, 어찌 내년을 기다리겠는가?"

지금까지도 사람들은 모두 대영지가 잘못했고, 그 잘못을 깨닫게 한 맹자의 비유가 정말 절묘하다고 생각한다. 하지만 내 생각에는 대영지가 진정한 정치가이고, 맹자는 의욕만 앞서는 서생에 불과하다. 세금 감면은 아주 큰 정치적 문제다. 세금은 국가 운영의 기반이므로 갑작스럽게 감면하거나 면세하면 국가의 재정 위기를 초래한다. 성숙한 정치가였던 대영지는 상황을 보면서 조심스럽게 점진적인 감세를 하며 변화를 주려고 했다.

그런데 맹자는 세금 문제에 대해 직접적으로 논한 것이 아니라, 닭을 훔치는 사람의 예를 들었다. 대단한 이치인 양 그럴듯하게 말했지만, 정작 핵심은 피해가고 있다. 세금 징수가 닭을 훔치는 도둑처럼 부도덕한 일인가? 어떻게 도둑질을 예로 들어가며 세금 징수 정책을 당장 시행해야 한다고 주장할 수 있는가? 도둑질과 세금 징수는 한데 섞어 말할 수 있는 문제가 아니다. 예나 지금이나 도둑질은 엄격히 금지되었지만, 세금 징수는 당연하게 받아들였다. 세상에 세금을 걷지 않는 나라나 정부가 어디 있겠는가? 세금 징수는 그 어떤 나라, 그 어떤 사회에서도 꼭 필요한 일이다.

이런 점에서 맹자의 논리는 비현실적이다. 미국의 의원들 역시 세금 징수 문제로 늘 논쟁한다. 어느 날 어떤 의원이 자동차를 훔쳐가는 사람을 예로 들며 세금 감면을 당장 시행하자고 한다면, 아마 국제 사회의 웃음거리가 될 것이다.

오나라 책사들을 설득한 제갈량의 논리

중국인은 논쟁할 때 비유하거나 이미지화하는 것을 좋아하고, 관계가 있든 없든 온갖 이야기들을 다 끌어 쓴다. 중국 역사상 가장 뛰어난 연설가이자 지략가인 제갈량이 어떻게 토론했는지 보면, 고대 중국인의 논쟁 방식을 이해할 수 있을 것이다.

적벽대전에 앞서 제갈량은 유비와 연합해서 조조에게 대항하자고 권하기 위해 오나라로 손권을 만나러 갔다. 손권은 제갈량을 만나기 전에 토론회를 준비했고, 이것이 바로 그 유명한 '제갈량 설전군유舌戰群儒. 제갈량이 오나라 선비들을 설득하는 과정을 말하는 고사성어로, 총 일곱 명과 설전을 벌여 모두 설득했다'다. 오나라의 첫 번째 책사 장소張昭가 제갈량에게 곤란한 문제를 물었다.

"선생의 군사는 조조의 군사가 나타나자 한번 싸워보지도 않고 바람에 날리듯 흩어져 버렸소이다. 위로는 백성을 편안히 하여 유표의 은혜에 보답하지 못했고, 아래로는 아비 잃은 유종을 도와 강토를 보존하지도 못한 채 조조에게 패하여 몸조차 의지할 곳이 없게 되었소이다. 이것이 도대체 어찌된 일입니까? 유황숙이 선생을 얻은 뒤에 오히려 처음만 못하게 된 것이 아닙니까? 그런데 선생을 어찌 관중춘추시대 제나라의 재상과 악의전국시대 연나라의 장수에 비교할 수 있겠소?"

장소는 역시 예리하게 제갈량에게 제대로 한방 먹었다. 이런 상황에서 보통 사람이라면 아마 부끄러워서 몸 둘 바를 모르고 입이 열 개라도 할 말이 없었을 것이다. 하지만 제갈량은 제갈량이었다. 그는 조금도 당황하지 않았고, 오히려 웃으며 말했다.

"붕새가 만 리를 나는 뜻을 잡새가 어찌 알겠소? 사람이 아프면 우선 미음 같은 것으로 몸을 다스리면서 약을 먹입니다. 속이 좀 편해지고 몸이 안정되면 고기를 먹여 체력을 회복시킵니다. 그런 다음 강한 약을 처방하면 병의 뿌리까지 다스려 건강해집니다. 만일 얼른 병이 낫게 하고 싶은 마음에 아직 몸도 허약하고 맥도 불안정한 사람에게 강한 약을 먹인다면, 아마 그는 목숨을 보존하기 어려울 것입니다. 또….”

제갈량은 두 가지 비유를 들었다. 첫 번째는 《장자莊子》의 '소요유逍遙游'에 나오는 구절을 예로 들어 장소를 잡새로 만들어버렸고, 자신은 만 리를 나는 붕새라 칭했다. 이 말은 근거가 분명한 논증이라기보다는 감정적이고 터무니없는 비유에 가깝다. 이렇게 뚜렷한 근거 없이 자신을 높이고 상대를 폄하하는 것은 고대 중국인이 자주 사용하던 논증 방법으로, 먼저 자신을 높이 띄운 뒤 그 기세로 상대방을 제압하는 것이다.

두 번째는 체력이 약한 병자에게 독한 약을 써서는 안 된다며, 유비가 왜 계속 패퇴를 했는지 설명했다. 아픈 사람에게 독한 약을 쓰면 안 되는 것은 분명 사실이다. 그런데 병자와 전쟁을 비교할 수 있을까? 그때나 지금이나 다들 제갈량의 말이 옳다고 생각하겠지만, 사실 제갈량의 논쟁 방법은 전형적인 억지 비유다. 이 문제에 대해 제갈량도 논증하지 않았고, 장소도 더 이상 캐묻지 않았다.

비유는 이해를 돕기 위한 것이지, 논쟁의 증거가 될 수는 없다. 논쟁에서 비교나 비유는 양날의 검과 같다. 이미지화시켜 이해력과 호소력을 높일 수 있으나, 오해나 다른 해석을 낳아 새로운 논쟁거리를 제공할 수도 있다. 예로부터 중국인은 논쟁할 때 비유와 비교를 즐겨 사용했다. 이 때문에 우수한 문학 작품이 탄생하기도 했으나, 정확한 의미의 과학적 논증은 거의 불가능했다.

중국인의 창의성을 제약하는 원인

원인과 결과는 현실에서 가장 자주 볼 수 있는 관계다. 사건의 인과관계를 얼마나 효율적으로 찾아낼 수 있는가는 이성적 사고 수준을 판단하는 기준이 되기도 한다. 인과관계를 밝히는 부분에서 중국인은 아직 체계적이고 논리적이지 않다. 대부분 직관에 의존하다보니 때로는 아무 상관없는 우연한 일이 인과관계가 되기도 한다.

중국이 발전하려면 혁신이 필요하다. 오늘날 지위나 계층에 상관없이 다들 혁신을 외치고 있지만, 선진국 국민들과 비교했을 때 중국인의 창의력이 낮음을 인정할 수밖에 없다. 중국의 많은 학자들이 그 원인을 찾아보았고, 대체적으로 체제가 창의력을 제약하는 요인이라 말하고 있다. 만일 이 말이 맞는다면 지금과는 다른 자유체제가 되면 창의력과 혁신이 마구 솟아나야 한다. 과연 그럴까? 그래서 아래와 같은 추리를 해보았다.

각각 다른 체제에 살고 있는 중국인은 창의력이 다르다.
체제가 문제라면 홍콩, 타이완, 싱가포르와 유럽, 미국 등 세계 각지에 살고 있는 중국인들은 중국 대륙에 사는 중국인보다 높은 창의력을 지녔을 것이다.

한때 영국의 식민지였던 홍콩과 싱가포르는 영국의 체제를 따르고 있으며, 국민들도 서양식 교육을 받았다. 영국은 이 지역을 100년 정도 통치했고, 이는 이 두 나라 사람들 대부분이 어려서부터 중국 정치 체제와는 완전히 다른 환경에서 성장했음을 의미한다. 타이완 역시 미국의 정치 체제를 따르고 있다. 그런데 이 나라에 사는 중국인들의 창의력은 어떤가? 객관적으로 중국 본토 사람들보다 확실히 뛰어난 점을 찾을 수 없다. 두 가지 지표로 살펴보자.

첫째, 지금까지 전 세계에 영향을 준 갖가지 과학기술들을 봐도 각기 다른 체제에서 살고 있는 중국인들이 발명한 것은 하나도 없다. 둘째, 노벨상 같은 과학기술계의 각종 상들을 봐도 각기 다른 체제에서 살고 있는 중국인 수상자는 단 한 명도 없다. 컴퓨터, 휴대폰, 자동차, 가전제품 등 대단한 창의력이 필요치 않는 정밀 가공이나 제조업 분야에서도 이 나라의 중국인들은 한국의 삼성이나 일본의 혼다 같은 글로벌 기업들을 키워내지 못했다.

어쩌면 타이완이나 홍콩, 싱가포르에 거주하는 중국인 숫자가 많지 않아서 그런 결과가 나왔다고 생각하는 사람도 많을 것이다. 하지만 그런 생각 역시 잘못되었다. 타이완 인구는 2천 200만 명, 홍콩은 700만 명 정도다. 싱가포르는 500만 명이 넘는 인구 중 70퍼센트가 중국인이다.

한편, 전 세계 유태인은 1천 400만 명에 불과하지만 180명이 넘는 노벨상 수상자를 배출했다. 덴마크 인구는 500만 명에 불과하나 지금까지 13명이 노벨상을 받았고, 코펜하겐 학파는 양자역학 이론으로 과거 100년간 물리학의 발전 방향을 이끌었다. 이처럼 창의적인 인재와 인구 사이에는 필연적 관계가 없다. 소양, 소질과 밀접한 관계가 있을 뿐이다.

논리적으로 인과관계를 밝히는 방법을 활용해서 간단한 검증을 해보면, 체제가 중국인의 창의력을 제약하는 근본 원인이 될 수 없음을 어렵지 않게 알 수 있다.

영국의 존 스튜어트 밀은 베이컨의 '귀납법'을 기초로 해서 인과관계를 파악하는 귀납적 논리 방법을 다섯 가지, 즉 일치법, 차이법, 일치·차이 병용법, 잉여법, 공변법으로 정리했다. 그중 일치법으로 중국 체제와 창의력 간의 인과관계가 존재하는지를 파악할 수 있다. 일치법은 동일한 현상이 여러 상황에서 발생했을 경우, 그중 한 가지 요소만 공통으로 일어나고 있다면 그 요소가 현상의 원인 또는 결과라고 판단하는 방법이다. 일치법은 다음과 같은 형식으로 표시할 수 있다.

장소	가능한 원인	결과, 현상
1	A, B …	R
2	A, E …	R
3	A, F …	R

따라서 A가 R이라는 현상을 만든 원인이고, B·E·F 등은 아니다. 여기서 R은 중국인의 창의력 문제이고, B·E·F 등은 각 나라의 체제다. 즉 중국 본토의 체제, 영국의 체제, 미국의 체제 등 각기 다른 체제를 의미한다. 이것으로 체제가 중국인의 창의력을 떨어뜨린 원인이 될 수 없음을 알 수 있다.

지금 중국인이 해야 할 일은 A를 찾는 것이다. 세계 각지에 있는 중국인은 전통 문화, 가치, 사고 습관 등이 일치한다. 이것이 문제의 핵심이며, 중국인의 창의력을 제약하는 직접적인 원인이기도 하다.

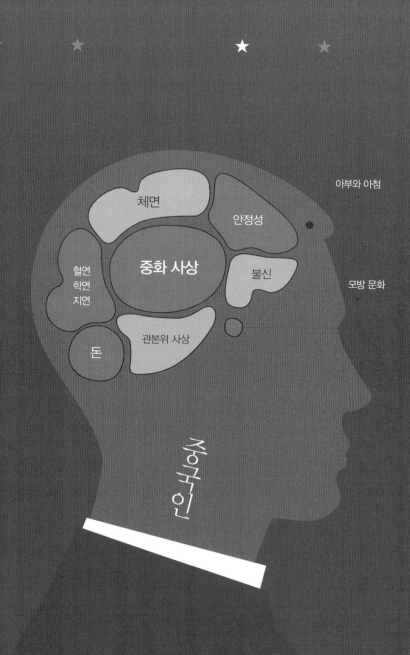

4

중국인의 수학 능력:
왜 도박을 좋아할까?

수학에
약하다

도박과 확률의 상관관계

중국인이 내기나 도박을 좋아하는 이유들 중 하나는 수학 지식, 특히 확률을 잘 모르거나 신경 쓰지 않기 때문이다. 확률은 현실에서 흔히 접하는 규칙들 중 하나다. 많은 현상들이 이런 규칙의 지배를 받고 있어서 통계학과 확률 역시 과학 연구에 필수 도구로 여겨진다. 그러나 중국 문명사를 보면 중국인들은 확률의 중요성을 크게 인식하지 못하는 듯하다.

어느 민족이든 도박을 좋아하는 사람은 있지만, 중국인은 세계에서 가장 도박에 열광하는 민족이다. 라스베이거스, 베니스, 마카오, 싱가포르 등지의 카지노에서는 중국인을 많이 볼 수 있다. 수적으로 가장 많을 뿐 아니라 돈을 가장 많이 걸고, 밤새 쉬지 않고 도박하는 사람들 대부분이 중국인이라는 보도도 있다.

중국에서 가장 대중적이고 인기 있는 놀이가 무엇이냐고 물으면 아마 다들 '마작'이라고 답할 것이다. 마작 인구가 엄청난데, 이들 중에서 순수하게 놀이로 즐기는 사람은 아마 극소수에 불과하다. 대부분은 몇 십 위안에서 몇 만 위안까지 돈을 걸고 마작을 즐긴다.

마카오가 이제 라스베이거스를 넘어 세계 최대 카지노 도시로 올라선 데는 중국 대륙인의 열광적인 지지가 한몫했다. 한국, 베트남, 타이, 미얀마, 싱가포르, 필리핀도 마찬가지다. 그들이 바라보는 물주는 바로 갑자기 부자가 된 '돈 많은 중국인'들이다.

중국인은 왜 도박을 좋아할까? 그 이유야 많다. 다들 횡재를 바라고, 일하지 않고 부자가 되길 바라고…. 그중에서도 가장 중요한 원인은 중국인이 전반적으로 수학적 소양이 낮기 때문이다.

확률을 공부해본 사람이라면 도박의 설계 원리가 확률에 기반하고 있음을 알 것이다. 수중에 돈이 얼마가 있든 도박에 손대면 결국에는 다 잃게 된다. 이는 무한대로 수렴하는 수학 규칙과 같다. 사람들은 과거에 돈을 땄던 것만 기억하고, 자신이 영원히 이길 수 없는 수학 규칙과 겨루고 있다는 생각은 하지도 않는다. 이 규칙에 놀아나다가 빈털터리가 되어도 그저 운이 없는 자신을 탓한다.

이렇게 도박을 좋아하면서도 중국인은 그것을 토대로 확률이나 통계학 같은 수학 분야를 발전시키지 못했다. 비슷한 현상은 얼마든지 있다. 이처럼 중국인은 오락과 즐거움은 추구할지 몰라도 추상과 확률 같은 과학 규칙은 잘 다루지 못한다. 한마디로 수학 방면에 취약하다. 수많은 현대 과학 분야에서 기초를 닦거나 커다란 영향을 준 과학자들 중에서 중국인이 드문 이유이기도 하다.

마이너스 더하기 마이너스는 플러스

초등학교 수학을 배운 사람이라면 +, − 연산법칙을 알 것이다. $(-1) + (-1) = -2$이다. 즉 마이너스에 마이너스를 더하면 마이너스 값이 나온다. 반면 마이너스 곱하기 마이너스는 플러스로, $(-1) \times (-1) = 1$이다. 현실에서 마이너스 계산은 덧셈밖에 없어서 결과는 늘 마이너스다. 그런데도 사람들은 일상생활에서 자주 곱셈으로 생각해 결과가 플러스가 될 거라 여긴다.

현실에서 조금 부정적인 일을 마이너스로 본다면, 이것이 합쳐지면 두 개의 부정적인 일이 된다. 부부의 지출을 예로 들어보자. 한 부부가 수입은 다 합치고 지출할 때는 둘이 상의하기로 했다. 어느 날 남편이 친구들에게 크게 한턱내자, 아내도 화가 나서 친정 식구들과 여행을 갔다. 그 결과 가정의 지출은 두 배로 늘어났다.

많은 어린아이의 심리가 바로 '마이너스 더하기 마이너스는 플러스'라는 식이다. 아빠가 아이에게 "게임기를 사지 말라"고 하면, 아이는 "아빠는 카메라를 사면서 왜 나는 게임기를 못 사냐?"며, 아빠의 지출로 자신이 게임기를 사야 할 이유를 찾는다. 엄마가 아이를 혼내면 아이는 "엄마도 얼마 전에 잘못하지 않았냐?"고 한다. 사실 어린이들뿐 아니라 많은 성인들이 이 같은 생각으로 자신의 잘못을 정당화한다.

나라와 나라 사이의 일을 처리할 때도 이런 논리의 영향을 받는다. 예를 들어 미국이 중국의 인권 상황에 대해 지적하면, 중국의 기관지나 방송매체는 긴 논설을 통해 미국이 인권을 침해한 사례들을 줄줄이 열거하며 반격한다. 중국의 이런 행동은 별 효과가 없다. 이 방법은 다른 사람에게 '나도 나쁘지만, 너도 나쁘다'라는 인상밖에 주지 못한다. 이렇게 '마이너스 더하기 마이너스는 플러스'라는 생각이 정치 정책에까지 영향을 미치고 있으니, 그 파급 효과가 얼마나 큰지 알 수 있다. 사실 가장 효과적인 대응책은 먼저 미국의 지적이 사실이 아님을 밝히고, 그다음에 인권은 한 나라의 역사와 문화 배경과 관련이 있음을 설명하고, 마지막으로 중국 정부도 인권을 보호하기 위해 노력하고 있음을 말하면 된다.

'마이너스 더하기 마이너스는 플러스'라는 사고는 사회에 좋지 않은 분위기를 만드는 근원 중 하나다. 현재 중국에는 가짜를 만드는 풍토가 사회 전반에 퍼져 있고 학술문화 영역까지 파고들었다. 사회적으로 유명한 작가나 예술가들 중에서도 남의 것을 베끼거나 남의 도움으로 이름을 얻고, 대중을 기만해 돈을 번 사람들이 있다. 누군가 그 비밀을 폭로하면 그들의 첫 반응은 진심어린 사과가 아니라, 밝힌 사람의 잘못을 들춰내 자신의 잘못을 가린다. 심지어 비밀을 밝힌 사람의 가족들까지 괴롭힌다. 그들은 '네 잘못이 확인되면 내 잘못은 사라진다'는 논리를 신봉하며, 심지어 자신의 행동이 합리적이라고 생각한다.

사실 이런 경우 먼저 자신의 잘못이 있는지 돌아봐야 한다. 만일 상대방이 거짓으로 말하는 거라면 자신을 적극 변호하고 법적으로 처리하면 된다. 상대방의 말이 진실이면 잘못을 인정하고 반성하며, 다시는 그런 일을 하지 않아야 한다.

타인의 잘못을 통해 자신을 합리화

'마이너스 더하기 마이너스는 플러스'라는 논리는 종종 타인의 잘못에서 자신의 부당한 행동의 합리성을 찾는 모습으로 발전한다.

사회 풍조는 국민의식에 의해 결정된다. 국민의식에는 자신이 도덕과 법률을 지키는 것뿐만 아니라 사회에서 도덕의 수호자, 법률의 감시자로서의 역할을 얼마나 잘하고 있는지도 포함된다. 즉 자신도 바르게 살고, 더불어 사회도 바르게 되도록 해야 한다는 것이다. 맹자는 '부족하면 자신만 올바르게 하고, 통달하면 천하를 구제한다'라고 했다. 사실 부족하든 통달하든 모두가 천하를 구하겠다는 마음을 가져야 한다. 몇몇 통달한 사람들에게만 천하를 맡길 수는 없기 때문이다.

예로부터 중국인은 '그 직위에 없으면 그 일에 대해 논하지 말라' 또는 '남의 지붕에 쌓인 눈은 신경 쓰지 말고 각자 집 앞의 눈이나 치워라' 같은 생각들이 강했다. 사회 질서와 공중도덕에 대한 관념이 부족한 이유는 이런 전통 사상과 관련 있다. 많은 중국인들은 사회의 각종 위법이나 불법 행위는 경찰 등 법을 집행하는 사람들이 감시해야 한다고 생각한다. 만일 평범한 시민이 나서면 다들 '남의 일에 쓸데없이 나서는 오지랖 넓은 사람'이라 생각한다.

옛말에 '종선여의縱善如意, 물이 아래로 흐르듯 다른 사람의 좋은 점이나 의견을 자연스럽게 받아들인다'라는 말이 있다. 그런데 현대 사회는 이런 분위기와는 점점 더 멀어지고 있다. 중국인들 중에서 레이펑雷鋒, 중국인민해방군의 모범 병사로, 봉사활동을 열심히 하다가 1962년 스물두 살의 젊은 나이로 세상을 떠났다. 우연히 발견된 일기장을 본 마오쩌둥이 "레이펑에게 배우라!"라고 하면서 일순간에 봉사와 희생의 본보기가 되었다을 모르는 사람은 거의 없다. 그의 봉사활동 정신을 정부는 34년 동안 선전해왔고, 좋은 일을 많이 한 사람들은 "레이펑에게 배웠다"라는 말을 빼놓지 않는다. 만일 '종선여의'라면 오늘날 곳곳에 레이펑들이 넘쳐나야 한다.

하지만 오늘날의 사회 상황은 전혀 그렇지 않다. 얼마 전 발생한 사건도 마음을 아프게 한다. 세 살 아이가 교통사고가 났는데, 운전자는 도망가고 행인들은 아이를 못 본 척 그냥 내버려뒀다고 한다. 결국 그 아이는 아무도 도와주지 않아서 죽었다. 이 사건은 중국 사회를 충격에 빠트렸다.

생태 환경을 대해는 중국인의 의식도 한번 짚어봐야 한다. 개혁개방 이후 실시한 생산책임제중국 정부가 농민들의 생산 욕구를 증대시킬 방안의 하나로 내놓은 개혁 정책 중 하나는 경제적으로 큰 발전을 이루었지만, 자연생태에는 큰 재난을 몰고 왔다. 이 재난은 정책의 문제가 아니라 사람들의 사고 습관이 가져온 것이다.

내 고향을 예로 들어보자. 내 기억 속 고향의 모습은 자연이 잘보존된 곳이었다. 토질도 훌륭했고, 주변 산에 나무도 울창했다. 그당시엔 재산의 소유권이 나라에 있어, 만일 땅을 훼손하거나 나무를 함부로 베면 엄한 처벌을 받았다. 그런데 토지개혁 후 토지를 개인에게 분배하고, 생산책임제를 실시하자 논밭 주변이나 산등성이에 자라는 나무의 소유권이 불분명해졌다. 그러자 누군가가 나무를 베기 시작했고, 다들 '네가 하니까 나도 한다'라는 마음으로 몰려들어 나무를 베기 시작했다. 그리고 얼마 뒤 내 고향의 산과 들은 완전히 벌거숭이가 돼버렸다.

현실에서 연산법칙은 덧셈만 있을 뿐 곱셈은 없음을 알아야 한다. '마이너스 더하기 마이너스는 플러스'라는 사고방식이 더 이상중국 사회에 악영향을 미치지 않기를 바란다.

논리적이지
못하다

만리장성에 오르면 모두 대장부인가

사람들은 논리적으로 어떻게 부정적 판단을 해야 하는지를 제대로 이해하지 못해서 종종 잘못된 추론을 한다. 가장 쉽게 볼 수 있는 잘 못이 바로 부정적 시각으로 어떤 사물의 특성을 설명하는 일이다. 예를 들어 '인간은 소처럼 힘이 세지 않고, 개처럼 후각이 뛰어나지 않고, 토끼처럼 빠르지 않고, 새처럼 날지 못한다'라고 정의를 내리자. 이런 시각으로 인류를 정의하는 것은 논리 규칙에 위배된다.

논리학상 어떤 사물을 부정적 측면에서만 바라보고 개념을 정의 해서는 안 된다. 이런 부정적인 특징은 인간을 제대로 설명하지도 못할뿐더러 인간과 다른 동물의 개념을 구별하게 할 수도 없다. 사 람과 동물을 구분하려면 먼저 인간과 동물의 특징을 정의하고 비교 해야 한다. '인간'을 정의 내리려면 먼저 언어와 도구를 사용하고 고 도의 지혜를 갖췄다는 등의 확실한 구별점을 갖고 묘사해야 한다.

사고는 논리적 규칙에 부합해야 하고, 판단할 때는 부정적 특징 을 강조해서는 안 되며, 부정적 판단은 신중하게 해야 한다. 그런데 현실은 어떤가. 사람들은 종종 잘못된 사고를 하고, 그 논리에 부합 하는 결론을 내린다. 그로 인해 불합리한 상황이 발생하고, 황당한 관념도 생긴다.

만리장성에 오른 사람이라면 누구든 '장성에 오르지 않으면 대장부가 아니다'라는 글귀를 봤거나 들어봤을 것이다. 이 말도 부정적 판단이 어떻게 사람들을 그릇된 길로 이끄는지를 잘 보여주는 예다. 많은 사람들이 이 말을 '장성에 오르면 대장부다'라고 해석한다.

몇 년 전 나도 만리장성에 올랐는데 그곳 포토 스팟에 '장성에 오르지 않으면 대장부가 아니다'라는 글귀가 적혀 있었다. 다들 돈을 내고 그곳에서 사진을 찍었고, 나 역시 그랬다. 이 장소는 다음과 같은 대중심리를 이용해서 돈을 벌고 있다.

"장성에 오르지 않으면 대장부가 아니다. 장성에 오르면 대장부다. 나는 장성에 올랐으니 대장부다!"

그런데 논리적으로 보면 이 추론은 성립되지 않는다. 이 말은 단지 '장성에 오르지 않으면 대장부가 아니다'라는 것만 알려줄 뿐 '장성에 오른 사람은 무엇인가'에 대해서는 말해주지 않는다. 그들 중에 대장부가 있을 수도 있고, 나쁜 사람이 있을 수도 있다. 그러나 보통 사람들은 이 두 가지 해석 중에서 한 가지 가능성에 초점을 맞춰 제멋대로 해석한다. 그로 인해 '장성에 오르면 모두 대장부다'라는 결론을 내린다. 이 경우 전제에서 나올 수 없는 결론을 맺는 논리적 착오가 발생한다.

수많은 격언이나 속담에 비슷한 논리적 문제가 있다. '결혼을 하지 않으면 장작과 쌀이 얼마나 귀한지 모른다'라는 말이 있는데, 다들 '결혼을 하면 장작과 쌀이 얼마나 귀한지 알게 된다'로 이해한다. 하지만 앞의 말이 반드시 뒤의 말을 도출해내지는 않는다. 현실적으로 결혼해서 가정을 이루면 생활을 꾸리는 일이 얼마나 힘든지를 깨달을 가능성이 아주 크지만, 이 역시 현실에서의 경험일 뿐 논리적으로는 이 말에서 이런 결론이 나올 수는 없다.

다시 돌아가서, 보통 사람들이 엄격하게 논리적 사고를 하는 것이 아니기에 이야기할 때는 부정적 판단으로 이해하는 방식에 특히 주의해야 한다. 사람들 사이에서 전해 내려오는 한 이야기가 이 이치를 제대로 설명해주고 있다.

어떤 사람이 손님 세 명을 집으로 초대했다. 두 사람이 먼저 도착하자 주인은 "와야 할 사람이 아직 안 왔네"라고 중얼거렸다. 그 말을 들은 한 사람은 주인이 자신을 '오지 말아야 할 사람'이라 여긴다 생각했다. 기분이 나빠진 그는 자리를 떴다.

그 모습을 보고 주인은 "가지 말아야 할 사람이 가버렸네"라고 말했다. 그러자 남아 있는 한 사람이 생각했다. '뭐야? 그럼 내가 가야 할 사람인 거야?' 그 역시 기분이 상해 자기 집으로 돌아가 버렸다. 결국 그 집엔 손님이 아무도 남지 않았다.

사실 주인의 말은 틀리지 않았다. 다만, 사람들의 사고 습관을 고려하지 않았을 뿐이다. '와야 할 사람이 오지 않았다'는 말이 '오지 말아야 할 사람이 왔다'는 말로 해석되는 것은 비논리적인 사고다. 마찬가지로 '가지 말아야 할 사람이 갔다'는 말이 '가야 할 사람이 가지 않았다'는 추론을 이끌어낼 수는 없다. 하지만 보통 사람들은 이렇게 생각할 수 있으므로, 말할 때 특히 신중해야 한다.

대중의 사고는 논리적으로 이뤄지는 것이 아니라 직관에 의존하고, 부정적 감각을 따라 움직인다. 그래서 가능성이 필연성이 되고, 잘못된 생각이 진리가 되기도 한다.

허난 사람은 모두 사기꾼인가

지금의 중국 사회는 불신에 빠져 있다. 사람들 사이의 기본적인 믿음조차 사라졌다. 누군가를 만나면 가장 먼저 '혹시 저 사람이 사기꾼이 아닐까?' 하는 불안한 마음이 들고, 상대방을 의심할수록 일이 잘 풀리지 않는다.

이렇게 사기가 판치는 사회에서는 "저를 믿으셔도 됩니다"라고 말하는 사람일수록 더 의심을 받는다. 이런 상황에서는 서로를 신뢰할 수 없어 다른 사람과 함께 뭔가를 도모한다는 것은 엄두도 못 낸다. 어떻게 할까? 몇몇 똑똑한 사람들이 묘안을 내놓았다. 이런 부정적 내용을 지역화한 것이다.

그들은 "허난河南 사람은 믿을 수 없다"라는 말을 퍼트렸고, 그 결과 허난 사람들은 이 믿을 수 없는 사회의 속죄양이 되었다실제로 중국에서는 '허난 사람들은 남을 잘 속이거나 사기를 잘 친다'는 편견이 존재한다. 《허난 사람들이 뭐 어떻길래?》라는 책도 있을 정도다. 그들의 논리는 이렇다.

"허난 사람들은 사기꾼이다. 나와 당신은 허난 사람이 아니다. 그래서 우리는 사기꾼이 아니다."

사람들은 상대방이 허난 출신이 아님을 안 뒤에 농담처럼 이렇게 말한다. 그리고 두 사람은 허난 사람에 관한 각종 나쁜 예를 들어가며 의기투합한다. 이 같은 행위는 상대방에게 '우리는 서로 믿을 수 있다'는 강력한 암시 효과를 준다. 사실, 두 사람 마음속에는 이런 농담을 통해 각자 얻고자 하는 것이 숨어 있다.

백 번 양보해서 허난 사람들이 다 사기꾼이라 하더라도, 여기서 '허난 사람이 아니면 다 사기꾼이 아니다'라는 결론을 도출할 수는 없다. 논리상 '모든 사기꾼은 다 허난 사람들이다'라는 명제에서만 '나는 허난 사람이 아니므로 나는 사기꾼이 아니다'라는 결론이 나올 수 있다. 사실 이 전제도 황당할 뿐이다.

허난 사람들에 대한 편견은 중국인의 사고가 지닌 오류를 보여준다. 그 편견은 단순히 직관에 의존한 것이고, 숫자를 가지고 전체를 판단한 것뿐이다. 허난 지역이 아닌 곳에서는 사기꾼이 없을까? 당연히 있을 것이다. 사기꾼들 가운데 허난 출신이 다른 지역보다 많을까? 그럴 수도 있다. 하지만 그렇다고 '허난 사람들은 다 사기꾼이거나 그럴 가능성이 많다'라는 결론이 나오는 것은 옳지 않다.

허난성은 중국에서 인구가 가장 많은 지역으로, 인구가 1억 명이 넘는다. 만 명당 사기꾼 한 명이 있다고 가정하면, 허난에는 만 명의 사기꾼이 있다. 만일 후난성湖南省에 5천 명의 사기꾼이 산다고 하면, 이를 토대로 후난 사람이 허난 사람보다 믿을 수 있다고 말할 수 있을까? 아마 없을 것이다. 후난성의 인구는 허난성의 절반밖에 되지 않기 때문이다. 즉 수치로 보면 허난성이 후난성보다 사기꾼이 두 배 많지만, 비율로 보면 같기 때문에 두 성 사람들의 신뢰도는 같다고 할 수 있다.

왜 하필이면 허난 사람들이 이런 흙탕물을 뒤집어썼을까? 이는 가난한 사람을 무시하고, 힘이 약한 사람을 함부로 대하는 중국인의 사고 특성과 관련 있다.

허난 지역은 중원이라 불리는, 중화문명의 중심지였다. 하지만 지금은 경제와 문화 수준이 상대적으로 낙후돼 있어 다른 지역 사람들에게 무시당하기 일쑤다. 질시와 편견이 이런 논리적 잘못을 불러일으킨 원인 중 하나인 셈이다.

성격의 차이를 지역으로 구분하는 논리

중국인은 성격적 특성과 습성을 지역화하는 경향이 강하다. 그래서 특정 지역 사람들을 대할 때 색안경을 끼고 보기도 한다. 직접 교류해보기도 전에 이미 전해들은 내용으로 그 사람을 재단해 버리는 것이다. 예를 들어 중국인 대부분은 상하이, 산둥山東, 광둥廣東 사람을 이렇게 인식한다.

"상하이 사람은 영리하고 시시콜콜 따지며 계산하기를 좋아한다. 산둥 사람은 호탕하고 솔직하며 거칠 것이 없고, 일을 할 때 대충대충 한다. 광둥 사람은 장사꾼 기질이 강해 무슨 일이든 돈을 가장 우선시한다."

각 지역에는 독특한 문화와 풍습이 있으므로, 같은 지역에 사는 사람들에게는 종종 공통된 특성이 나타난다. 하지만 이것은 그저 경향에 불과하고 통계학상의 의미일 뿐이라 일반화하면 오류가 생길 수 있다. 단지, 어떤 지역을 살펴보니 다른 지역보다 이러이러한 특성을 가진 사람들이 많다는 식으로 해석할 수 있을 뿐이다. 만일 어떤 지역 사람이 반드시 그런 특성을 지녔다고 단정한다면 다들 색안경을 끼고 보게 될 것이다. 그것은 불합리하다. 한 부모에서 난 자식들도 성격이 제각각인데, 한 지역에 사는 사람들이 어떻게 같을 수 있겠는가? 그런데도 사람들은 일반화의 오류를 범하고, 가능성을 필연성으로 만들어버린다.

성격적 특성을 지역화하는 사고는 단순한 귀납적 추리를 반영한 것으로, 여기서 나온 결론은 신뢰할 수 없다. 그럼에도 이것이 보통 사람들이 가장 자주하는 추리이고, 또 그 속에 합리적인 요소도 있다. 하지만 자주 오류가 일어나니 특히 주의해야 한다.

편견이 가져오는 혼란

유교 사상에는 각종 편견이 존재한다. 그중 하나가 직업에 대한 편견이다. 사람을 직업으로 판단하다보니 직업에 대한 멸시와 차별이 생겨났다.

공자는 농민에 대한 편견이 강했다. 한번은 제자 번지樊遲가 농업을 배우고 싶다고 하자, 공자는 소인배라며 발전성이 없다고 나무랐다. 그러면서 왜 높은 관직에 오르려 하지 않느냐고 물었다. 공자의 마음에는 관리가 되는 것이 가장 바람직한 일이고, 농사를 짓는 것은 소인배나 하는 일이었다. 이런 편견 때문에 공자는 때때로 논리에 어긋나는 말을 하곤 했다. 예를 들어보자.

공자가 말하길. 군자는 도를 도모하지 밥을 도모하지 않는다. 밭을 갈아도 굶주림이 그 가운데 있지만, 배움을 구하면 녹봉이 그 가운데 있다. 군자는 도를 근심하지 가난함을 근심하지 않는다.

— 《논어》 〈위령공〉 중에서

공자의 이 말은 이해하기가 쉽지 않다. 공부를 하면 관직에 올라 녹봉을 받는다는 말은 누구나 이해할 수 있다. 그런데 밭을 갈아도 왜 굶주림이 있다고 했을까? 잘 이해되지 않는다. 농사를 짓다보면 홍수나 가뭄 같은 자연재해나 수탈로 말미암아 굶주릴 수 있다. 그런데 공부를 한다고 다 관직에 올라 녹봉을 받을 수 있을까? 가장 열심히 공부했던 안회顏回도 집 안에는 한 바가지의 곡식과 물밖에 없지 않았던가. 공자도 그 때문에 안타까워하지 않았던가.

공자가 가장 신임했던 안회는 배움을 게을리 하지 않았지만, 관직에 오르지 못했다. 결국 안회는 스물아홉 살에 머리가 하얗게 변했고, 마흔 살에 세상을 떠났다.

공자는 가능성의 크고 적음을 혼란스럽게 만들었다. 농사를 지을 때 가장 큰 가능성은 굶주리지 않는 것이고, 그보다 적은 가능성은 굶주리는 것이다. 공부를 했을 때 가장 큰 가능성은 관직에 올라 녹봉을 받는 것이고, 적은 가능성은 아무것도 이루지 못하고 공부만 하는 것이다. 농사에 있어서 공자는 적은 가능성을 취했고, 공부에 있어서는 큰 가능성을 취했다. 그 결과 논리상의 오류가 일어나고, 표현상에서도 대칭되지 않는다. 공자의 말을 제대로 고치면 다음과 같다.

- 밭을 일구면 먹을 것이 그 가운데 있고, 공부를 하면 녹봉이 그 가운데 있다.
- 밭을 일구면 굶주림이 그 가운데 있고, 공부를 하면 가난함이 그 가운데 있다.

이렇게 고쳐야 논리적으로도 문제없고, 현실적으로도 맞다. 두 번째 상황은 사실 현대 사회에서 얼마든지 볼 수 있다. 돼지를 키우는 사람은 돼지고기를 먹을 형편이 안 되고, 집을 짓는 사람은 제 집을 살 돈이 없고, 농사를 짓는 사람은 제 배를 불리지 못하고, 대학에 들어가서도 일자리 얻기가 하늘에 별 따기다. 물론 이 역시 사회 현상의 일부일 뿐 전부가 다 그런 것은 아니다.

공자가 농사에 대한 편견을 갖게 된 것은 그가 살던 시대와 주류 가치관 때문이다. 따라서 오늘날의 관점으로 당시 공자의 사상을 평가하고 비판하는 것은 가혹하다. 하지만 《논어》 같은 고전을 읽을 때는 항상 질문하고 생각하는 정신을 지녀야 한다. 성현으로 추앙받는 공자지만, 때로는 그의 말에도 논리의 오류와 혼동이 있음을 알기 바란다.

편견, 고정관념, 질시 등은 공정한 사고에 영향을 미치고 논리의 오류를 일으킨다. 이 점은 많은 중국인들이 주의해야 할 부분이다.

과정보다
결과가 중요하다

과정은 뒷전인 중국인의 전통 사고

'흰 고양이든 검은 고양이든 쥐만 잘 잡으면 된다'는 중국 속담이 있다. 알다시피 이 속담은 현대 중국 역사에서 아주 놀라운 역할을 했다. 하지만 어떤 도리도 범위의 제한이 있음을 알아야 한다. 특정 시기와 환경에서 아주 뛰어난 효과를 거둘 수 있지만, 일정 범위를 벗어나면 효과는 반감되고 심지어 재난이 될 수도 있다.

이 말은 1962년 중국의 지도자 덩샤오핑이 농업 생산량 회복에 관한 연설을 할 때 처음 인용되었다. 당시 중국은 '자본주의의 씨앗보다 사회주의의 잡초가 더 낫다'며 몇몇 정치가들의 선동이 휘몰아치던 시기였다. 그 결과 공장은 생산을 멈추고 농업 생산량은 좋지 않았다. 덩샤오핑의 이 말은 대단히 현실주의적 발언으로, 자본주의니 사회주의니 하는 이념 문제는 다 내려놓고 우선 식량 생산량을 늘려 국민의 먹고사는 문제를 해결하자는 것이었다.

10여 년의 문화대혁명을 거치면서 중국 경제는 붕괴 상태에 빠졌다. 1970년대 후반에 덩샤오핑의 이 관점은 다시 한 번 대두되었다. 이 사상은 개혁개방 초기에 현실성까지 더해지면서 더 이상 망설이지 말고 모든 정신과 힘을 경제 발전을 위해 쓰라고 독려하는 중국 지도부의 근거가 되었다. 국내외 사건이든 국제 외교 문제든 먼저 경제 발전을 이뤄야만 다른 문제를 해결할 수 있고, 국제적으로도 존중을 받을 수 있다는 논리였다. 두 번의 위기 때마다 덩샤오핑은 이 격언으로 사람들을 경제 발전에 집중하도록 이끌었고, 민족과 국가 발전에 상당한 공을 세웠다. 덩샤오핑의 이 역사적 공로를 기리기 위해 장시성 정부는 한 대교 위에 흰 고양이와 검은 고양이 조각상을 세웠다.

하지만 이 '흑묘백묘' 관념에도 편파적이고 위협적인 요소가 잠재되어 있음을 알아야 한다. 이 격언에는 결과만 쫓고 과정은 소홀히 하는 중국인의 전통 사고가 반영되어 있다. 이긴 자는 왕이 되고, 패한 자는 역적이 된다는 생각과 비슷하다.

고대 중국에서 가장 큰 쥐는 황위, 즉 황제의 자리였다. 황위를 놓고 다투는 모습을 묘사한, 유명한 한자성어가 두 개 있다. 문정중원 問鼎中原. 중원의 패권을 노리다, 축록중원逐鹿中原. 군웅이 사방에서 일어나 천하를 다투다. 이 두 한자성어를 보면 국가의 최고 권력을 사물로 보고 경쟁에서 이기는 자가 모든 것을 가진다는 의미를 갖고 있다. 중국의 역사를 훑어보면 왕조가 바뀔 때마다 천하의 질서가 사라졌다. 제후들이 전쟁을 하면 백성들은 대재난을 맞이했고, 수백 년간 이어온 한 왕조의 문명이 순식간에 사라져버렸다. 중국은 합리적인 과정을 통해 왕조가 바뀐 경험이 거의 없었다.

경제 발전만이 살아남는 길이라는 믿음은 물론 틀린 것은 아니다. 하지만 순서와 과정을 고려하지 않고 오로지 돈과 경제 발전만 쫓는다면 회복할 수 없는 재난을 맞이할 수도 있다. 현재 중국

GDP국내총생산는 세계 2위다. 이제 중국인은 이 '세계 2위'가 어떻게 이뤄진 것인지 냉정하게 생각해봐야 한다.

상당한 부분이 조상이 남긴 토대 위에서 이뤄졌다. 대표적으로 엄청난 자연자원을 무절제하게 파헤쳤다. 자연자원은 고갈되면 다시 생기지 않으므로 장기적인 계획을 가지고 개발·발굴해야 하며, 후대를 위해서도 남겨두어야 한다. 하지만 지금의 중국 모습은 '오늘 술이 있으니 미친 듯이 마시자'며, '내일 논에 댈 물을 어떻게 마련할지'에 대해선 아무 생각이 없다. 일부 지방 관리도 임기 내에 업적을 쌓고 돈만 손에 넣으면 된다는 생각에 거대한 자원을 낭비하고 있다.

뤄양洛陽 지질조사팀의 한 연구원의 말을 빌리면, 뤄양 근교 이추안에 금광이 아주 많은데 다들 부자가 되려는 마음에 아무 계획 없이 그냥 파헤쳐 가져간다고 한다. 그러다보니 매장량의 60퍼센트도 채굴하지 못한 상태에서 금광이 붕괴되어 더 이상 작업할 수 없게 되었다고 한다. 사회에서 일어나는 많은 문제들은 이렇게 결과만을 추구하고 과정을 소홀히 하기 때문에 발생한다.

물질적 조건으로 성공을 판단하는 가치관

돈은 이제 모두가 잡고 싶어하는 쥐가 되었다. 모두들 돈을 원한다. 과정은 신경 쓰지 않고 돈을 벌려는 사람들이 사회에 넘쳐난다. '돈만 있으면 귀신에게도 맷돌을 돌리게 할 수 있다'는 속담은 돈에 대한 사람들의 태도를 보여준다.

하지만 한 사회의 문명 수준을 가늠하는 기준은 돈이 아니라 돈을 얻는 과정에 있다. 사람들이 돈을 버는 과정을 중시한다면 사회는 질서 있고 화합하겠지만, 반대로 돈만 있으면 다 된다는 생각이 지배하면 사회는 혼란에 빠지고 만다.

지금 중국 사회에서 논란이 되는 혼란은 대부분 돈을 버는 과정을 소홀히 해서 생겨났다. 돈이라는 결과를 위해서라면 과정은 등한시해도 된다는 생각이 지배하는 사회에서는 사람들이 돈의 노예가 되어 온갖 위법, 범법 행위를 하게 된다.

아직도 많은 중국인들은 돈을 벌기 위해 온갖 방법을 다 짜내고 있다. 은행은 고객의 돈을 해외로 빼돌리고, 권력자는 그 힘을 남용해 배를 채우고, 의사는 환자를 잘 봐준다며 뒷돈을 받고, 교사는 촌지를 요구하고, 제조업자는 가짜와 저질 상품을 생산하고, 대학 연구원은 연구비를 개인 생활비로 유용한다. 뿐만 아니라 인신 매매, 장기 매매 같은 끔찍한 범죄를 저지르기도 한다. 할 수 있는 방법은 다 동원하고, 하지 말아야 할 방법도 사용해서 돈만 손에 넣으면 된다는 상황까지 왔다.

이제는 사회 풍조를 변화시켜 돈을 버는 과정에 집중해야 한다. 자신의 노력과 지혜로 돈을 벌 수 있는 사회가 된다면 사회 분위기는 해변의 공기처럼 상쾌하게 바뀔 것이다.

지금 중국을 보자. 국가 주석이나 누릴 수 있는 대우를 적지 않은 지방 정부 간부들도 누리고 있다. 얼마 전 신문에 사진 한 장이 실렸다. 한 현縣, 세 등급으로 조직된 중국의 행정구역 중 하나 정부가 미국 백악관 같은 정부 청사를 짓고, 그곳 관리자는 매일 자기가 마치 미국 대통령이 된 듯한 느낌으로 일한다고 보도했다. 또 지방 간부들이 시찰을 갈 때 경찰차와 오토바이를 앞세우고 길을 통제하며 다닌다고 보도했다. 이렇게 해야 자신의 권위를 보여줄 수 있다고 생각하는 사람들이 아직은 많다.

　물질적 조건으로 한 사람의 성공 여부를 판단하는 일 역시 결과만 보는 사고에서 비롯된 것이다. 정상적인 상황에서 한 사람이 성공했다면 경제적 풍요와 여러 가지 물질적 혜택을 누릴 수 있다. 옛날에 귀족이나 부자들이 대저택을 짓고 말이나 가마로 자신의 부유함을 과시했듯이, 오늘날의 부자들도 집이나 차로 자신의 성공을 뽐낸다.

　얼마 전 기사를 보니 검정색 아우디 A6가 성공의 기준이라고 한다. 차의 브랜드, 색깔, 모델명까지 구체적으로 정해져 있다. 중국의 자동차 광고는 멋진 차를 모는 남자를 아름다운 여성들이 부러운 시선으로 바라보는 장면이 가장 많다. 멋진 차와 아름다운 여인…, 이것이 바로 중국 남성들이 꿈꾸는 성공의 척도다. 성공 여부를 판단하는 이런 기준 역시 전형적인 결과 중심주의에서 비롯되었다. 이 같은 물질문화의 기준은 분명 문제가 있다.

　"이 차는 당신의 노력으로 얻은 것인가? 아니면 부모가 사준 것인가? 혹시 불법적인 방법으로 얻은 것은 아닌가?" 이제 우리는 스스로에게 이런 질문을 던져야 한다.

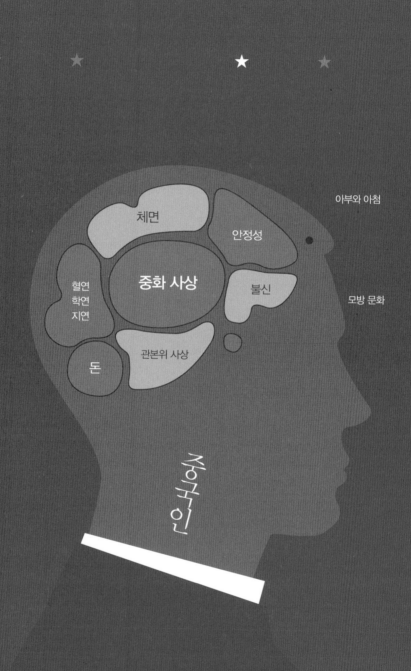

5

중국인의 도덕과 양심:
왜 부끄러움을 모를까?

권위가
법이다

권위가 옳고 그름을 결정한다

2013년 펜실베이니아대학교 졸업식에서 미국 부통령 조 바이든은 '중국인이 창조력이 부족하고, 남과 다른 생각을 할 수 없는 이유 중 하나는 권위에 도전하지 못하기 때문'이라고 말했다. 비록 중국인을 자극하긴 했지만, 불행히도 핵심을 건드린 말이다. 중국을 비롯해 세계 각지에 흩어져 살고 있는 많은 중국인들은 보편적으로 '지위가 옳고 그름을 결정한다'는 가치관을 갖고 있다.

높은 관리 앞에서 중국인은 생각이 멈춰 버린다. 보통 사람이 관리를 만나거나 하급 관리가 고위 관리 앞에 서면 독립적 판단력이 자동으로 사라지고, 무조건 고개를 끄덕이며 따른다. 이처럼 아첨하며 떠받드는 것이 관본위官本位, 관직 또는 직위의 높고 낮음이나 권력의 크고 작음을 판단의 기준으로 삼는 가치관 사회의 특징이다.

유교 문화는 질서를 강조한다. 이 질서를 유지하고 지키기 위해 중국인은 가혹한 대가를 치렀다. 즉 수많은 사람들이 독립적인 사고를 스스로 포기하거나 강권에 의해 빼앗기고 만 것이다. 유학자들이 강조하는 '왕은 왕답고, 신하는 신하답고, 아비는 아비답고, 자식은 자식다워야 한다', '임금은 신하의 모범이 되고, 아비는 자식의 모범이 된다'의 본질은 개인의 독립적 사고 권리를 빼앗는 것이다. 어떤 사건이나 문제를 만났을 때, 중국인은 문제 자체의 옳고 그름을 따지기보다는 당사자 혹은 상대방의 지위·나이·성별을 보고 판단해서 따른다. 모임에서 누구의 말이 바른지를 판단할 때도 말의 내용보다는 말하는 사람의 지위를 보고 반응한다. 그것이 바로 아부, 아첨이다. 자신감이나 자아의식이 부족하다보니 언제든 권위에 복종할 준비가 되어 있는 것이다. 이 같은 중국인의 특성으로 말미암아 사회가 전반적으로 활력을 잃어버렸다.

일상생활 속의 처세는 사회 발전에 좋지 않고, 학술계의 아첨은 학문의 발전을 방해한다. 이 두 가지 현상은 결국 진리를 추구하는 정신이 부족하다는 것으로 귀결된다. 모두 중국인이 반성해야 할 문화 현상이다.

황실, 황제라는 말은 최고의 광고 문구

중국인의 뇌리에 깊이 박혀 있는 관본위 사상을 많은 기업들이 광고 전략에 사용하고 있다.

유명 인사가 어떤 책을 읽었다고 하면 그 책의 가치는 높아지고 찾는 사람들이 많아진다. 최근 장거정張居正, 명나라 시대의 유명한 재상이 해석한 《논어》가 새로 출판되었다. 책 표지에는 붉은 글씨로 '명나라 만력제 시대 재상 장거정이 해설한 책'이라 쓰여 있고, 검은 글씨로 '명나라 만력제가 어린 시절에 읽은 책'이라 적혀 있다. 출판사는 왜 이렇게 홍보할까? 대중들이 이 문구를 보고 '어린 황제를 위해 명재상이 직접 풀이한 책이라 하니 내용이 분명 좋을 것이다'라고 생각하길 바라서다.

또 다른《논어》해설서는 표지에 검은 글씨로 '역대 일본 수상들의 필독서'라고 쓰여 있다. 과연 일본 수상이 고대 한자를 제대로 이해했을까? 그들에게 어느 해설이 좋은지 판별할 능력이 있을까? 일본 수상을 앞세운 광고 전략 역시 관본위 사상을 노린 것이다.

하지만 생각을 달리해보자. 장거정은 한 나라의 재상이었고, 개혁 정치로 유명한 사람이다. 재상의 업무도 보고, 개혁 정책도 만들어서 추진하던 그가 과연 온 정성을 기울여《논어》를 새롭게 해석하고 쓸 여유가 있었을까? 그의 수준이 일반 사람보다 높다고 확신할 수 있을까? 어린 만력제는 보통의 어린아이보다 똑똑했을까? 어린 황제에게 학술적 판단 능력이 있었을까? 또 일본 수상들은 중국 한자를 체계적으로 공부한 적이 있었을까? 그들이《논어》의 좋고 나쁨을 스스로 판단할 수 있는 실력을 가졌을까? 그들이 평범한 사람보다 판단 능력이 뛰어났을까?

특히 요식업은 황실, 황제와 연결 짓는 광고를 더 좋아한다. 황실 비방, 황제 진상품, 궁중요리 등의 단어를 어디서나 쉽게 볼 수 있다. 진짜인지 가짜인지 여부는 관심 밖이고, 사람들은 그런 광고 문구만 봐도 왠지 그 상품의 수준이 높은 것처럼 느껴진다. 고대 일반 백성들은 가장 좋은 음식을 황제에게 바쳤고, 궁중에서 먹는 음식들은 모두 진귀한 것이었다. 때문에 '황실에서 쓰는 모든 물건은 다 고급이다'라는 문화 심리가 형성된 것이다. 물론 일리가 있지만, 문제는 진짜인가 하는 것이다. 황실 진상품이라고 인쇄된 상품이 과거에 진짜로 황제에게 진상되었을까? 이런 상품 대부분은 그저 광고 전략일 뿐이다.

이처럼 관본위 사상은 상업적 비즈니스까지 스며들어 광고 전략으로 사용되고 있다. 이런 현상은 서양에서는 극히 드물다.

복종과 권위가 스민 호칭 문화

현대 중국인들은 처음 보는 사람들과 인사할 때 난감할 때가 많다. 이때 통용되는 적당한 호칭이 별로 없기 때문이다. 한편 다른 나라에는 상대를 적절히 높여 부르는 호칭이 있어 대화할 때 유용하다. 미국이나 영국에서는 보통 남성은 '써Sir', 여성은 '맴Maam'이라 부르고, 일본에서는 남녀 상관없이 '~상さん'이라 부른다.

20~30년 전만 해도 중국에 이런 문제는 없었다. 모두들, 심지어 부부간에도 '동지同志'라 부르면 되었다. 하지만 지금은 중국 공산당의 공식 모임에서나 사용할 뿐이다. 언제부터인가 또 무슨 이유인지 모르겠으나 '동지'는 동성애의 대표명사가 돼버려서, 이제는 사람들이 기피하는 단어가 되었다.

보통 잘 모르는 사이일 경우엔 처음 만났을 때 '선생'이라 부를 수 있지만, 아는 사이로 발전한 뒤에는 그렇게 불러서는 안 되고 반드시 직함을 불러야 한다. 어떤 일을 하려면 먼저 상대방의 직함, 직위를 정확히 알아야 한다. 만일 잘못 부르면 상대방은 몹시 불쾌해하고, 편의는커녕 일 자체가 꼬여버릴 수 있다. 중국에서 호칭은 단순한 교제의 문제가 아니라 관직을 확인하고 존중한다는, 두 가지 의미로 작용하기 때문에 절대 가볍게 여겨서는 안 된다.

　서로를 부르는 방식은 문화의 차이를 반영한다. 중국인의 호칭에는 사회 질서에 대한 복종과 권위에 대한 존중이 스며들어 있다. 이런 습관은 평등의식을 만들고, 자유로운 학술 문화 분위기를 만드는 데 불리하다.

발언권을 얻기 위해 권력을 쫓는 사람들

누구나 다른 사람에게 존중받고, 상대가 자기 말에 귀 기울여주고, 자기 뜻대로 일을 이끌어가길 원한다. 관직이 높고 권력이 클수록 말에 힘이 생긴다면, 관직은 결국 더 큰 발언권을 갖는 것을 의미한다.

　관본위 사상은 학술계에 여러 가지 부정적인 영향을 미친다. 관직이 높으면 학식도 높으니, 관직이 높은 사람이 관심을 보이는 것이라면 그 수준도 분명 높을 것이라 생각한다. 가장 큰 문제는 정상적인 질서를 어지럽히는 것이다.

　중국 학술계를 예로 들어보자. 어떤 사람이 뛰어난 실력을 갖추었다 해도, 관직이 없으면 학술 지원을 받지 못한다. 당연히 학술적 권위도 갖지 못한다. 학문에만 매진하는 것은 아무런 힘이 될 수 없고, 생활은 처량해진다. 반면 학문은 부족한데 관직에 올랐다면 그 어떤 일도 별 문제없이 할 수 있다. 비슷한 수준의 학자 중 한 명이 어느 날 관직에 오른다면, 특히 대학교 총장 같은 높은 관직에 오른다면 그는 하룻밤 사이에 엄청난 학술적 권위를 얻게 될 것이다. 학술계의 큰 어른이 되고, 그의 연구에 많은 사람들이 주목하고, 권위를 갖게 되고, 타인의 학문을 평가할 권리도 얻게 된다.

관본위 사상의 영향으로 명함을 교환하는 일도 중국 학술계 특유의 풍경이 되었다. '특유'라 함은 서양 학술계에 비해 중국 학자들의 명함은 자신만의 특색을 갖고 있다는 말이다. 언젠가 한 학술 세미나에 참석해 어떤 학자의 명함을 받았는데, 거기에 'ㅇㅇ장'이라는 직함이 5개나 적혀 있었다. 지금까지 살면서 '가장家長'밖에 된 적이 없는 나로서는 상당히 부러웠다.

학술계에서 성행하는 명함 교환은 서로 정보를 교환하고 연락을 주고받는 역할 외에 자신의 관직과 권력을 과시하기 위한 수단이 되고 있다. 관직에 오르고 지위가 생기면 다른 사람도 알아주길 바라는 욕망이 생기는데, 그렇다고 만나는 사람마다 붙잡고 말할 수는 없으니 명함이라는 우아하고 효과적인 방법을 사용하는 것이다. 그들은 다른 사람이 자신의 관직을 알게 되면, 자신의 발언권도 달라질 것이라 생각한다.

학술회의의 수준을 결정짓는 관본위 사상

매년 중국에서는 크고 작은 학술회의와 세미나 등이 수도 없이 열린다. 그런 행사에서 절대 빠지지 않는 것이 바로 관리의 인사말이다. 학술 행사 때마다 으레 열리는 개회식의 주요 인사 자리는 대부분 직위와 권력이 높은 사람들이 차지한다. 개회식의 첫 연설자의 관직이 얼마나 높으냐에 따라 그 행사의 수준이 결정되기 때문에, 행사 준비자는 고위 관리를 초청하려고 애를 쓴다.

반면, 미국의 학술 행사에서는 이런 모습을 볼 수 없다. 몇 년 전 스탠포드대학교에서 객원교수로 머물 때 수많은 학술 행사에 참가했었다. 그때 본 개회식은 중국과는 너무도 달랐다. 행사를 주관한 대표를 간단히 소개하는 일 말고는 외부인이 연설하는 일은 거의 없었다. 학교 관리자의 연설도 없었고, 정부 인사가 참석하는 일은 더더욱 없었다. 학술 행사와 직접적으로 관련 있는 평교수들만 참석할 뿐, 학과장 같은 교수들을 초청하는 일도 드물었다.

그런데 딱 한 번 예외를 보았다. 그 역시 중국의 관본위 사상을 미국에 수출한 결과였다. 2011년 스탠포드대학교 동아시아과에서 공자 사상 관련 학술 세미나를 열었는데, 그때 세미나의 문을 연 첫 번째 연설자는 동아시아대학원 원장이었다. 미국 사람들에게는 의외였겠지만, 그곳에 있는 중국인들에게는 원장의 연설이 세미나의 수준을 높여주는 중요한 일이었다.

관본위 사상은 중국 대륙뿐 아니라 중국인이 있는 곳이면 어디든 다 있다. 내 경험에 타이완, 홍콩, 싱가포르 등지에서 열리는 학술 행사에서 첫 연설자로 고위 관리가 등장하지 않는 경우는 거의 없었다.

중국의 관리들은 굉장히 바쁘다. 자신의 업무를 처리하는 것 외에도 온갖 회의나 행사에 빠짐없이 참석해 인사도 하고, 연설도 해야 한다. 관직이 높아질수록 얼굴도 알리고 체면도 살려야 해서 점점 더 바빠진다.

비방이 많을수록 성공한 것이다

과연 도덕은 만능일까

많은 중국인들은 도덕적 각도에서 한 사람의 옳고 그름을 판단하는 경향이 강하다. 어떤 사람이 도덕적으로 문제가 있으면 그가 이룬 모든 성과는 대폭 삭감된다. 유교 가치관에서는 도덕이 가장 중요하고, 모든 것을 결정한다. 유교에서 도덕은 지혜와 능력을 앞서고, 공적보다 위에 있다. 이는 공자의 교육 철학에도 확실히 나와 있다. 《논어》를 보면 공자가 제자를 교육할 때 네 가지 학과로 분류한 내용이 나온다. 제1과는 '덕행'이고, 그다음은 '언어', '정사政事', '문학' 순이다.

중국에서는 공부를 하든, 일을 하든 '도덕'이 가장 중요하다. 학생에게는 착하게 살고 공부를 잘하라고 하면서 '덕지체德智體'를 강조한다. 이때 '덕'이 맨 앞에 있다중국에서는 '지덕체'가 아니라 '덕지체'라고 한다. 공직자에게는 도덕성과 능력을 강조한다. 학생을 뽑든, 공무원을 뽑든 도덕이 최우선 합격 기준이다.

공자는 인품과 덕성이 가장 좋은 사람이 관리가 되고, 백성들이 그의 모습을 따르는 것이 가장 이상적인 정치 체제라 생각했다. 공자는 "덕으로 정치를 하는 것은, 북극성이 제자리에 머물러도 다른 별들이 그를 중심으로 도는 것과 같다〈논어〉〈위정〉"라고 말했다. 공자는 '정치는 도덕적 기준을 세우는 것이라, 도덕이 높은 사람이 서 있으면 사회가 아름답고 화합할 것'이라 생각했다. 공자는 또 정책의 집행 역시 도덕적 문제라 여겼다. 공자는 "군주가 올바르면 명하지 않아도 따르고, 군주가 올바르지 않으면 명해도 따르지 않는다〈논어〉〈자로〉"라고 했다.

공자는 '가장 지혜로운 사람은 도덕으로 어떻게 대중을 감화시킬지를 아는 사람'이라 여겼다. 지혜가 무엇이냐고 묻는 제자에게 공자는 "정직한 사람이 지도자가 되면 인품이 부족한 사람도 자연히 좋게 변하는데, 그것이 바로 지혜다"라고 말했다.

유교 문화의 영향으로 중국인은 대부분 도덕이 만능이고, 모범의 힘은 무한하다고 믿는다. 그로부터 대중의 사고가 바람직하게 바뀌고 사회는 아름답게 변할 것이라고 생각한다. 이런 사상은 대중매체의 방향성이 되었다. 매일 아침 뉴스를 보면 좋은 사람, 좋은 일을 보도하는 기사가 넘쳐난다. 역사적 사건이든, 현재 일어난 사건이든 본받아야 할 사람과 좋은 일들은 아주 다채롭다. 요순은 제왕의 기본이고, 공자는 스승의 표본이고, 안회는 좋은 학생의 기준이고, 맹자의 어머니는 모든 어머니의 대표이고, 공융후한 말기의 학자이자 공자의 20대손은 지혜와 예의의 표상이니, 모두들 따르고 배우라고 소개한다.

이렇게 모범을 세우는 일이 과연 얼마나 효과가 있는지 평가하는 사람은 거의 없다. 수천 년 동안 중국인은 모범을 세운 뒤 따르게 하는 효과를 맹신했지만, 이 방법은 인간의 중요한 본성을 놓치고 있다. 사람은 누구나 명예를 원하는데, 모범으로 삼은 한 사람에게 모든 명예를 몰아준다면 나머지 사람들은 패배감에 빠질 수 있다.

　사실 누군가 한 명을 모범으로 내세우면 '질시'라는 부작용이 따라온다. 개혁개방 이후 도덕성을 강조하는 선전과 정책은 언제나 1순위였는데, 도덕적 타락 현상은 갈수록 심각해지고 있다. 길거리에서 노인이 넘어져도 부축하는 사람이 없고, 아이가 차에 치여도 그냥 지나치는 일들이 비일비재하다. 도덕성을 높이기 위해 모범을 세우는 등 그동안 엄청나게 노력했지만, 그 효과는 아주 미미하다. 중국의 도덕적 해이와 타락은 심각한 지경에 이르렀다. 오죽하면 죽어가는 사람을 보고도 구하지 않으면 법으로 처벌하자는 사람도 있을 정도다. 이런 상황까지 이른 것은 전체 중국 사회의 비극이다.

　유교 문화에서 사람들은 모범을 세우면 다 따를 것이라 생각한다. 물론 맞는 부분도 있다. 하지만 모범을 세우는 것 역시 또 다른 문제의 원인이 된다. 때로는 사람들의 자존심과 적극성에 상처를 준다는 것도 알아야 한다.

악담과 비방은 성공한 사람들의 훈장

중국인의 사고 습관에서 도덕은 모든 것의 위에 있다. 그렇기 때문에 도덕은 또 타인을 공격하는 가장 효과적인 무기가 된다. 정면 승부에서 경쟁자를 이길 수 없을 때, 사람들은 도덕성에서 돌파구를 찾는다.

　공자가 안회를 제자들 중에서 모범으로 삼은 이유는 다들 본받아 좋은 방향으로 변하길 바라서였다. 하지만 이 세상에는 똑똑한 사람이 너무도 많아서, 영리하게도 이 도덕적 원칙을 손에 쥐고 상대방을 공격해 자신의 이익을 얻는다. 이런 모습은 이미 중국인의 유구한 전통이 되었다. 당나라 때 한유가 쓴 〈원도原道〉를 보면 당시 사회상을 알 수 있다.

"일이 잘되면 비방의 소리가 일어나고, 덕이 높아지면 험담의 소리가 퍼진다."

왜 이렇게 될까? 이 모습은 중국 사회의 파괴적인 경쟁이 가져온 문제를 담고 있다. 사람은 누구나 명예와 이익을 얻고 싶어하지만, 성공한 사람은 소수에 불과하다. 그러다보니 정상적인 방법으로 상대를 이길 수 없는 이들이 성공한 사람을 깎아내림으로써 자신의 지위를 상대적으로 높이려고 한다. "내가 안 되면 너도 안 되게 할 것이다!"라는 마음을 갖고 있는 사람들이 많다. 그 결과 한유가 말한 현상이 일어나게 되었고, 이런 사회 분위기는 오늘날까지도 완벽하게 전해져왔다. 아니 한층 더 발전한 것 같다.

오늘날 중국에서는 기이한 현상을 볼 수 있다. 업종이 무엇이든 자신이 얼마큼 성공했는지를 알아보려면 비방이나 나쁜 소문, 악담 등이 있는지를 확인하면 된다. 안 좋은 소문이나 비방이 많을수록 성공한 것이다. 즉 성공한 사람의 표시나 훈장 같은 것이다. 평범한 사람은 비난이나 험담을 들을 자격도 없다. 이것이 중국 문화가 만들어낸 이상한 논리다.

미국에서 공부하고 있을 때, 학자의 도덕 문제를 거론해 그 사람이 이룬 성과를 부정하는 경우를 접해본 적이 거의 없었다. 서양에서는 개인의 도덕성과 성과는 완전히 별개라고 생각한다. 개인의 은밀한 문제에 관심을 가지는 사람도 없고, 그것을 문제 삼을 권리도 없다고 여긴다. 만일 법적으로 잘못을 저질렀다면 그에 맞는 처벌을 받으면 된다. 정치가에 대해서도 마찬가지다. 미국 대통령 클린턴과 르윈스키의 스캔들은 국회 탄핵까지 들먹이게 했지만, 대부분의 의원들은 클린턴의 정치적 업적과 사생활을 구분해서 판단했고 클린턴에게 지지를 보냈다.

만일 스티브 잡스가 중국에서 태어났다면, 과학기술계의 인물이 못 되는 정도가 아니라 평범한 사람으로도 살아갈 수 없었을 것이다. 중국인들이 봤을 때 잡스는 나쁜 행동을 일삼는 사람이기 때문이다. 고등학교 때부터 마약을 했고, 대학교 1학년 때 중퇴했고, 여자친구가 딸을 낳았지만 둘 다 인정하지 않았고, 대학생에게 이상한 게임을 팔아 돈을 벌었고, 비위생적이었고, 남에게 거침없이 상처 주는 말을 했고, 동정심도 없고…. 아마 그런 사람으로 평가받았을 것이다.

중국인에게 잡스는 도덕적으로 문제가 많은, 그래서 마땅히 벌을 받아야 할 사람이다. 많은 천재들이 모든 면에서 완벽하지 않음에도 불구하고, 중국인의 논리라면 도덕적으로 완벽해야만 능력이 뛰어남을 인정받을 수 있다. 수천 년 동안 중국에서는 얼마나 많은 천재들이 이런 문화 분위기에서 말살되고 사라져 갔을까? 이 점은 분명 되돌아봐야 할 부분이다. 과학기술, 문화예술 등 각 분야에서 선도자들을 배출하려면 우선 중국 사회의 관용도와 개방성을 높이고, 도덕으로 모든 것을 결정하는 전통적 논리에도 변화를 주어야 한다.

짝퉁에
관대하다

가짜 뒤에 감춰진 문화

중국 사회에서 가짜 상품의 문제는 이제 일상생활의 안전마저 위협하는 수준에 이르렀다. 최근 몇 년 동안 중국 최고 지도자들은 안전한 먹을거리의 중요성을 여러 번 강조했지만, 가짜 상품을 만드는 사람들은 이웃의 심신건강 따위엔 관심도 없다. 동서고금을 통틀어 이런 상황은 여태껏 거의 없었다. 그렇다면 이렇게 가짜가 판치는 사회가 된 이유는 무엇일까? 대략 다섯 가지로 이유를 들 수 있다.

첫째, 흑묘백묘 이론의 남용과 유행: 과정은 전혀 고려하지 않고 오로지 결과만 보는 관념이다. 돈을 벌어 부자가 되고 싶은 마음에 가짜 상품들이 등장하게 된 것이다. 이때 돈을 버는 과정이나 수단은 신경 쓰지 않는다.

둘째, 개인의 이익만을 생각하고 공공의 이익은 신경 쓰지 않는 사고방식: 전통적으로 '자기 집 앞의 눈만 쓸면 되지, 남의 집 지붕의 눈까지 신경 쓸 필요는 없다'라는 생각이 팽배한데, 이 생각은 적어도 남에게 피해를 주지 않는 범위 안에서 자기 일이나 잘하자는 의미다. 하지만 가짜를 만드는 행위는 타인에게 해를 입히고, 법과 질서를 위반하는 일이다.

셋째, 횡재를 바라는 심리: 가짜를 만드는 사람들을 보면 대부분 생활고 때문에 그런 것이 아니라 빨리 많은 돈을 벌어 부자가 되고 싶어서다. 전통적 가치관에서도 이렇게 졸부가 되는 것을 장려하기도 한다. 속담에 '말은 하루아침에 살찌지 않고, 사람은 횡재가 없으면 부자가 될 수 없다'라는 말이 있다. 많은 사람들이 횡재를 바라지만 그 횡재는 사람의 지혜와 노력이 차곡차곡 쌓여서 얻은 것이 아니라 대부분 의롭지 않은, 비이성적인 방법으로 얻은 것이다.

넷째, 다다익선의 수량관: 가짜를 만드는 이유는 최소 비용으로 많은 상품을 생산하여 최대 이윤을 얻기 위해서다. 따라서 비용의 하한선은 없고, 많은 상품을 제작하는 데 들어가는 비용이 갈수록 낮아지면서 점점 더 악질의 가짜가 만들어지게 된다.

다섯째, 도박 심리: 도박을 하거나 가짜를 만드는 일은 중국에서는 보편적이다. 두 가지 일이 다른 것 같지만 내적으로는 연결되어 있다. 도박을 하는 사람이건 가짜를 만드는 사람이건 모두 한 푼도 들이지 않거나 적은 비용을 들여 가장 큰 이익을 얻고자 한다. 이 두 부류의 심리 상태는 같다. 도박꾼은 돈을 딸 때의 행복감만 기억하고 돈을 잃었을 때의 고통은 잊어버리며, 주변에 도박으로 망한 사람들은 보지도 않는다. 가짜를 만드는 사람도 불법으로 얻은 이익만 생각할 뿐 잡혀가거나 망한 다른 업자들, 그리고 그로 인해 피해를 입은 사람들은 보지 않는다.

가짜가 범람하는 현상은 다양한 사회 심리 요소에 기인한 것이다. 가짜 상품을 철저하게 없애려면 법만으로는 부족하다. 사람들 스스로가 이런 현상 뒤에 감춰진 문화를 이해하고 깊이 반성해야 한다.

가짜 상품의 세 가지 유형

가짜 상품에는 세 가지 유형이 있다. 첫째, 철저한 가짜로서 소비자 입장에서는 사용 가치가 전혀 없는 상품이다. 둘째, 질이 낮은 원료를 사용해 생산비용을 낮춘 상품으로 기존 상품의 자리를 파고든 것이다. 셋째, 명품을 본떠 만든 상품으로 흔히 '짝퉁'이라 한다.

가짜를 만드는 사람들의 목적은 오로지 돈이다. 이 때문에 지금 중국은 엄청난 대가를 치르고 있다. 이런 현상은 중국 제품의 국가 지명도를 악화시키고, 중국 제품이 세계 시장에서 제 가격을 받지 못하게 만든다.

더 심각한 문제는 이런 현상이 사람들의 창의력을 방해한다는 것이다. 열심히 노력해서 좋은 제품을 만들어놓으면 다들 베껴버리니, 누가 창의력을 발휘하고 싶겠는가? 또 열심히 노력한 사람들이 경제적 이익을 얻지 못하고 정신적으로 피해를 입는 상황에서 누가 애써서 새로운 제품을 개발하려고 하겠는가?

국제적으로 지명도 있는 상품 브랜드를 한번 떠올려보자. 그 속에 중국인이 개발한 것이 있는가? '중국에서 만들어진' 상품밖에 없다. 창의적인 상품을 만들지 못하면 중국은 '세계의 공장'에서 벗어나기 어렵고, 환경오염도 개선될 수 없으며, 국민의 행복지수도 높아질 수 없다는 점을 깨달아야 한다.

가짜 및 저질 상품을 만드는 행위는 국가 경제 발전에 심각한 위해를 가하며, 사람들의 창의성을 저해시키는 요인임을 분명히 자각해야 한다.

가짜에 유난히 관대한 중국인

가짜 문제는 왜 유독 중국에서만 끊이지 않을까? 여러 원인들 중 하나는 대중이 가짜 상품에 대해 지나치게 관대하다는 것이다. 명품 브랜드를 본뜬 A급 짝퉁 시장의 규모는 아주 크다. 다들 짝퉁인 줄 알면서도 그것을 산다. 그 원인은 아래와 같다.

첫째, 허영심 충족: 현대 사회는 물질로 사람을 판단하는 경향이 강하다. 그래서 경제적으로 여유가 없는데도 체면을 지키려고, 또 남의 이목을 끌려고 A급 짝퉁을 사서 자신을 꾸민다. 루이비통 작은 핸드백은 정가가 백만 원이 훌쩍 넘지만, 짝퉁은 10분의 1도 안 되는 가격에 살 수 있다. 루이비통 가방을 메고 나가면 다들 부러운 시선으로 바라볼 뿐 그게 진짜인지 가짜인지 유심히 보는 사람은 별로 없기 때문에 짝퉁을 사는 일이 흔하다.

둘째, 대충대충 또는 마음대로라는 생각: 명품과 짝퉁 사이에는 분명한 품질의 차이가 있다. 그러나 중국인들은 들고 다닐 수 있을 정도만 되면 만족하고 품질을 꼼꼼히 따지지 않는 편이다. 정말 정교하고 훌륭한 제품을 만들어야겠다는 정신은 더더욱 없다.

셋째, 지적재산권에 대한 의식 부재: 짝퉁을 만드는 일은 지적재산권을 침범하는 행위이고, 구입하는 것 역시 그런 범법 행위를 도와주는 것이다. 지적재산권을 보호하는 것은 법률의 감독은 물론 일반 대중의 자각이 필요하다. 모든 사람들이 지적재산권에 대한 의식이 있어 짝퉁을 거절한다면 이런 제품들은 점차 시장에서 사라질 것이다.

중국인들은 가짜를 만드는 일이 심각한 도덕적 문제라고 생각지 않고, 그저 빨리 돈을 벌고 싶은 욕망이나 이기적인 생각에서 일어난 일이라고 생각한다. 또 어떤 사람들은 "남의 것을 훔친 것도 아니고 뺏은 것도 아닌데…"라고 하며, 가짜 상품을 만든 사람을 변호하기도 한다. 어떻게 들으면 아주 정정당당한 일인 것 같다.

심지어 꽤 많은 사람들이 가짜를 만드는 것도 지혜의 일종이고, 남들에게 기쁨을 준다고 생각한다. 이런 사기 현상에 대해 사람들은 언제나 '승자는 왕이 되고 패자는 역적이 된다'는 가치관으로 바라보면서, 돈을 번 사람은 인내심이 강한 것이라 생각한다.

가짜로 인한 사람들의 자기방어

가짜는 벌써 물질세계에서 정신세계까지, 사회 구석구석까지 침투한 것 같다. 가짜가 진짜로 둔갑할 때, 진짜는 가짜가 돼버린다. 이런 상황에서 사람들은 어떤 상황과 마주했을 때 "이건 아마 가짜일 거야!" 하는 의심부터 한다. 다들 자라 보고 놀란 가슴 솥뚜껑 보고 놀라는 심정이 되어 '나도 속지 않을까' 노심초사하며, 다들 자기를 속이려 한다고 여긴다. "누구를 믿어야 할지 모르겠어!"라는 말이 심심찮게 들리는 것도 이 때문이다.

심지어 뛰어난 인재라 믿었던 사람들 중에서도 '가짜'가 드러나고 있다. 최근 몇 년 새 외국 학력을 위조하거나, 경력을 속이거나, 논문을 짜깁기한 유명 학자나 대학교수들 이름이 언론에 폭로되었다. 과학기술 영역에서는 특히 더 높은 도덕적 기준을 따라야 하며, 진실을 탐구하는 정신이 무엇보다 중하게 다뤄져야 한다. 그런데 그런 곳에서도 거짓과 가짜들이 판치고 있다. 가짜를 만드는 일이 이제 중국 사회의 자연스러운 풍경처럼 되었다. 어떤 이들은 가짜로 업적을 만들고, 그것을 기반으로 자신의 이익을 도모하고 있다.

이제 중국인들은 '자신이 진짜임을 어떻게 증명해야 할까' 하는 문제에 봉착했다. 외국에서 학업을 마치고 귀국한 뒤 가장 먼저 할 일은 자신의 학력과 경력이 거짓이 아님을 증명하는 것이다. 사람을 채용할 때도 속을까 걱정되어 여러 가지 방어 시스템을 만들고, 모든 자료는 공증을 필요로 하고 있다. 그런데 외국에서는 상응하는 공증기관이 없고, 대학에서도 그저 졸업장만 줄 뿐이다. 이 졸업증서가 진짜라고 설명서를 써주는 곳은 없다.

사기와 기만행위는 이제 엄청난 사회적 비용과 심리적 비용을 지불하게 만들었다.

불신은
본능이다

'만에 하나'가 두렵다

중국인은 자신의 안전을 지킬 수 있는 가장 효과적인 방법으로 '경계심'을 든다. 즉 상대방이 사기를 칠지도 모른다 생각해서 언제나 경계한다. '남을 경계하는 마음이 없어서는 안 된다'라는 말도 있지 않은가! 사람들의 안전감이 아주 떨어진 오늘날, 다들 서로를 의심하고 경계하는 마음을 갖고 있다. 이런 예방에는 대가가 필요하다. 중국인이 이렇게 다른 사람을 경계하기 위해 평생 동안 들인 정신적, 물질적 대가는 계산하기도 힘들다.

'일만一萬이 두려운 게 아니라 만일萬一이 두렵다'라는 말이 있다. 이 말은 예방과 경계의 중요성을 의미한다. 그런데 만에 하나의 위험을 막기 위해 9천 999만큼의 비용을 낭비한다는 사실을 아는 사람은 아주 적다. 게다가 만에 하나, 진짜 일이 생겼을 때도 효과적으로 대비하지 못한다. 결국 평소 예방에 들인 투자는 모두 쓸데없는 낭비가 되고 만다.

이런 논리는 중국의 정치투쟁에서도 영향을 미쳤다. 1920~30년대 국민당과 공산당의 투쟁은 아주 참혹했다. 국민당은 공산당만 보면 바로 죽였는데, 당시 국민당의 구호는 '무고한 1만 명을 죽이

더라도 결코 단 한 명도 놓치지 않겠다!'였으니 얼마나 잔인했는지 알 수 있을 것이다. 국민당뿐 아니라 중국 역사상 일어난 수많은 참혹한 사건은 다 이런 논리에서 시작되었다.

진시황은 조나라 한단에서 태어났는데, 어렸을 때 그곳 사람들에게 자주 모욕을 당했다. 진시황은 중국을 통일한 뒤 한단에 와서 도성을 불태우고 남녀노소 단 한 명도 살려두지 말라는 명령을 내렸다. 그러고는 그 현장을 직접 지켜보았다. 또한 조조는 아버지가 강도에게 재물과 목숨을 빼앗기자 분노해서 사건이 일어난 인근 마을 사람들을 모두 죽였다.

춘추전국시대 철학자들은 '성선설性善說'과 '성악설性惡說'을 놓고 논쟁을 벌였다. 유가에서는 성선설을 믿어 덕으로 나라를 다스리자 했고, 법가에서는 성악설을 주장하며 엄격하고 가혹한 법률을 제시했다. 비슷하지만 인간의 본성을 이야기하는 또 다른 논리가 있다. '인간은 원래 진실하다'와 '인간은 원래 남을 속인다'는 두 가지 상반된 관점이다. 전자를 '성성설性誠說', 후자를 '성사설性詐說'이라고 하자.

서양 사회에서는 우선 인간은 원래 진실하다고 가정한다. 한 사람이 누군가를 믿는다면 다른 사람도 그를 믿어야 하고, 모두들 이런 상호 간의 믿음을 소중히 여긴다. 만일 누군가가 남을 속이는 행동을 하면 그는 평생 믿을 수 없는 사람이라는 오명을 쓰고 살아야 한다.

반면 중국 사회에서는 우선 인간은 원래 믿을 수 없다고 가정한다. 누구든 서로 간에 속일 수 있다고 여겨 각종 예방책을 세워 타인의 속임수를 대비한다. 그런데 누군가가 이 방어선을 뚫고 속임수로 재물을 얻는다면 사회는 그에게 큰 관용을 베풀어준다. 심지어 이런 사람들은 똑똑하고 인내심이 강하다고 생각한다.

그런데 '성사설'로 인해 더 많은 속임수와 사기 행위가 일어난다는 사실을 알아야 한다. 서로를 믿지 않는 분위기에서 언제든 다른 사람이 자신을 속일 수 있다고 여겨 예방책을 마련해놓는다. 이런 사회적 분위기에서 성장한 사람들은 자존감이 낮다. 일단 방어가 소홀해지고 지키는 사람이 없으면 오랫동안 '믿을 수 없는 사람'으로 살았던 사람들은 잠시 당황해한다. 그러다가 "어차피 믿을 수 없는 사람이라고 낙인 찍혔는데 무슨 대수일까?" 하며 잘못을 저지른다. 이런 상황에서 아무 짓도 안 하면 나만 손해일 것 같고, 왠지 오명에도 걸맞지 않다고 생각해서다.

이런 심리가 일으키는 범죄는 정말 많다. 따라서 이런 성사설 문화는 많은 사람들을 잠재적 범죄자로 만든다. 일단 방어책이 사라지면 다들 아주 쉽게 속임수를 쓰거나 나쁜 행동을 하게 되기 때문이다.

오랫동안 신뢰를 얻지 못하고, 감시를 받은 사람들은 성격에도 나쁜 영향을 받는다. 작은 실수나 잘못을 저지르고, 크게는 범죄를 저지를 수도 있다.

언젠가 텔레비전에서 〈식당〉이란 제목의 단막극을 봤는데, 서로 믿지 못하는 사회에서 비틀린 대중의 심리를 제대로 묘사하고 있었다. 내용은 이렇다. 농촌 출신의 한 도시 노동자_{농민공}가 있었는데, 그는 성격이 대범해서 식당에서 밥값을 지불한 뒤 거스름돈을 받지 않았다. 또 다른 사람은 말단 공무원이었는데, 성격이 아주 꼼꼼해서 거스름돈은 1원까지 다 돌려받았다. 이 공무원은 외식할 때마다 위생과 맛을 위해 꼭 휴지, 숟가락, 후추를 챙겨 다녔다.

어느 날 공무원이 꺼내놓은 후추통을 보고 노동자는 식당 것인 줄 알고 자신의 만둣국에 넣으려 했다. 공무원은 자기 것이라며 후추통을 빼앗으려 했고, 노동자는 이 말을 믿지 않았다. 결국 싸움이 벌어졌다. 옥신각신 끝에 후추통은 노동자 손에 들어갔다. 화가 난 공무원은 밥도 안 먹고 식당을 나왔는데, 얼마 안 가서 후추통을 두고 온 것이 생각나 되돌아왔다. 후추통을 챙겨나가는 공무원을 본 노동자는 종업원을 불러 이 사실을 말했지만 듣는 둥 마는 둥 무심했다. 그러자 노동자는 "아무도 신경 쓰지 않네"라고 중얼거리며, 반쯤 남은 만둣국을 쏟아내고 빈 그릇을 옷 속에 숨겨서 식당을 나왔다.

이 도시 노동자의 집에 그릇이 없었을까? 그는 서로 믿지 못하고 감시하는 사회 분위기에서 살았고, 공무원이 후추통을 훔쳐가는 도둑이라 생각했다. 그런데 아무도 지켜보지 않자 그는 당황했다. 그러다가 공무원도 후추통을 가져갔는데 자기도 뭔가를 가져가지 않으면 손해인 것 같고, 어차피 다들 나를 믿지 않는데 아무 짓도 안 하면 안 될 것 같은 기분이 들어 그릇을 훔친 것이다.

이 단막극은 불신임의 사회 문화가 사람의 인성을 어떻게 변화시키는지, 또 비도덕적이고 무질서한 행위들이 어떻게 증가하고 있는지를 보여준다.

불신이 난무하는 중국 교육계

중국의 교육 관계자들은 관리감독이 심할수록 교육 효과가 더 크다고 믿는 듯하다. 하지만 실상은 그렇지 않다. 이렇게 서로 믿지 못하는 분위기에서 어떻게 창조력이 뛰어난 인재가 나오겠는가.

중국 교육계의 부족한 믿음 때문에 수많은 시험이 생겨났다. 게다가 시험이 미치는 범위는 아주 넓고, 시간도 꽤 길다. 학생 신분일 때는 물론이고 나중에 직업을 가질 때나 가졌을 때도 온갖 시험을 치러야 한다. 중국인에게 시험은 이제 떼려야 뗄 수 없는 생활의 일부가 되었고, 사람들의 행복지수는 떨어지고 있다.

중국의 각종 고시를 예로 들어보자. 중국에 이런 고시가 생긴 이유는 두 가지 불신임에서 비롯되었다. 하나는 직원을 뽑은 곳에서 지원자의 학력 기록을 믿지 못해서고, 또 하나는 국가가 직원을 뽑는 곳의 공신력을 믿지 못해서다. 그러다보니 결국 시험이라는 제도를 선택한 것이다.

사실, 시험의 한계는 극명하다. 시험을 통해 드러날 수 없는 능력들이 아주 많기 때문이다. 창조력, 책임감, 담력, 특히 도덕적 수양 같은 부분은 시험을 통해 표현되기 어렵지만 일하는 데 있어 가장 중요한 요소다. 한 개인의 능력을 가장 잘 설명할 수 있는 근거는 평소에 여러 방면에서 보여준 모습들이다. 지원자의 성적표, 교사의 추천서 등이 가장 좋은 근거 자료지만 과연 중국에서 이런 자료들의 신뢰도가 얼마나 될까?

2011년 2월 27일, 당시 총리 원자바오温家宝가 인터넷상에서 청년들과 대화를 나눴다. 그때 한 대학교 3학년 학생이 다음과 같이 물었다.

"요즘 일자리 찾기가 어렵습니다. 일자리를 얻으려면 연줄이나 빽이 있어야 하는데, 우리 같은 힘없는 학생은 정말 희망이 없습니다."

"솔직히 지금 이 중국 사회에 학생이 말한 현상이 나타나고 있습니다."

원자바오 역시 중국의 이 같은 현실을 너무나 잘 알고 있었다.

이렇게 어쩔 수 없는 사회 분위기 속에서 시험이 가장 공정한 수단이 되고 있다. 시험의 결함을 모두가 인정하면서도 시험을 없애지는 못하고 있다. 그 배후에는 사회 전반에 뿌리 내린 불신임이 도사리고 있다.

중국은 세계에서 가장 시험이 많고, 또 가장 복잡한 나라일 것이다. 평생 동안 얼마나 많은 시험을 치르는지 모른다. 아마 학생 시기의 대부분은 시험을 치다가 끝났을 것이다. 물론 시험이 무조건 나쁘다고 말할 수는 없다. 적어도 지식을 하나라도 더 얻을 수 있게 독려하는 역할은 한다. 그런데 반복되는 시험 스트레스 속에서 사람들은 뭔가를 깊이 생각할 시간적 여유가 없다. 세계 정상급 나라에 비해 중국인의 창조성이 떨어지는 이유들 중에는 과도한 시험도 포함된다.

뛰어난 인재를 육성하는 과정에서 동양과 서양의 대학은 분명한 차이를 보인다. 서양의 대학에서 박사 논문의 가장 엄격한 심사자는 바로 학생의 지도교수다. 학생은 지도교수가 공들여 키운 분신이기에 논문 하나도 허투루 쓰게 하지 않는다. 실력이 부족한 학생이 사회에 나간다는 것은 기업이 조악한 제품을 생산하는 것과 같아서 지도교수의 명성에 흠집을 내게 된다. 따라서 교수는 성심을 다해 학생을 지도한다. 미국 대학교의 박사 논문은 외부의 심사를 거치지 않고, 지도교수의 의견을 가장 많이 듣는다. 논문 심사위원들도 지도교수의 결정을 존중한다.

반면 중국 대학교의 박사 양성 과정은 조금 다르다. 대학 규정에 따라 박사 논문은 대개 외부 전문가 5, 6명에게 심사를 받는다. 외부 전문가의 의견이 통과 여부를 결정짓고, 지도교수는 별다른 발언권이 없다. 이 제도는 지도교수와 학생을 믿지 못한 데서 비롯되었다. 그렇다면 외부 전문가는 과연 믿을 수 있을까? 이 안에 수많은 논란거리가 존재한다. 형식상으로는 중국의 대학교가 서양의 대학교보다 훨씬 더 엄격하고, 심사 과정도 복잡하다. 그런데 그 효과는 어떠한가? 어느 곳에서 영향력 있는 학자와 논문을 더 많이 배출했는지 비교해보면 알 수 있을 것이다.

세계 교육계를 살펴보면 한 가지 규율을 발견할 수 있다.

"시험을 중요하게 여길수록 뛰어난 인재를 배출하는 일은 어렵다."

싱가포르도 그 전형적인 예이다. 싱가포르 학교에서 가장 중시하는 것은 점수다. 기말고사는 특히 엄중해서 모든 학생을 대강당이나 체육관 같은 곳에 모아놓고 시험을 치른다. 교장을 비롯해 교사 등 수많은 사람들이 학생들 사이를 돌며 감독한다.

이런 시험 제도에서 학생들이 즐거움을 찾기란 어려울 것이다. 공부에 대한 흥미도를 보면 싱가포르 학생이 중국 학생보다 훨씬 떨어진다. 싱가포르에서는 박사 과정을 모집해도 신청자가 거의 없다. 정부에서 장학금을 아무리 후하게 주며 여러 장려책을 내놓아도 마찬가지다. 다들 대학교를 졸업하고 취업하는 것으로 지루했던 학창시절을 마감한다.

인간은 원래 믿을 수 없다는 중국인의 전통 관념이 복잡하고 형식적인 수많은 시험을 낳았다. 모든 학습 활동은 시험 점수로 좌지우지된다. 과연 그런 분위기에서 교육받은 사람들이 뛰어난 창조성을 지닐 수 있을까? 한번 생각해볼 문제다.

좋은 일은 알려도 나쁜 일은 숨긴다

중국인은 결점을 숨기려는 경향이 아주 강하다. 잘못된 점이나 불안한 마음은 감추고 숨기면 아무 일 없이 지나가고, 곧 마음도 편해질 거라 생각한다. '집안의 나쁜 일은 밖으로 소문내지 않는다'는 옛말도 있듯이, 중국인은 나쁜 일이 생기면 가장 먼저 어떻게 숨길지를 고민한다.

"좋은 일은 알리고, 나쁜 일은 숨긴다!" 대다수 중국인의 심리 상태를 표현하는 말이다. 부모와 떨어져서 공부하는 아이들은 성적이 오르거나 기쁜 일은 이야기해도, 힘들거나 어려운 일은 부모가 걱정할까봐 감춘다. 그것이 부모에 대한 효도라고 생각한다. 사실 이것은 전혀 문제가 아니다. 진짜 문제는 기업, 지방 정부, 국가기관에서 이런 태도를 보이는 것이다.

이렇게 문제를 숨기는 데 급급하다보니 작은 문제가 크게 변하고, 수습 불가능한 상황에 이르러 재난을 가져오기도 한다. 어둡고 혼란한 상황을 감추고 태평성대인 듯 꾸미는 것은 중국에서는 일종의 문화다. 문화혁명 시기에 식량난을 비롯한 각종 문제로 국민 경제가 붕괴 위기에 직면했을 때도, 사람들은 평화롭고 행복하다고 외쳐댔다.

정치가 진상을 숨길 때는 음모와 관련 있는 경우가 많다. 진시황이 순행 도중 사망하자, 당시 재상이었던 이사李斯 등은 그 사실을 숨겼다. 그들은 시신이 부패하는 냄새를 감추기 위해 썩은 생선으로 사람들을 속였다. 이렇게 시간을 벌어 음모를 꾸민 뒤 진시황의 유언을 바꿔 그들이 원하는 태자를 황위에 올렸다. 그 결과 백성들이 들고 일어나 천하는 혼란에 빠졌고, 각 지역은 영웅들이 나누어가졌다. 강대했던 진나라는 그렇게 허무하게 멸망했다.

회화그림 소재에도 이런 민족 심리가 반영되었다. 중국 회화의 주제는 대부분 꽃과 새화조, 산과 물산수, 놀이, 연회 등이었다. 한마디로 평화롭고 행복한 모습을 화폭에 담았다. 중국 땅에서 발생한 수많은 자연재해와 인재는 어떤 그림에서도 표현된 적이 없었다. 서양의 회화 소재는 중국보다 훨씬 다양하다. 화산 폭발이나 농민의 고된 일상, 피비린내 나는 전쟁 등은 모두 서양 회화의 중요한 주제들이다. 전통적으로 서양 회화에서는 인간 세상에서 일어나는 모든 일들, 즉 그것이 밝든 어둡든 또 희극이든 비극이든 상관없이 모두 그림의 주제가 되었다.

동서양의 예술 차이는 크다. 형식적 차이뿐만 아니라 주제도 다르다. 그 이유 중 하나는 재난에 대한 사회 심리가 다르기 때문이다. 유럽과 미국의 재난 사진은 주요 장소를 장식하는 용도로 자주 사용된다. 반면 중국에서는 이런 그림이나 사진을 가능하면 드러내지 않으려 한다.

2010년, 스탠포드대학교를 방문했을 때였다. 대학도서관에 들어가자 가장 먼저 9·11 테러로 무너진 세계무역센터 사진들이 눈에 띄었다. 테러 위협의 경각심을 높이려는 의도가 느껴졌다. 중국에도 크고 작은 안전사고가 넘쳐나고, 다른 민족에 의한 테러 사건도 적지 않다. 하지만 그 사고 관련 사진들은 박물관에서나 볼 수 있지, 공공장소에 걸리는 일은 거의 드물다. 그러다보니 금방 잊히고 만다. 중국인은 정말 잘 잊는다. 언제나 태평성대를 그리워하고, 비참한 과거는 금방 잊는다. 이 역시 좋은 일은 알리고 나쁜 일은 숨기려 하는 민족 심리와 무관하지 않다.

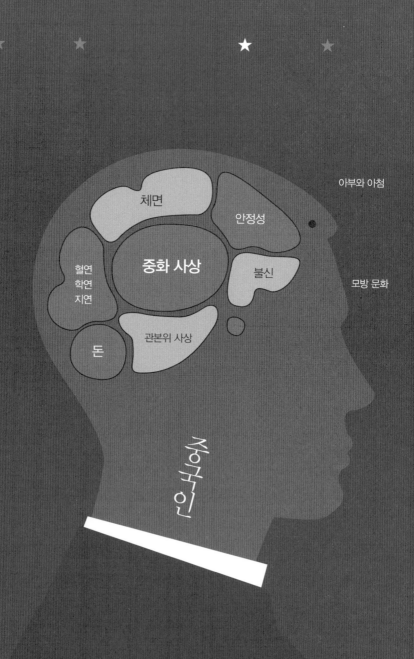

아부와 아첨

모방 문화

체면

안정성

중화 사상

혈연
학연
지연

불신

돈

관본위 사상

중국인

6

중국인의 실용성과 조악함:

왜 복잡한 것을 좋아할까?

실용성을 강조하다

꽃보다 채소

한 민족의 심미審美. 아름다움을 살펴 찾음 수준은 그 민족의 상상력과 창조력, 그리고 과학기술의 발달 정도를 보여준다. 한 민족의 심미관은 보통 건축·복식·생활용품에서 드러나고, 그것으로 민족의 문화 수준을 엿볼 수 있다. 세계 다른 민족들에 비해 중국인의 심미관은 아주 뛰어나지도, 또 아주 뒤처지지도 않는다. 세계 속 중국의 과학기술이 처한 위치와 비슷하다.

전체적으로 보면, 중국인은 실용성을 강조하고 아름다움은 그다지 신경 쓰지 않는 편이다. 반면 유럽과 미국은 다르다. 빈 땅을 보면 중국인은 먹을거리를 심어야겠다고 생각하고, 서양인은 무엇을 심어야 아름다운 환경을 만들 수 있을지를 고민한다.

중국에서는 아파트나 고층 건물에 사는 도시 사람들도 화분에 마늘, 고추, 무화과 같은 것을 심는다. 물론 꽃이나 나무 같은 식물을 기르는 사람도 있지만 드물다. 일반 주택에 사는 중국인들도 마찬가지다. 집 앞에 공터가 있으면 다들 채소나 과실수를 심고, 극소수만 화초를 심어 가꾼다. 반대로 서양인은 집에서 채소를 키우는 일이 드물다.

처음 미국에 왔을 때는 나도 중국식 실용주의의 영향에서 벗어나지 못했었다. 1992년, 미국에 첫발을 내딛은 나는 뉴욕 주에서 기차를 타고 6시간 동안 달렸다. 그리고 창밖에 펼쳐진 삼림과 호수를 보면서 생각했다. '아, 아깝다. 왜 논밭을 일구어 농작물을 심지 않을까?' 당시 나는 전형적인 중국인의 사고로 풍경을 대했다. 땅을 보면 농작물이 떠오르고, 하늘을 나는 새들을 보면 잡아먹고 싶다는 생각을 했었다.

특히 나처럼 1960년대 말부터 일어난 농경지 개간과 농사법 개량 시기를 거친 사람은 이런 생각이 더 강하다. 이 시기에 사람들은 온 산과 들을 파헤치고 개간해 농사를 지었다. 식량 생산량이 얼마나 증가했는지는 알 수 없으나, 생태 환경이 상당히 파괴된 것은 사실이다. 이 운동 배후에도 반성할 문제가 많다. 실용성만을 추구하는 사고가 가져온 자연 환경 파괴도 그중 하나다.

지나친 실용주의는 인재 배출의 방해물

중국인 모두가 아름다움에 무관심하다는 말이 아니다. 일반적으로 중국인은 아름다움보다 실용성을 더 중시한다는 말이다. 물론 중국인도 자신만의 심미관을 갖고 있지만 유럽과 미국에 비해 깊이가 없다.

'중국의 베니스'라 불리는 저우좡周庄, 상하이 근교의 수상도시과 이탈리아의 베니스를 비교해보자. 세계문화유산으로 지정된 저우좡은 타이후太湖, 중국에서 세 번째로 큰 호수를 끼고 조성된 마을이다. 작고 아름다운 돌다리 아래로 물이 흐르고, 중국 강남풍의 아름다운 정원 곳곳엔 정교한 조각들이 있어 전체적으로 섬세한 느낌이 드는 곳이다. 하지만 베니스와 비교했을 때 자질구레하고 복잡하고, 특히 전체적인 조화에서 많은 차이가 있다. 먼저 베니스는 바다를 끼고 형성된 도시다. 건축물마다 독특한 특색이 있어 정교하고 아름답다. 무엇보다 도시의 기세가 웅장하고 전체적인 조화가 잘 이루어져 있다.

저우창과 베니스를 보면 중국 문화와 서양 문화의 차이를 좀 더 잘 이해할 수 있다. 둘 다 놀랍지만, 중국 문화가 어딘지 힘과 기에서 눌린다. 이런 건축 풍토의 차이가 과학·문화의 탐색에도 반영된 듯하다. 서양은 오래전부터 우주와 천체를 연구하고, 거시부터 미시까지 인류의 위대한 발견에 영향을 주었다. 반면 중국은 과학·문화 분야에서 서양에 미치지 못하고 있다. 고대 중국인들은 주변 세계에 대해 직관적 느낌에만 머물러 있었다.

건축물에는 민족 고유의 사고 특성이 반영돼 있고, 민족의 사고 특성은 다시 과학·문화 발전에 영향을 준다. 이익을 얻을 목적 없이 온전히 아름다움 그 자체만을 추구하는 마음은 과학을 발전시키는 원동력이 된다. 중국의 많은 과학기술 발명은 대부분 실용적인 면에만 치중해, 완벽한 아름다움으로 가려는 욕구가 없었다. 그 결과 과학기술 발전을 억제해버렸다.

건축 심미관 안에는 다양하고 풍부한 의미가 담겨 있다. 그것은 우리가 세계를 보고 자신의 이상을 이해하는 창문이다.

정교함은
떨어지다

중국인이 가장 많이 쓰는 단어, '아무거나'

중국 공공기관에서 실시한 '중국어 단어 사용 실태 조사 보고'에 따르면, 중국인이 일상생활에서 가장 많이 사용하는 단어는 '수이비엔'아무거나', '마음대로'라는 뜻'과 '셴징삥'미쳤군', '정신 나갔어'라는 뜻'이라고 한다. 이 두 단어는 중국인의 사고 특성과 일하는 태도를 정확하게 보여주고 있다. 앞에서도 말했듯이 '셴징삥'은 튀는 것을 싫어하고 남과 같음을 추구하는 중국인의 사고를 보여주는 표현이다. 또 '수이비엔'은 꼼꼼하고 집요한 면이 부족한 중국인을 보여주는 단어다.

나라마다, 사회마다 사람들이 즐겨 쓰는 단어가 있다. 우리는 그것을 통해 그곳 사람들의 사고 습관을 알 수 있다. 미국인이 가장 많이 사용하는 단어 두 가지는 '쿨Cool'과 '크레이지Crazy'라고 한다. 이 두 단어는 개성을 중시하고 모험을 추구하는 미국인의 문화적 특징을 보여준다. '쿨'은 분명한 개성을 강조하고, '크레이지'는 모험심을 장려한다.

'수이비엔'과 '초우허'대충', '그런대로', '그럭저럭'이라는 뜻'는 일란성 쌍둥이처럼 닮은 말이다. 그러나 '열심히 진지하게'와 '정교하고 정확하게' 같은 말과는 상극이다.

중국인의 머릿속은 '아무거나', '그런대로', '거의 비슷하다' 같은 말들로 채워져 있다. 반면 정교하고 치밀한 정신은 부족하다.

대충대충이 가난을 부른다

'대충대충', '그럭저럭'에 만족하는 중국인의 모습은 사회 곳곳에서 볼 수 있다. 이것은 뛰어난 품질을 갖춘 제품을 연구 개발하는 데 불리하게 작용한다. 일할 때 대충대충 넘기면 속도는 빠를 수 있겠지만, 좋은 품질을 보장할 수는 없다. 결국 낭비인 셈이다.

반면 일할 때 최선을 다해 완벽을 추구하면 시간과 노력은 많이 들겠지만, 품질은 보장할 수 있다. 장기적으로 보면 오히려 절약인 셈이다.

건축물을 예로 들어보자. 시골부터 도시까지 전 중국을 둘러봐도 50년 이상 된 건물을 보기 어렵고, 설령 있다 해도 거의 쓰러질 듯 낡았다.

과거 40여 년 동안 내 고향 집은 다섯 번이나 새로 지어졌다. 원래의 집을 허물고 그 자리에 다시 지은 것인데, 10년에 한 번꼴로 이런 일이 반복되었다. 이 얼마나 낭비인가? 다섯 번 짓는 데 들인 비용을 처음에 제대로 쏟아 부어 집을 지었다면 아마도 100년 이상 살 수 있었을 것이다. 그랬다면 인적·물적 비용도 절약하고, 환경보호에도 도움이 됐을 것이다.

자동차 이야기를 해보자. 자체적으로 자동차를 생산하지 않는 싱가포르는 버스도 100퍼센트 수입한다. 그런데 대부분이 독일 벤츠다. 이 버스는 외관도 멋지고, 내부도 넓어서 쾌적하다. 명품 브랜드인 만큼 재질이나 기능 면에서 만족감이 높다.

중국은 버스를 직접 만든다. 기술적으로도 우수한데, 전체적으로 완벽하다고 할 정도는 아직 아니다. 예를 들어 승하차 벨을 비교해보자. 싱가포르 버스는 문제없이 잘 작동되는데, 중국산 버스는 작동되는 게 거의 없다.

같은 브랜드, 같은 상품이라도 외국에서 조립했는지, 중국에서 조립했는지에 따라 품질의 차이가 발생한다. 일반적으로 원생산지에서 조립한 수입 완제품이 중국에서 조립한 것보다 값이 더 비싸다. 대부분의 사람들은 품질이 더 좋다보니 값비싼 수입 완제품을 선호한다. 가전제품뿐만 아니라 화장품도 마찬가지다. 같은 외국 브랜드라도 중국에서 합자 생산한 제품은 품질이 떨어져서 많은 중국인들이 외국에서 직접 구매한다.

대충대충 짓고 만드는 사고방식이 오히려 중국인을 더 가난하고 힘들게 만들었다.

복잡할수록
귀하다고 믿는다

요리 과정이 복잡할수록 귀한 음식

중국인의 관념 속에 '많다'는 좋은 것이다. 요리를 할 때도 그런 생각이 반영되어 재료가 많고, 과정이 복잡할수록 더 훌륭하고 귀한 음식이 만들어진다고 생각한다. 그래서 중국의 유명한 요리는 대부분 만드는 과정이 아주 복잡하다.

중국 요리는 만드는 법이 아주 중요한데, 가공이 많다보니 완성된 음식을 먹어도 대체 무엇으로 만들었는지 알아내기 어려운 경우가 허다하다. 쓰촨四川 사람들은 마라麻辣, 맵고 얼얼하다는 뜻 맛을 좋아해서 대부분의 음식이 맵다. 쓰촨 요리사는 나무토막도 맛있는 마라탕고추와 산초를 기본으로 만든 소스에 각종 재료를 넣어 먹는 음식으로 만들 수 있다는 우스갯소리가 있다. 이 말이 과연 요리사의 실력과 기술을 칭찬하는 것인지, 아니면 지나친 양념으로 원재료의 맛을 없애버리는 걸 풍자하는 것인지 알 수가 없다.

중국인에게 먹는 것은 감각이다. 식자재가 어떻든 그다지 상관하지 않는다. 중국의 4대 요리는 각 지방마다 특색이 있지만 요리 방법은 하나같이 복잡하고, 그것으로 중국 요리 철학을 보여준다. 다음은 청나라 시대 유명한 소설《홍루몽》의 내용이다. 중국 요리를 만드는 방법이 얼마나 복잡한지 단적으로 드러나 있다.

"그럼, 이 가지 요리도 한번 드셔보세요."

봉鳳씨 말에 유劉 부인은 음식을 한 점 들어 입으로 가져갔다.

"매일 가지 요리를 드시겠지만, 우리 집 가지 요리도 한번 맛보세요."

맛을 본 유 부인이 웃으며 말했다.

"놀리지 말게. 가지가 정말 이런 맛이 난다면 앞으로는 아무것도 안 심고 가지만 심어야겠네!"

"놀리다니요. 정말 가지예요."

"정말 가지라고?"

유 부인은 다시 한 점을 집어 천천히 음미하고는 말을 이었다.

"가지 향이 어렴풋이 나는데, 가지 모양은 아니고…. 대체 어떻게 만든 것인가?"

봉씨는 웃으며 말했다.

"별로 어렵지 않습니다. 갓 따온 가지를 깨끗이 씻은 후 껍질은 다 깎아내고 속살만 사용합니다. 가지 속살을 잘게 썰어 닭기름에 튀겨냅니다. 여기에 닭가슴살과 표고버섯을 비롯한 각종 신선한 버섯, 죽순, 오향에 절인 두부, 갖가지 말린 과일을 잘게 다져 닭고기 육수에 넣고 뭉근하게 졸입니다. 마지막으로 참기름과 술을 넣고 섞은 뒤 도자기 항아리에 담아 밀봉합니다. 그리고 먹을 때마다 꺼내서 튀긴 닭발을 곁들이면 됩니다."

가지 하나를 요리하는데도 재료와 순서가 이렇게 많고 복잡하다. 게다가 먹은 사람이 재료가 무엇인지도 모른다. 사람들은 조리 방법이 복잡한 음식일수록 부잣집에 어울린다고 생각한다. 생가지에 소금을 뿌린 후 그냥 무쳐 먹는 방법은 가난한 사람에게나 어울린다고 여긴다. 어쩌면 이렇게 단순하게 먹는 것이 가지의 영양소를 그대로 흡수하고, 비타민을 파괴하지 않는 가장 영양적인 조리 방법일지도 모른다.

서양의 요리법에는 서양인의 음식 철학이 담겨 있다. 단순히 말해 '생으로 먹을 수 있는 것은 익혀 먹지 않고, 차갑게 먹을 수 있는 것은 뜨겁게 먹지 않는다'라고 할 수 있다. 중국의 요리법과는 완전히 다르다. 서양인은 재료 본연의 맛을 중시하고, 식재료 본연의 맛을 느끼도록 조리하기 때문에 식재료의 질이 무엇보다 중요하다.

서양 요리는 '단순함'과 '본연의 맛'으로 설명할 수 있다. 과정을 최소화하면서 식재료가 지닌 원래의 맛과 향을 살리는 게 요리의 주목적이다. 서양 요리를 먹을 때 보통 샐러드가 먼저 나오는데, 채소의 색과 맛을 그대로 살렸기 때문에 어떤 재료가 들어갔는지 눈으로, 입으로 바로 확인할 수 있다. 스테이크도 구워서 바로 먹는다. 이때 서양인은 덩어리째 나온 고기를 직접 잘라서 육질을 확인하며 먹는다.

음식 속에 문화가 있고, 요리 방법은 민족의 사고 특성을 반영한다. 맛으로만 보면 음식에는 좋고 나쁨이 없다. 자신이 좋아하는 맛이면 된다. 건강 측면에서 보면 복잡한 조리 방법이 꼭 좋은 것은 아니다. 그렇다면 중국의 요리 방법은 건강에 좋을까? 한번 생각해 보길 바란다.

복잡할수록 더 아름답다고 생각하는 중국인

표면적으로 보면 음식과 옷은 별 상관이 없다. 그런데 배후의 철학 이념은 같다. 중국인에게는 요리 과정이 복잡할수록 좋고, 옷을 입을 때도 장식이 많을수록 아름답다. 많은 것이 좋은 것이라고 생각하는 중국인은 옷을 입을 때도 마찬가지다.

가난한 집 여자아이는 아름다워지고 싶어도 꾸밀 돈이 없다. 만일 설날에 부모가 붉은 머리끈이라도 하나 사준다면 소녀는 아주 행복해질 수 있다. 부잣집 딸은 어떤가. 설날뿐 아니라 평소에도 옷에 신경을 쓴다. 돈이 있으니 화려하고 복잡하게 치장할 수 있다. 중국 시대극이나 역사물을 보면, 당시 복장이 지금보다 훨씬 복잡했음을 알 수 있다. 관직이 높을수록 옷도 복잡해지고, 집에 돈이 많을수록 장식도 많아진다. 현대인은 점점 더 간소하게 옷을 입는데, 이는 서양의 복식 문화를 받아들여서다.

중국의 공예미술품도 마찬가지다. 옥, 나무, 상아에 조각하는 예술이 특히 발달했다. 귀하고 비싼 예술품일수록 원재료는 물론 만드는 방법까지 중요하게 여긴다. 섬세하고 복잡하게 조각할수록 가치가 커진다. 중국 각지의 박물관이나 텔레비전 프로그램에서 자주 접하는 국보문화재들을 보면 감탄을 금치 못한다. 다른 민족의 예술품에 비해 '복잡할수록 아름답다'는 중국의 전통 미학은 확실히 두드러진다. 나는 스탠포드대학교 박물관이나 루브르 박물관, 대영 박물관에서 중국 예술품들을 본 적이 있다. 복잡함과 섬세함이 느껴지는 예술품에는 민족적 특성이 고스란히 담겨 있었다.

반면 서양은 간결함을 추구한다. 그 간결함의 극치는 아무것도 걸치지 않는 데 있기에 서양의 누드예술은 아주 오래전부터 발전해 왔다. 고대 그리스부터 현대까지, 수많은 명화나 조각들이 전혀 가리지 않거나 중요 부분만 가린 채 우리 앞에 모습을 드러냈다. 지금은 흔히 입는 비키니 수영복도 서양에서 들어온 것이다. 밥 먹는 것과 마찬가지로 서양인의 복식 철학은 신체 본연의 아름다움을 표현하고, 갖고 있는 고유의 색과 향과 아름다움의 본질을 드러내는 데 있다. 일본 여성들이 입었던 전통 옷도 보기에는 복잡해보이지만, 만드는 과정은 아주 단순하다. 입는 방식이 좀 복잡하긴 하나, 커다란 천 하나만 있으면 간단히 만들 수 있다.

중국인은 많을수록 좋다고 생각한다. 이런 생각은 의복에도 반영되어 복잡할수록 아름답다는 심미관을 탄생시켰다. 반면, 서양은 정반대다. 서양의 누드예술이 발전한 것은 그들의 이런 심미 철학과 관련이 있다.

중국 전통 건축의 미학

많을수록 좋다는 관념은 건축에도 반영되어, 중국 건축은 구조상 복잡한 것을 추구한다. 중국을 대표하는 전통 건축물에는 이런 특징들이 대부분 반영되어 있다. 자금성, 이화원, 공자 사당 등은 모두 반복과 복잡함의 극치를 보여준다. 이화원의 장랑대궐문이나 집대문의 안쪽 좌우에 죽 늘어선 행랑을 걸어본 사람은 아마 느낄 것이다. 장랑 난간에 새겨진 조각과 천장에 그려진 그림을 보면, 당시 장인의 기술과 지혜로운 마음에 감탄하게 된다. 한 걸음 옮길 때마다 다른 모습을 볼 수 있어 놀랍기 그지없다.

쑤저우蘇州의 정원은 중국 건축미를 대표하는데, 최소 공간에 가능한 아름다운 요소를 다 집어넣고 표현한 것이 특징이다. 정원을 걸으면 한 걸음마다 다른 풍경이 펼쳐지고, 고개를 들거나 숙일 때와 왼쪽 오른쪽의 풍경이 다 다르다. 쑤저우, 항저우 일대는 중국인들이 가장 살고 싶어하는 곳으로, '하늘에는 천당, 땅에는 쑤저우와 항저우'라는 말이 있을 정도다.

중국 고대 건축가는 작은 세계에 무언가를 담는 걸 좋아했다. 아주 작은 공간에 온갖 아름다움을 조화롭게 넣는 것이 목표였다. 중국 고대 건축을 정교한 아름다움이라 한다면, 서양 고대 건축은 웅장한 아름다움이라 할 수 있다. 유럽의 건축은 높고, 크고, 웅장하다. 반면 중국은 정교하고 섬세한 아름다움을 건축에 반영했다.

나는 중국을 대표하는 건축으로 취푸曲阜의 공자 사당, 베이징의 자금성과 이화원, 쑤저우의 정원을 꼽는다. 유럽에서는 프랑스 파리, 이탈리아 베니스, 독일 퓌센의 노이슈반슈타인성에서 건축의 아름다움을 느낄 수 있을 것이다. 직접 가서 본다면 아마 중국과 서양의 건축미 차이를 실감할 수 있을 것이다.

음식, 의복, 건축에는 한 민족의 심미관과 전통 사고가 반영되어 있다. 이런 시각으로 세계를 보면 아마 여러 가지를 느끼고 배우게 될 것이다.

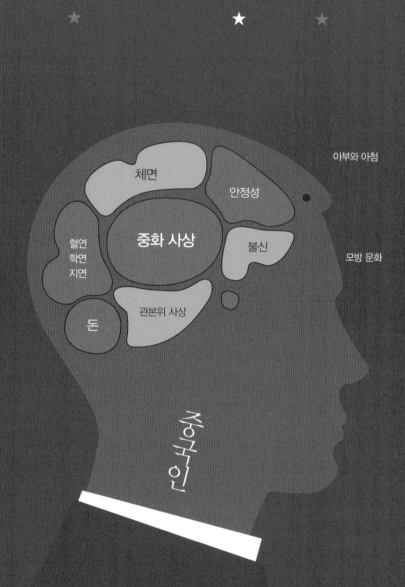

아부와 아첨

모방 문화

체면

안정성

중화 사상

혈연
학연
지연

불신

돈

관본위 사상

중국인

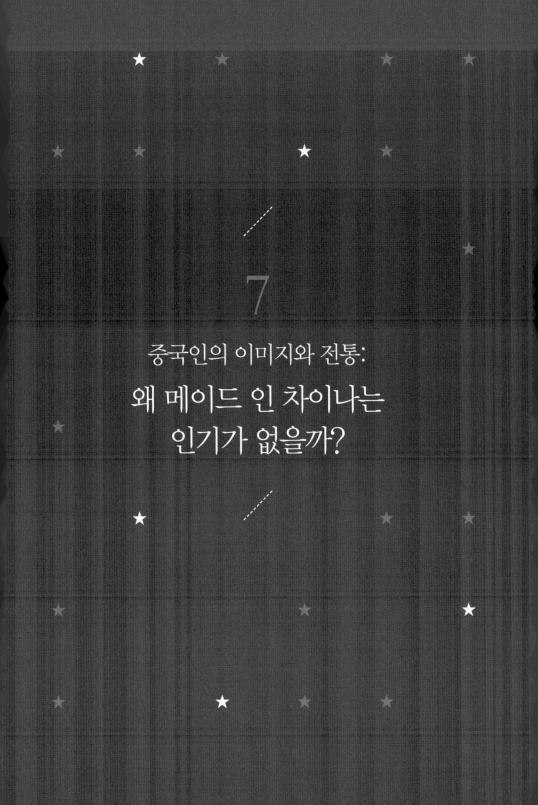

7

중국인의 이미지와 전통:

왜 메이드 인 차이나는
인기가 없을까?

외국 제품에 대한
믿음이 커지다

외국 제품을 대하는 중국인의 환상

외국에 아첨하거나 빌붙어 사는 중국인은 거의 없지만, 외국 제품을 좋아하는 마음은 대다수 중국인에게 크든 작든 조금은 있을 것이다. 유명세를 등에 입은 외국 상품은 중국인에게 인기가 좋고, 당연히 비싼 가격에 팔린다.

중국 기업의 신용도가 낮고 상품 또한 품질 면에서 정교하지 못하니 시장에서 중국산은 대체적으로 저가·저품질로 취급된다. 게다가 각종 가짜 상품까지 난무해서 중국인들도 자국의 상품을 믿지 못하게 되었다. 반면 외국 상품에 대해. 특히 외국 명품에 대한 믿음은 점차 커지고 있다. 많은 중국인들이 비싸더라도 외국 상품을 사려 하고, 중국산 상품은 구입하기 꺼려 한다. 이런 대중의 심리를 이용해 많은 상인들이 중국산을 마치 외국 상품처럼 보이거나 들리게 디자인하고 이름을 짓는다.

무책임하고 노력하지 않는 중국 기업과 상인들이 오늘날 중국인에게 이런 마음을 심어주었다. 몇 년 전, 많은 아기들을 죽음과 장애로 몰고 간 멜라민 분유 사건이 이 문제를 분명하게 보여준다. 그 사건 이후로 사람들은 중국산 유제품을 살 때 망설일 수밖에 없다.

과거 몇 년 동안 중국의 다른 유제품 생산공장에서도 이런저런 문제가 발생해 세계 각지에서 중국인들이 분유를 사재기하는 광경을 연출했다. 그 결과 홍콩, 뉴질랜드 등지에서는 중국인이 분유를 대량 구입하는 행위를 엄격히 제한하는 정책을 발표했다. 참으로 마음 아프면서도 부끄러운 일이 아닐 수 없다.

1990년대 초, 미국으로 떠나기 전에 여러 수속을 밟기 위해 베이징에 왔다. 그때 거리 곳곳에서 '캘리포니아 쇠고기 국수'라는 이름의 식당을 보았다. 그런데 정작 캘리포니아에서 7, 8년간 머무는 동안엔 그런 이름을 가진 식당을 본 적이 한 번도 없었다. 나중에 생각해보니 중국인이 지어낸 이름이 아닐까 싶었다. 아마 처음에는 '캘리포니아산 쇠고기로 만든 국수'라 이름 지었을 테지만, 그것을 줄여 '캘리포니아 쇠고기 국수'가 되었을 것이다. 그리고 '란저우蘭州 쇠고기 국수'처럼 하나의 브랜드가 되었을 것이다 쇠고기 국수인 '우육면'은 란저우가 가장 유명하다. 솔직히 말해 국수에 사용된 쇠고기가 캘리포니아산인지, 중국산인지 물어본 사람은 없었을 것이다. 대부분의 사람들은 단순히 이국적인 식당 이름에 끌렸을 가능성이 크다.

가장 흥미로운 분야는 자동차다. 중국이나 타이완, 홍콩, 싱가포르 등지에서 도로를 달리는 차들 대부분은 외국 브랜드다. 한번은 궁금해서 친구에게 중국에서 자체 개발한 자동차 브랜드는 없냐고 물었다. 그 친구는 '비야디BYD'라는 이름이 바로 중국산 브랜드라고 했다. 전혀 중국어 같지 않아서 다들 몰랐던 사실이었다. 이런 현상은 자국의 기술 수준을 믿지 못한 데서 비롯했다고 생각한다.

상품은 물론 이제는 소설 속 주인공들까지 외국인 같은 이름을 갖고 있다. 최근 읽은 젊은 작가들 작품을 보면, 무대는 분명 중국이고 말도 중국어로 하는데 주인공은 소냐, 마크 같은 외국 이름으로 등장한다. 이런 이름 때문인지 소설의 분위기도 변한 듯하고, 애정 표현 방식도 예전과는 다르다. 옛날처럼 수줍어하거나 간접적으로 애정 표현을 하는 게 아니라, 보다 직접적이고 대범하게 사랑을 고백한다.

환상을 갖고 서양 상품을 대하는 사회 심리 역시 지금의 중국 사회를 이해하는 거울이다. 이런 심리가 형성된 원인을 찾으면, 이 사회에 대한 인식도 새로워질 것이다.

메이드 인 차이나

오랫동안 미국에 살면서 미국 대중들이 '메이드 인 차이나'를 어떻게 보는지 관찰했다.

미국 시장에서 중국 브랜드를 보는 것은 어렵지만, 중국에서 만든 상품은 없는 곳이 없다. 특히 옷, 장난감, 문화용품 등은 좀 가격이 싸다 싶으면 90퍼센트 이상이 중국산이다.

1990년대 초 캘리포니아에는 '1달러 숍'이 있었다. 그곳 물건들 대부분은 중국산이었다. 나도 스탠포드에서 살 때 1달러 숍에서 도자기로 만든 5개들이 냄비 세트를 십 몇 달러에 샀는데, 상하이에서 만든 상품이었다. 당시엔 싸다고 좋아했는데, 한두 번 사용하니 금이 가서 못 쓰게 되었다. 결국 돈만 날렸다.

많은 외국인들의 눈에 중국산은 '싸고 질이 떨어지는 상품'의 대명사로 쓰인다. 그 때문에 중국 상품은 자주 오명을 쓰고, 때로는 억울한 대접을 받기도 했다. 2년 전 미국 공군에서 헬기 사고로 조종사가 사망하는 사건이 일어났다. 조사 결과, 중국산 불량 부품이 원인인 것으로 밝혀졌다. 헬기 추락은 여러 가지 복합적 원인이 있어 조사하기가 쉽지 않다. 그런데 어떻게 결론이 빨리 나왔을까? 어쩌면 조사하다가 부품 중에서 일부가 중국산임을 알게 되었고, 중국산은 자주 품질 문제를 일으키므로 헬기 추락에 중국산 부품이 관련 있다고 주관적 판단을 내린 것이 아닐까 추측해본다. 러시아에서도 자주 헬기가 추락하는데, 그들은 중국 부품을 사용하지도 않는다. 그것은 어떻게 해석할 것인가? 한 나라의 상품이 한번 좋지 않은 평가를 받으면 그 오명을 씻어내기란 쉽지 않다.

미국에 수입된 중국산 대부분은 일상생활에서 주로 쓰이는 작은 상품들이다. 자동차나 비행기 같은 대형 기계 제조업은 중국의 노동력이 아무리 싸다고 해도 중국에서 부품을 생산하는 일이 거의 없다. 어쩌면 안전과 관련된 부품이라서 그런 것은 아닐까?

세계 시장에서 통하는 중국 브랜드를 만들어내는 일은 앞으로 중국이 발전하는 과정에서 반드시 필요하다. 그 길이 아무리 어렵고 멀더라도 반드시 해내야 한다.

브랜드의 힘은 곧 경제적 이익

반응이 좋은 상품을 만들어 국제적인 브랜드가 되면, 그것은 엄청난 무형자산이 되어 많은 경제적 이익을 가져다준다. 반대로 브랜드 이름값이 없으면 외국 상품과 품질이 비슷하거나 훨씬 더 좋아도 제값을 받고 팔 수 없다.

2013년 어느 날, 가족과 함께 싱가포르의 한 가구점에서 소파를 샀다. 대부분의 소파는 2~3천 싱가포르 달러현재 환율로 약 174만~260만원였는데 우리 마음에 든 한 소파만 6천 싱가포르 달러약 520만 원였다. 주인에게 왜 이렇게 비싼지, 특별히 다른 점이 있는지 묻자 이탈리아산 쇠가죽으로 만든 소파라 비싸다고 했다. 내가 이탈리아산 쇠가죽으로 만들었다는 증명서 같은 것이 있냐고 묻자, 주인은 사실 이탈리아 옆에 있는 작은 나라에서 만든 것이라고 실토했다. 주인이 말한 나라는 나도 그때 처음 들어봤다.

명성이 높은 나라의 상품만 높은 가격에 팔리는 것이 아니라, 그 나라 옆에 있는 작은 나라도 그 명성에 묻어가고 있다. 그 가구점 주인은 가격을 정할 때 제작비와 품질을 기준으로 삼은 게 아니라, 서양 제품에 대한 중국인의 기대심을 충분히 이용한 것이다.

중국 내에서도 비슷한 일이 일어난다. 많은 사람들이 생산지를 보고 품질을 판단하고 있다. 중국에서는 예로부터 상하이 상품이 평이 좋았다. 내가 어렸을 때부터 손목시계, 재봉틀, 자전거, 옷, 사탕 등은 상하이에서 만든 것을 최고로 쳐주었다. 그래서 상하이 주변 지역에서 만든 상품도 '상하이 상품'이라는 이름으로 팔았다. 실제로 그 주변 지역은 행정구역상 역사적으로 상하이와는 같은 경계에 있어 본 적이 없었다.

브랜드는 한 나라의 소프트웨어다. 중국에서도 여러 분야에서 세계적인 브랜드가 나온다면 중국 경제에 엄청난 추진력이 될 것이다.

발전은
관심 밖이다

제자리에 머물러 있는 전통 브랜드

중국에는 오랜 역사를 자랑하는, 전통 비법으로 만든 상품들이 많다. 사람들은 이 비법이 무엇인지 무척 궁금해한다. 비법이라는 것은 그들이 찾아낸 독특한 방법으로, 대중에게 공개하지 않고 후대나 믿을 만한 사람에게만 전승한다. 중국 전통 브랜드는 대부분 이렇게 비법을 담고 있다. 청량유清涼油, 두통·화상·벌레 물린 데 효과가 있는 연고, 호골고虎骨膏, 일명 '호랑이 약'이라 불리는 만능 연고 등이 여기에 속한다.

중국인은 이런 노포老鋪, 대대로 물려 내려오는 점포에 대한 사랑과 자부심이 대단해서 원래 것을 그대로 지키려 하고, 바꾸거나 달라지는 것을 두려워한다. 전통 상품에 대한 중국인의 이런 마음은 사상, 문화 영역에서도 잘 드러난다.

우리는 학술 문화 영역에서 중국인이 노포를 대하는 태도를 자주 접할 수 있다. 중국 5천 년 역사를 돌아보면 시대를 앞서가는 놀라운 과학적 관점도 적지 않았지만, 후대가 이어서 이를 연구하고 발전시키지는 못했다. 다들 습관처럼 원래의 것을 따르고 지켰기 때문이다. 결국 빛나던 사상은 더 발전하지 못하고 도태되고 말았다.

중국의 학술 사상은 일단 형성되면 거의 변화가 없다. 후대 사람들도 원래의 규칙과 방법을 좇아 따를 뿐, 창조성을 더하거나 다른 시각으로 바라보지 않는다. 중국 전통 상품과 노포를 대하는 태도와 같다.

춘추전국시대는 중국 학술 사상의 황금기였다. 제자백가들의 토론으로 유가, 도가, 법가, 묵가. 명가 등 각종 사상 유파들이 생겨났다. 하지만 안타깝게도 후대 사람들은 그 사상을 계속 연구·발전시키기보다는 그 사상가들이 써놓은 글귀를 이해하고 그대로 따르는 데 만족했다. 의문을 갖거나 한 발 더 나아갈 생각은 하지 못했다. 후대의 유학자들은 공자와 맹자를 떠받들고, 그들의 말을 경전 삼아 그대로 따르며 배웠을 뿐 창의적 탐구를 하지 않았다.

중국의 학술 사상은 100년이 넘는 역사를 자랑하는 첸쥐더全聚德. 베이징을 대표하는 오리구이 식당의 오리구이 요리법과 같다. 전통에 따라 원래의 그 맛을 그대로 지키는 게 최선이고, 새로운 방법으로 바꾸는 것은 곧 죽음이라고 생각한다. 이것이 곧 과학기술의 발전을 방해하는 전통적 보수 사상이다.

역사적으로 중국의 학술 문화는 날이 갈수록 상황이 악화되는 운명을 피할 수 없었다. 공자가 성인으로 추대되자 그의 말은 금과옥조가 되어, 누구도 의문을 품을 수 없었다. 후대 사람들은 그저 성실하게 지키고 따라야 했다. 공자 다음가는 성인으로 추대된 맹자 역시 토론에 뛰어났지만, 공자의 말에는 토를 달지 않았다. 중국의 다른 문화 영역도 마찬가지다. 이런 풍토 때문에 사상과 문화가 점점 더 발전해가지 못하고, 갈수록 더 쇠퇴하게 되었다.

반면 서양의 과학 사상은 모두 전승되어 비약적으로 발전했다.

고대 그리스의 수학자 유클리드가 창시한 기하학은 후대에 더 발전했고, 유클리드 기하학의 한계성까지 찾아냈다. 그것이 바로 '비유클리드 기하학'이고, 지금은 수학의 한 분파로 인정받았음은 물론 천체물리 영역에서도 중요하게 다뤄지고 있다.

비법에 의해 전승되는 공예기술은 대가 끊기기 쉽다보니, 과학 발전의 단절을 불러온다.

나는 후베이성湖北省 박물관에 갈 때마다 증후을曾侯乙, 기원전 4세기경 전국시대에 지금의 후베이성 일대를 통치하던 증국의 군주의 묘에서 출토된 청동기를 보고 늘 감탄한다. 그 정교함과 화려함은 '이것이 과연 2천 년 전의 솜씨인가?' 의심할 정도다. 하나하나가 놀랍도록 아름답고, 기술 수준도 완벽하다. 하지만 안타깝게도 당시 장인들의 기술은 효과적으로 정리되어 후세에 전해지지 못했고, 이 놀라운 공예기술의 대는 끊기고 말았다. 그 결과 나중에 나온 금속공예기술은 오히려 전보다 퇴보했다.

중국에도 지혜가 뛰어난 사람들이 적지 않았다. 그런데 일단 누군가를 중국의 대표라고 떠받들면 다들 더 이상 그를 넘어서려고 하지 않았다. 그러다보니 많은 사상 이론이 전통 식품처럼 원래 그 맛, 그 모양대로 후세에 전해졌다.

중국의 고대 서적들 중에도 놀라운 것이 많다. 수학의《구장산술九章算術》, 농업의《제민요술齊民要述》, 의학의《황제내경黃帝內經》, 과학의《몽계필담夢溪筆談》등이 모두 대단한 저서들이다. 하지만 후세에 이 이론을 토대로 발전시킨 사람이 있었는가? 중국인은 언제나 편히 누워 선지자의 사상을 누리는 것만 좋아했지, 창의성과 활력을 갖고 그 사상을 깊이 탐구하려는 노력은 하지 않았다.

　과학기술 발명 분야도 마찬가지다. 한나라 때 장형이 지동의地動儀를 만든 이후로 2천 년 동안 그 누구도 나서서 그것을 더 완벽하게 고치려 하지 않았다. 역사 기록에는 이 지동의가 과거 뤄양 지역에서 일어났던 지진을 정확하게 측정했다고 적혀 있다. 하지만 아무도 이것을 대량 생산해서 지진이 일어나는 여러 도시에 설치할 생각은 하지 않았고, 기술을 개선해서 보다 정확한 제품을 만들려는 시도도 하지 않았다. 안타깝게도 장형의 이 발명품은 골동품이 돼 버려, 이제는 박물관에 전시되어 관람객들에게 보여주는 가치밖에 남지 않았다.

　5천 년의 찬란한 문명 역사는 중국의 자부심이다. 하지만 오늘날 중국인이 깊이 반성해야 할 문제가 있다. 왜 중국의 문화는 세계를 향해 가지 않고 중화권에만 머물러 있는가? 왜 오늘날의 뛰어난 과학기술은 중국인과는 아무런 인연이 없는가?

경험을 배우려는 사상

중국인의 '노포' 사고는 전통 상품과 문화를 대할 때뿐만 아니라 외국에서 무엇을 배울 때의 태도에서도 드러난다. 옛날 현장법사가 서역에 경전을 얻으러 갔을 때와 오늘날 서양에 유학을 가는 것 모두 중국인의 사고 특성을 보여준다.

　고대 중국 사회에 가장 큰 영향을 미친 종교는 인도에서 전해진 불교다. 불교는 한나라 시대에 중국에 전해져 당나라 시대에 절정에 달했다. 불경을 한자로 번역하다보면 분명 변형이 생기고, 여러 사람의 해석 역시 원래와 차이가 생기게 마련이다. 그래서 사람들은 전해져 들어온 것에 대해 의문을 갖게 되고, 원래 그대로의 교리를 찾고자 한다. 그리하여 현장이 온갖 역경을 딛고 천축국인도의 옛 이름에 가게 된 것이다.

중국에 들어온 불교는 당시 상황에 맞게 변화되어 선종禪宗이 되었다. 선종은 참선을 강조하는데, 참선이 중요하게 여기는 것은 원 교리에 대한 신도들의 깨달음이다. 이 신도들은 경전을 자신의 사상으로 만들기보다는 신비주의를 택했고, 이 때문에 말로 전해지기보다는 깨달음을 중시하게 되었다. 그 결과 선종의 정수는 비방秘方. 비법이 되었고, 승려의 가사袈裟. 승려가 장삼 위에 걸쳐 입는 옷는 경전을 전하는 상징이 되었다.

나중에 신도들은 이 가사를 얻기 위해 야단법석을 떨었다. 이 가사를 갖게 된 사람이 경전을 전할 수 있다는 상징 때문이었다. 경전을 전하는 것은 원래는 일종의 사상인데, 중국에서는 옷 한 벌로 변해버린 것이다.

지금 중국은 점점 더 많은 사람들이 미국이나 유럽으로 유학을 떠난다. 서양의 과학 문화 사상을 배우고자 떠난 이들의 태도는 과거 경전을 얻고자 했던 이들의 태도와 별반 다를 게 없다. 유학을 마치고 돌아온 학자들은 자신이 '○○학파의 창시자'에게 배웠으니, 자신만이 진짜 제대로 된 이론을 전할 수 있다고 떠벌린다. 스승의 이론을 어떻게 계속 연구·발전시킬지는 관심 밖이고 "나는 누구한테 배웠고, 내가 진짜 제자다. 내가 다닌 학교가 최고다" 같은 이야기로 논쟁을 벌인다. 이런 사람은 다른 사람의 뒤만 졸졸 쫓아갈 뿐 자신만의 독립적인 과학 문화 사상을 발전시키지는 못한다.

처음 시작이 아무리 좋아도 뒤따르는 사람의 독립적 사고와 혁신 없이는 어떤 과학도 발전할 수 없다. 뉴턴이 물리학이란 학문을 시작했고 아인슈타인은 상대성 이론을, 보어는 양자역학을 각각 창립했다. 그들은 모두 기존의 정립된 사상을 토대로 도전했고, 대담하게 새로운 이론을 제시했다. 그들은 모두 물리학을 계속 발전시켰다. 과거 100년 동안 중국은 그렇게 많은 사람들이 외국에 공부하러 갔지만, 돌아와서 새로운 이론을 세우거나 세계 역사에 영향을 주거나 과학 발전을 추진한 사람은 거의 없었다. 다들 자신이 진짜 제대로 공부했다고 자랑만 늘어놓았을 뿐이다.

중국인에게 선현을 대하는 태도는 '경전을 읽는다'로 표현되고, 외국을 대하는 태도는 '경전을 얻는다'로 표현된다. 그 어떤 것도 다 '경전'이라 여기는 태도는 독립적 사고를 억누르고, 과학 발전을 방해한다. 이런 사고 습관이 근본적으로 바뀌지 않는다면, 앞으로 외국 유학생들이 아무리 많아져도 중국의 모습은 바뀌지 않을 것이다. 세계적인 혹은 중국만의 과학 문화 이론을 성립하기란 힘들 것이다.

지적 노동을
소홀히 여기다

농경 문화적 사고의 영향

중국인은 오랫동안 농업에 종사하면서, 그 속에서 많은 이치와 깨달음을 얻었다. '하늘은 열심히 일한 만큼 대가를 준다'는 말도 그이치와 깨달음 중 하나다. 농사를 지어본 사람이라면 농작물을 생산하는 데 얼마나 많은 노력이 필요한지 알 것이다. 때에 맞춰 비료를 주고, 잡초를 뽑고, 물을 대고…. 조금이라도 게으름을 피우면 수확이 줄어들고, 최악의 경우 생계에 지장을 주기도 한다. 역사적으로 중국은 언제나 농사지을 땅은 부족하고, 인구는 많았으며, 농업과학기술은 정체되어 있었다. 따라서 농업 생산량을 늘리기 위해많은 노동력을 투입하곤 했었다.

근면함은 중국인의 미덕 중 하나이고, 세계 각지에서 화교들이생존하는 방법이기도 하다. 그런데 노력한 만큼 대가가 올 것이라는 말을 지나치게 믿는 것 역시 중국인들의 한계성 중 하나다. 게다가 근면함의 정의도 편협하게 해석하고 있다. 근면함은 농업노동에서 온 관념이기 때문에 자연스럽게 땀을 흘리고 몸을 쓰는 일로 이해한다. 상대적으로 지적 노동은 소홀히 여기는 성향이 있다.

사실 많은 과학 발명의 동기는 게으름과 편함이다. 사람들에게

보다 많은 휴식과 여가시간을 주기 위해 노력하는 과정에서 놀라운 과학 발명이 이루어진다. 그런데 발명은 부지런함보다는 지혜가 한층 더 필요하고, 상상력과 창조력이 필요한 일이다. 중국인은 창조력을 충분히 발휘하지 못하고 있는데, 이는 열심히 일한 만큼 대가를 얻는다는 농경문명적 사고와 무관하지 않다.

일하지 않으면서 대가를 가져가는 착취나 사기는 부도덕한 것이지만, 노동을 단순히 논밭을 갈아 농사짓는 행위로만 편협하게 이해해서도 안 된다. 사람은 사회적 동물이고 사회는 조직과 관리가 필요하므로, 관리 작업은 그 어떤 사회에서도 중요성을 지닌다. 그런데 농경 문화적 사고의 영향으로 사람들은 조직과 관리를 가볍게 생각한다.

《시경》에 이런 구절이 있다.

"농사도 짓지 않는데 그 많은 곡식이 어디에서 났으며, 사냥도 하지 않는데 왜 마당에는 짐승들의 가죽이 가득한가?"

여기까지 읽다보면 아마 대부분은 마음이 불편해지고, 일도 하지 않으면서 뭔가를 가져가는 그들에게 화가 날 것이다. 그런데 아주 소수만이 이런 관념의 한계를 생각한다. 다들 조직과 관리의 사회적 가치를 소홀히 여기기 때문이다. 만일 한 사회에 조직과 관리를 책임지는 사람이 없다면 그 사회는 혼란에 빠져 농사를 지을 수도, 사냥을 할 수도 없을 것이다. 따라서 조직, 관리하는 사람들이 보상을 받는 것도 합리적이라 할 수 있다.

유교에서는 지식인들을 '생각이 깨어 있고 지혜가 있는 사람'이라 여긴다. 유교 문화권인 홍콩·타이완·한국·일본 등은 모두 교육을 중시하고, 지식인에 대한 대우 역시 세계 다른 나라와 비교했을 때 절대 뒤지지 않는다.

농경 문화적 사고가 지나치게 강하면 사회는 지혜, 지식을 경시하게 된다. 중국 역사상 끊임없이 일어났던 지식인에 대한 박해는 대부분 이런 농민의식을 지나치게 숭배한 데서 원인을 찾을 수 있다. 현대 사회에도 정신노동을 폄하하는 의식이 여전히 존재하는데, 이런 농민의식이 국가 관리에 반영된다면 사회 발전에 불리할 것이다.

부지런함으로 재능을 보완할 수 있다는 믿음

'노력한 만큼 거둔다'는 말과 비슷한 의미로 '부지런함으로 부족한 재능을 보완할 수 있다'는 말이 있다. 이 관념은 중국인의 의식 속에 깊이 새겨져 있어, 다른 나라에서 몇 대를 살아도 여전히 남아 있다. 그래서 중국인은 세계 어디를 가도 일개미처럼 가장 부지런히 일한다.

미국으로 건너온 유럽 이주민들은 중국인의 이런 점을 눈여겨보았다. 그들은 19세기 말부터 20세기 초까지 중국 남쪽 지역 사람들을 받아들여 미국 곳곳에서 철도를 닦고 농사를 짓게 했다.

2011년 여름, 워싱턴에 있는 미국역사박물관을 돌아보았다. 거기엔 이민자들의 역사와 발전 과정을 전시해놓은 곳이 있었다. 당시 미국에 이민 온 중국인들을 표현한 그림 한 폭도 그곳에 걸려 있었다. 중국에서 건너온 농민들이 드넓은 땅에서 경작하는 모습을 담은 그림 아래에는 다음과 같은 설명이 적혀 있었다.

"커다란 밀짚모자를 쓴 농민이 딸기를 따고 있고, 또 다른 농민은 고된 노동으로 허리를 똑바로 펼 수도 없어서 손으로 허리를 받치고 서 있다."

그야말로 당시 중국 이민자들의 모습이 생생하게 그려져 있었다. 또한 이 그림은 다른 민족들이 보는 중국인의 전형적인 모습을 반영한 듯했다. 특별한 기술 없이 그저 체력만 필요로 하는 일에 종사하는 사람, 농경 사회에서 배양된 중국인의 민족 특성이다.

근면함과 지혜, 이 두 가지 중에서 중국인들은 전자를 훨씬 더 믿는다. 만일 모두가 다 근면성실하면 어떻게 할까? 그럼, 생리적 욕구도 참아가며 더 열심히 하면 된다고 믿는다. 중국인들의 필독서인《삼자경》아이들이 문자를 배울 때 많이 보는. 일종의 교과서에는 이렇게 생리 현상까지 참아가며 극한까지 버티도록 독려하는 내용이 나온다.

"머리카락을 기둥에 묶고, 송곳으로 허벅지를 찌른다."

이런 극한의 상황에서 과연 학습 효과가 있을까? 이렇게 고민하는 사람은 별로 없었다. 이런 상태에서 이해하고 깨달을 수 있을까? 영감을 얻을 수 있을까? 이런 질문을 던지는 사람도 거의 없었다. 오히려 대대로 이런 학대식 학습방식이 가장 모범처럼 전해져, 어린아이들에게 그렇게 하라고 가르쳤다.

중국인이 반성해야 할 것은, 자녀 교육에 가장 많은 투자를 하고 있지만 돌아오는 효과는 아주 미미하다는 점이다. 첨단 과학기술 영역에서 중국인이 활약하는 일은 드물다. 총인구가 한참 적은 유태인보다 훨씬 적다. 중국인들은 고등학교 전까지는 학습 능력이 아주 뛰어나다. 그런데 대학에 들어가면서부터 사정은 달라지고, 점점 격차가 벌어진다. 학년이 높아질수록 중국계 학생들의 뒷심은 점점 부족해진다. 미국의 정치계, 경제계, 연예계에서 중국인들이 차지하는 비율은 아주 미미하다. 중국계 슈퍼스타급 인재가 왜 적을까? 어쩌면 농경 문화적 사고에서 비롯된 것은 아닐까? 근면성실성을 지나치게 강조한 결과 지혜와 다른 종합능력 개발은 소홀히 여기게 된 것은 아닐까?

지금도 중국인들은 농경 문화적 관념으로 세상을 바라보고, 세상을 판단한다. 2011년, 인터넷 포털사이트에 한 장의 사진이 퍼져나갔다. 새벽 4시, 빈자리가 없는 하버드대학교 도서관의 모습이었다. 사진 아래에는 '이렇게 잠자지 않고 공부하는 것이 바로 하버드대학의 성공 비결'이라는 설명이 덧붙여졌다.

그러나 실상은 전혀 그렇지 않다. 하버드대학교의 모든 도서관은 밤 12시면 문을 닫기 때문에 새벽 4시에 저런 상황은 일어날 수 없다. 이런 보도는 학생들을 잘못된 생각으로 이끈다. 밤을 꼴딱 새운 학생이 다음 날 아무렇지 않게 수업을 들을 수 있을까? 이런 허위보도가 중국인 사이에서 열광적으로 퍼져나간 것은 중국인의 농경 문화 의식이 작용했기 때문이다.

국제협력에서도 중국인의 농경 문화 정신이 드러난다. '세계의 공장'이라 불리는 중국에는 의류, 장난감, 전자제품 등을 생산하는 외국 기업들이 많이 들어와 있다. '애플'을 예로 들어보자. 애플의 기술개발 연구 본부는 미국 샌프란시스코에 있지만, 생산 공장은 그곳에 없다. 그런데 중국에는 애플 제품을 생산·조립하는 노동자가 70만 명에 달하고, 그중 가장 유명한 하청기업은 바로 팍스콘이다. 팍스콘의 노동자들은 최첨단 기술 상품을 생산하지만, 과거 농민으로서의 행복과 평화, 건강을 잃었다. 2010년 상반기에 10여 명이 넘는 팍스콘의 젊은 노동자가 자살을 했다. 만일 업무 스트레스를 이겨낼 수만 있었다면 결코 그런 선택을 하지 않았을 것이다.

현재 전 세계 생산 체계에서 중국은 인력과 자원, 환경오염을 내주고 있다. 정확히 말하면, 아직 농민의 생존 방식에서 완전히 벗어나지 못하고 고생의 언저리에서 버둥거리고 있는 것이다.

민족의 창조력을 높이고 그 혁신 동력을 이용해야만 진정으로 강해질 수 있고, 행복지수도 높일 수 있음을 알아야 한다.

중국인의 근면함은 이미 충분하다

앞에서 말했듯이 중국인들은 부지런함으로 부족한 재능을 보완할 수 있다는 것이 성공의 길이라 믿는다. 옛날 어린이들의 교육 교재였던 《중용》〈박학〉에 그런 생각이 잘 드러나 있다.

"남이 한 번 배워서 알면 나는 백 번을 배우고, 남이 열 번 배워서 알면 나는 천 번을 익힌다. 참으로 이렇게 한다면 비록 어리석어도 반드시 똑똑해지며, 비록 연약하더라도 반드시 강해진다."

이 말의 뜻은 죽을 만큼 노력하라는 것이다. 1천 100년 동안 사람들은 모두 이 도리를 믿었지만, 실은 사람들을 속인 것이다. 지혜는 노력으로 얻을 수 있는 것이 아니고, 죽을 만큼 열심히 한다고 다 강해지는 것도 아니다. 도끼를 갈아 바늘을 만들 수 있다는 말이 있다. 그럴 힘과 시간만 있다면 불가능한 일은 아니다. 하지만 그런 방법은 우직한 뚝심 외에 무슨 기술을 필요로 할까? 묵묵히 힘들여 하는 일은 기술 함량이 낮은 일에 적합할 뿐, 지혜와 창조성이 필요한 일에는 적합지 않다.

중국의 무공武功은 시간과 노력을 강조한다. 여기에 중국인이 신봉하는 철학이 드러난다. 한 사람이 다른 사람을 이기려면 그 사람보다 훨씬 더 많은 시간과 노력을 들여야 한다고 주장한다. 여기서도 농경 문화 의식이 드러난다. 물론 이 말이 틀린 것은 아니지만, 그렇다고 그것만 극단적으로 강조해서도 안 된다. 현실에서 성공한 사람을 보면, 죽어라 노력했거나 시간을 가장 많이 들인 사람이 아닌 경우가 많다. 성공을 위해서는 지혜와 창조성이 훨씬 더 중요한 덕목이기 때문이다.

개혁개방 이후 중국인의 근면성실함은 가공업과 체육 분야에서 가장 큰 성과를 이루었다. 체육 분야는 지혜와 기술도 필요하지만, 꾸준한 훈련과 연습이 성패를 좌우한다. 즉 시간과 노력이 빛을 발하는 분야다.

2008년 베이징 올림픽에서 중국은 1위에 올랐고, 2012년 런던 올림픽에서는 2위를 했다. 중국의 체육이 어떻게 단시간 내에 이런 놀라운 성적을 거둘 수 있었을까? 이는 체육의 특성과 중국의 전통이 빚어낸 결과다. 사격, 역도 같은 체육 분야는 고된 훈련과 연습으로 좋은 성과를 얻을 수 있다. 이런 분야에서 중국은 아주 빠른 속도로 세계 수준에 도달했다. 또 하나 중요한 요소는 민족에 따라 강세를 보이는 체육 종목이 있다는 것이다. 예를 들어 민첩함과 유연성이 중요한 종목인 체조나 다이빙, 탁구, 배드민턴 등은 중국의 금메달 밭이다. 중국인은 이런 종목에서 선천적으로 재능이 있다.

하지만 과학기술 분야로 오면 이야기가 달라진다. 과학기술은 단순한 노력으로는 성과를 내지 못한다. 그보다는 지혜와 창조력, 상상력이 훨씬 더 중요하다. 게다가 과학기술의 혁신에는 민족적 특성이 반영되지 않아 중국인이 우세한 과학 분야는 없다.

중국인의 창조성을 높이기 위해서는 농경 문화 의식을 돌아보고 반성해야 한다. 중국인은 이미 너무나 근면하다. 이것만으로는 더 강해질 수 없을 정도다. 이제부터는 지혜로운 생각과 창조적인 일에 강조점을 찍어야 한다.

8

중국인의 권력과 신분:

왜 돈과 뇌물을 좋아할까?

돈으로
성공을 판단하다

돈만 있으면 귀신도 부릴 수 있다

돈 앞에서 아귀로 변하는 사람들이 있다. 전 철도부 부장우리나라의 장
관에 해당 류즈쥔劉志軍 사건이 전형적인 예이다. 2011년 그는 검은 돈
을 받아 챙긴 혐의로 체포되어 사형판결을 받았다가, 2015년 무기
징역으로 감형되었다.

류즈쥔에게 수백억 원의 뇌물을 준 여성 사업가 딩수먀오丁書苗는
농촌 출신으로, 학교도 제대로 다니지 못했다. 지식도, 학력도 없는
여성이었지만 20억 위안우리 돈으로 약 3,800억 원이 넘는 돈을 부정한 수
단으로 얻었다. 그녀는 '돈만 있으면 귀신도 부릴 수 있다'는 중국
사회의 법칙을 너무나 잘 알고 있었다.

부정부패 사건에 연루된 관리들에겐 공통된 특성이 있다. 다들
학력도 높고, 지식도 많고, 높은 관직에 올랐고, 능력도 갖추었다.
그런데도 그들의 마음속에는 돈에 굶주린 귀신이 숨겨져 있어, 돈
에 대한 탐욕이 끝이 없다. 류즈쥔 같은 부패한 관리들은 다 비슷한
특징을 지녔다. 자신의 욕망을 채울 수 있다면 기꺼이 사회의 어두
운 세력과도 손잡을 수 있는 그들, 그 끝이 절벽인 줄도 모르고 나
아가고 있다.

돈이 전부인 사회

중국 사회에서 돈은 다양하고 강력한 역할을 한다. 돈으로 안 되는 일도 이제는 돈으로 다 할 수 있다. 돈은 현재 중국 사회에서 가장 큰 힘이다. '돈이 없으면 일이 안 되고, 돈이 적으면 큰일을 할 수 없다'는 생각이 중국인 뇌리에 강하게 박혀 있다. 그러다보니 보통 사람은 돈 벌기가 어렵고, 어떤 사람은 자기가 가진 돈을 쓰지 못해 안달하는돈을 쓰지 못하면 일을 성사시킬 수 없으므로 이상한 현상도 벌어지고 있다. 이로 인한 사회 문제도 심각한 수준에 이르렀다.

돈은 이제 신성해야 할 교육의 영역까지 파고들었다. 아이를 좋은 초등학교에 보내려면 평소에 고액을 들여 공부를 시켜야 함은 기본이고, 설 같은 명절에 여러 학부모가 돈을 모아 교사에게 주는 일은 꽤 많은 학교에서 암묵적으로 행해지고 있다. 명절에 수백에서 수천 위안까지 넣어둔 직불카드를 은밀히 전달하는 경우도 있다고 한다. 이 같은 분위기에서 어느 부모가 나 몰라라 할 수 있겠는가? 어느 부모가 자기 아이를 교사의 냉대나 무관심 속으로 밀어 넣을 수 있겠는가? 그러다보니 이런 부정한 행동이 점점 더 심해지고 있다.

학부모와 교사 간의 이런 행동보다 더 무서운 것은 부모가 아이에게 이런 과정을 말해준다는 점이다. 이런 행동이 아이에 대한 부모의 사랑이라 믿기 때문이다. 이렇게 되면 아이는 달라진 시선으로 교사와 같은 반 친구들을 보게 된다. 예를 들어 교사가 어느 한 아이를 유난히 챙기거나 칭찬할 경우, 부모에게서 전말을 들은 아이는 속으로 '저 애의 엄마 아빠가 선생님에게 돈을 많이 줬나 보다'라고 생각할 것이다.

이런 행동은 아이의 영혼을 파괴하고, 나아가서 중국의 미래에 영향을 준다. 나는 중국의 부패와 비리는 유치원 때부터 시작되므로, 그때부터 부패와 비리의 싹을 미리 잘라야 한다고 생각한다. 이렇게 돈으로 얼룩진 교육 환경에서 성장한 세대는 앞으로 사회의 위험 요인이 될 수 있다. 이런 아이들이 자라서 일터로 나가면 자신의 부모들처럼 뇌물을 주고, 자신의 선생들처럼 아무렇지 않게 촌지를 받게 될 것이다. 그것이 당연한 일이고, 사회는 원래 그렇다고 생각할 것이다. 이대로 시간이 흐르면 사회 분위기를 바꾸고 싶어도 어찌할 수 없는 상황에 이른다.

병원은 그 어떤 곳보다 청렴해야 할 곳이지만, 지금은 이곳도 오염되었다. 가족들은 아픈 환자를 걱정하기보다 의사에게 갖다 줄 돈을 걱정한다. 의사에게 잘 보여 더 빨리, 더 좋은 치료를 받고 싶기 때문이다. 그렇지 않으면 실력 있는 의사가 치료해주지 않거나 바로 수술해주지 않을 것이라고 지레 짐작한다. 또 수술 후에는 의사를 비롯해 간호사에게까지 감사를 표시한다. 중국 병원이 지금 이렇게 된 것은 모두의 책임이다.

이런 분위기에서는 정직하고 청렴한 사람이 오히려 스트레스를 받는다. 어떤 의사가 돈을 거절한다면 환자 가족들의 반응은 '이 의사는 정말 청렴하다'가 아니라 '돈이 적어서 그런가보다'라고 생각한다. 그로 인해 온갖 오해와 불필요한 마찰이 생긴다. 생각해보라. 대부분이 암묵적으로 따르는데 혼자만 특별하게 행동한다면 어떻게 될까? 이는 스스로 자신의 생존 환경을 파괴한 것과 같고, 자기 앞길을 자기 손으로 막은 것이나 진배없다.

그렇다면 모든 책임을 문제 있는 교사와 의사에게 돌릴 수 있을까? 교사와 의사는 모두 전문직으로 서양에서는 고소득 직종이다. 그런데 중국에서는 그렇지 않다. 월급만으로는 가족을 먹여 살리기 어려운 데다가 집값은 오르고, 물가는 계속 뛴다. 그래서 학부모나 환자 가족에게 돈을 요구하는 상황이 발생하게 되는 것이다.

교육계와 의료계의 비리를 근본적으로 해결하려면, 국가가 나서서 적합한 환경을 만들어줘야 한다. 즉 의사와 교사가 월급만으로 충분히 생활할 수 있게 만들어줘야 한다.

돈을 쓸수록 정이 더 깊어진다는 사고

중국인은 돈으로 감정의 깊이를 잰다. 돈을 많이 쓸수록 정이 더 깊어진다고 여기는 중국인에게 돈은 감정의 깊이를 가늠하는 척도로 쓰인다.

보통 무엇을 살 때 돈을 쓰는데, 중국에서는 돈을 쓰는 범위가 엄청나게 넓다. 일을 성사시킬 때나 친구 간의 정을 나눌 때도 돈은 빠지지 않는다. 설날에 어른들은 아이에게 세뱃돈을 주고, 자녀는 부모에게 선물을 준다. 그 외에도 돈이 필요한 일은 많고도 많다. 평소 아이들 생일에도 돈을 준다. 게다가 요즘 아이들 생일은 국경일 못지않게 거창하다. 친척이나 친구의 결혼, 아이들의 입학과 졸업, 그리고 이사, 승진 등은 모두 돈이 오가는 일이다.

일반적으로 액수에 따라 감정의 깊이를 가늠하기 때문에, 손님을 치를 때면 집주인은 받은 선물의 가치를 꼼꼼히 따져본다. 봉투를 받으면 액수가 얼마인지 살펴보고, 물건일 경우에는 정확한 가격을 확인해서 기록해둔다. 반대로 남에게 선물을 할 때면 받은 만큼 돌려주고, 세심한 사람은 다른 이들이 얼마나 하는지 물어본 뒤 자기도 그에 맞춘다.

돈으로 '정'의 깊이를 가늠하는 문화가 정성으로 '정'을 가늠하는 문화로 바뀐다면, 중국 사회도 한층 더 성숙해질 것이다.

성공의 크기를 판단하는 돈

중국 사회는 돈으로 성공을 판단하는 경우가 많다. 중국인은 성공한 사람일수록 돈을 많이 벌고, 돈을 많이 버는 사람일수록 더 성공한다고 말한다. 이런 논리는 무의식처럼 작용해, 어떤 업종이든 돈의 많고 적음으로 얼마나 성공했는지를 판단한다. 그래서 이런 현상들도 나타난다.

한 부동산 개발업자가 건물 한 채를 분양해 엄청난 돈을 벌었다. 대학교수가 평생을 일해도 만질 수 없는 큰돈이었다. 이것을 보고 사람들은 '공부해봐야 아무 소용없어. 공부는 하면 할수록 손해야!'라는 결론에 이른다. 공부 잘해서 대학교수가 되어도 1년 동안 받는 연봉은 십수만 위안에 지나지 않는다. 반면 중학교 졸업장밖에 없는 부동산 개발업자는 단숨에 백만장자가 될 수 있다. 이 둘을 비교했을 때 중국인은 부동산 개발업자가 교수보다 더 성공했다고 생각한다.

단순히 돈으로만 한 사람의 성공 여부를 판단하는 일은 경박한 사고다. 물질만능주의가 사람의 사고에 악영향을 미친 것이다. 업종마다, 직업마다 추구하는 목표가 다르기 때문에 성공의 기준도 같을 수 없다. 상인, 사업가는 원래 돈 버는 것이 목적이므로, 그들의 성공 여부는 돈으로 판단하는 게 맞다. 수천만 위안과 수억 위안을 각각 벌어들인 부동산 개발업자가 있다면, 당연히 후자가 더 성공한 사람이다.

하지만 학자의 목표는 진리를 추구하고 탐구하는 것이다. 그들의 성공 여부는 관련 학문에 얼마나 많은 공헌을 했는지, 또 발표한 논문들이 학술 발전에 어떤 영향을 미쳤는지 등을 종합적으로 고려해 판단해야 한다.

'실도失道, 도를 잃음'는 수천 년 중국 사회에서 보편적으로 있었던 문제다. 2천 500년 전 춘추시대에도 그랬다. 공자가 세상을 떠나기 며칠 전, 제자 자공이 찾아오자 공자는 아주 고통스럽게 이런 말을 했다.

"온 세상에 도가 사라지고 없으니 어찌한단 말인가!"

공자는 도가 사라지고 없는 세상을 바꾸려 노력했지만, 자신의 의견을 받아들여준 왕이 없었던 게 가장 안타까웠을 것이다.

그로부터 2천 500년이 흘렀다. 하지만 세상은 바뀌기는커녕 점점 더 악화되고 있다. 도가 사라진 세상을 바꾸려면 먼저 사람의 금전 관념이 바뀌어야 한다. 모두가 돈을 유일한 목표로 살아서는 안 되고, 돈으로 사람의 성공 여부를 판단해서도 안 된다.

재산 겨루기를 좋아하는 중국인

예로부터 중국인은 재산으로 경쟁하는 것을 좋아했다. 중국 송나라 때 유의경이 지은 《세설신어世說新語》에는 석숭石崇과 왕개王愷 두 거부가 재산을 겨루는 장면이 나온다.

왕개가 황제가 하사한 보물을 석숭에게 자랑하자, 석숭은 그 보물을 바로 부숴버렸다. 황당한 왕개가 화를 내려고 하자 석숭은 그것보다 더 값진 보물을 왕개에게 주었다. 왕개는 자랑하려다 오히려 된통 당했고, 석숭은 이 일로 세상과 역사에 이름을 남겼다.

신문이나 방송을 보면 많은 기업가들이 항상 큰돈을 내며 무슨 일을 벌이는데, 결국은 사람들에게 자신의 부를 과시하려는 행동이다.

2013년 12월 12일 중국 CCTV에서 10억 위안우리 돈으로 약 1,780억 원이 걸린 도박판이 벌여졌다. 그해 '올해의 중국 경제인' 상을 받은 레이쥔雷軍. 샤오미의 CEO은 5년 안에 샤오미가 영업액에서 거리전기Gree Electric Appliances를 이기면 둥밍주董明珠. 거리전기의 CEO가 자신에게 1위안을 주었으면 한다고 제안했다. 그러자 둥밍주는 만일 패하면 기꺼이 10억 위안을 주겠다고 말했다. 이에 레이쥔은 현장에 있던 마윈馬雲. 알리바바 CEO에게 보증을 부탁했는데, 마윈은 웃으면서 "알리바바는 감히 증인 역할을 할 수 없다"라고 말했다.

레이쥔과 둥밍주는 둘 다 과학기술 제품을 생산하는 대기업의 CEO다. 그렇기 때문에 외국 것을 모방하거나 짝퉁을 만들 것이 아니라 자신들의 독창적 기술을 개발해야 한다.

또 중국인의 돈만 벌지 말고 스티브 잡스나 빌 게이츠처럼 다른 나라의 돈을 벌 수 있는 방법을 강구해야 한다. 그런데 두 사람은 그런 고민을 하기는커녕 서로 누가 더 잘났나, 누가 이기나 같은 철없는 행동을 하고 있다.

대학교 학장도 마찬가지다. 자기 학교 졸업생 중에서 얼마나 많은 부자들이 있는지 자랑하며, 다른 대학교들과 겨루기를 한다. 특히 베이징대학교와 칭화대학교는 자주 이렇게 경쟁한다. 얼마 전 신문에 베이징대학교 저우치펑周其鳳 총장이 '본교 출신의 억만장자가 칭화대학교를 넘어섰다'고 아주 자랑스럽게 인터뷰하는 기사가 났다. 그러자 칭화대학교도 '본교 출신 고위 공직자가 베이징대학교보다 훨씬 많다'고 맞받아쳤다.

부를 자랑하고, 부를 겨루고, 돈으로 사람을 누르는 행동은 모두 물질만능주의에서 비롯되었다. 이런 생각을 고치지 않는다면, 벼랑 끝으로 몰려 후회할 일이 생길지도 모른다.

부자를 미워하면서 부러워하다

부를 미워하는 중국인의 마음

중국의 문화와 전통에는 모순된 현상이 있다. 돈을 대단히 중시해서 돈으로 모든 것을 가늠하면서도, 한편으로는 부자를 미워하는 마음을 갖고 있다. 부자는 도덕적으로 문제가 있다고 생각한다. 사실 이 모순된 심리는 같은 것이다. 돈을 중시하는 것은 자신이 부자가 되고 싶은 마음이 있기 때문이고, 부를 미워하는 것은 부자들이 싫은 것이다.

예로부터 가난한 사람이 뜻을 세우고 성공한 이야기는 수도 없이 전해져왔다. '가난하면 변혁을 바란다', '가난해도 포부는 크다', '가난한 집 아이들은 일찍 철이 든다' 등 중국인의 전통 관념에서 가난한 사람은 천성적으로 도덕적 우월성을 지녔다.

1949년 신중국이 성립된 이후 문화혁명 시기까지, 사회 곳곳에서는 출신 성분을 가장 중요하게 생각했다. 그때는 빈농의 지위가 가장 영광이었고, 도덕적으로 고상하고 믿을 수 있다고 여겼다. 사회적으로 좋은 것을 배울 수 있는 기회와 일은 모두 가난한 농민의 차지였다. 오죽하면 '빈농이 모든 것을 이끈다'라는 말이 유행할 정도였다. 이런 정치 사조가 유행한 것은 결코 우연이 아니다. 뿌리 깊은 문화 전통에서 비롯된 것이다.

중국인은 대개 현실적, 물질적 성향이 강하다. 돈이 없을 때는 열심히 일하다가 부자가 된 뒤엔 사치와 탐욕을 일삼는다. 가난할 때는 살기 위해, 필요한 것을 얻기 위해 열심히 노력한다. 그러나 부자가 되고 나면 학습과 노력의 동기가 사라지고, 발전하겠다는 동력도 없어진다. 제일 먼저 손에서 책을 내려놓고, 가난한 시절에 누리지 못했던 것을 보상이라도 하듯 물질에 집착하게 된다. 그 결과 많은 부자들이 사치와 탐욕으로 치닫고, 땅에 떨어진 도덕심은 각종 부정과 비리에 손을 대게 만든다. 그래선지 '돈벌이를 위해 온갖 나쁜 짓을 다 한다', '남자는 부자가 되면 나쁘게 변한다' 같은 말을 당연하게 받아들이는 것 같다.

외향적 모습과 마음가짐의 관계

역사적으로 공자는 도를 추구하는 것을 자신의 임무라 생각한 인물들 중 한 명이다. 그는 '아침에 도를 들으면 저녁에 죽어도 여한이 없다'며 도를 생명보다 더 중히 여겼다. 그러나 오늘날에는 도를 마음에 담고 있는 사람도 적고, 도를 인생의 목표로 삼은 사람은 더더욱 없다. 대부분의 중국인들은 지금 이 순간 물질문명을 풍요롭게 누리기를 바란다.

공자는 제자나 사람을 판단할 때, 물질에 대한 태도를 가장 먼저 보았다. 공자는 먼저 그 사람이 음식을 대하는 태도를 보고, 그다음으로 주거 환경에 대해서 편안함만을 추구하지 않는지 살펴보았으며, 마지막으로 학습 태도를 보았다.

군자는 먹는 데 배부름을 구하지 않고, 사는 데 편안함을 구하지 않는다. 일을 할 때는 민첩하고 말을 할 때는 신중해야 한다. 도를 보면 나아가 바로잡으니, 이렇게 되면 배우기를 좋아한다고 할 수 있다.

– 《논어》 〈학이〉 중에서

공자가 가장 사랑한 제자는 안회로, 모든 제자의 모범으로 삼았다. 그 이유는 그가 다른 학생보다 월등히 뛰어나거나 공부를 더 잘했기 때문이 아니다. 그보다는 물질에 대한 안회의 태도가 공자가 생각하는 좋은 학생의 기준에 부합했기 때문이다.

안회는 아주 낡고 허름한 집에서 양식 한 바구니와 물 떠먹는 바가지 하나로 생활했다. 다른 사람이라면 견디기 힘든 환경에서도 안회는 늘 만족하며 즐겁게 살았다. 그래서 공자는 안회를 말할 때마다 '훌륭하구나!'를 후렴구처럼 반복했다.

사실 안회는 공자의 제자들 중에서 가장 뛰어났다고 말하기 어렵다. 젊은 나이에 죽었기 때문이기도 하나, 평생 특별한 업적을 쌓은 게 없다. 사마천은 《사기》에서 안회의 업적을 네 자로 설명했다.

'안연문인顔淵問仁', 풀이하면 '안연안회이 인仁에 대해 물었다'는 말이다. 사실 이 물음은 특별하지 않다. 평소 제자들이 공자에게 가장 많이 물은 내용이고, 공자도 쉽게 대답해주었다.

공자는 독특한 시각으로 배우는 학생들의 태도를 관찰했는데, 가끔은 극단적인 모습을 보여주기도 했다. 그는 낡고 해어진 옷 입기를 부끄러워하고 조악한 식사를 원치 않는 사람은 거들떠보지 않았다. 그런 사람은 의지가 약하고, 진정한 도를 구하려는 마음이 없다고 여겼기 때문이다.

공자는 옷 입은 모습을 보고 학생의 의지를 판단했다. 음식과 옷에 특히 신경 쓰는 사람은 큰 이상과 포부가 없고, 탐닉에 빠지기 쉬우며, 고민하지 않는다는 것이 공자의 논리였다. 아마도 '좋은 옷과 배움이 무슨 관련 있을까' 하는 사람도 있을 것이다.

하지만 오늘날에도 공자의 논리는 상당한 영향력을 발휘하고 있다. 청춘 영화나 드라마를 보면, 공부를 등한시하는 학생들은 대개 옷차림에 신경 쓰고, 술집이나 나이트클럽을 즐겨 다닌다. 어떤 학생이 갑자기 옷차림이나 먹는 것에 신경 쓰면 교사는 '네가 변했구나. 이제 공부는 뒷전이겠구나!'라고 생각한다.

공자 사상의 영향으로 중국인은 먹고 입는 것과 배움 사이에 어떤 상관관계가 있다고 믿는다. 반면 서양에는 이런 관념이 없기 때문에 학생들의 외모나 취향으로 학습 태도를 판단하지 않는다.

푸얼다이 현상이 일어나는 문화적 요인

오늘날 중국인의 일부는 확실히 부유해졌고, 그에 따라 푸얼다이부모의 경제력을 믿고 일을 하지 않는 재벌 2세가 탄생했다. 개혁개방 이래 중국 경제는 비약적으로 발전해 GDP는 이미 세계 2위에 올라섰다. 그러나 그 부의 대부분이 일부에 편중되어 있다. 중국의 1인당 평균 수입은 여전히 세계 평균에 못 미치고, 타이에도 뒤진 세계 93위에 불과하다. 그런데 다른 나라에서는 아직 '푸얼다이'라는 사회 현상을 들어본 적이 없다. 왜 중국에서만 푸얼다이 현상이 일어났을까? 이제 그 원인을 심각하게 고민해야 한다.

푸얼다이 현상이 탄생한 주요 원인은 중국의 부모가 가진 혈연 논리 때문이다. 즉 부모가 자녀에게서 자신의 인생 가치를 찾기 때문이다. 부자가 된 부모는 먼저 자신의 노고를 위로하고 힘들었던 날을 보상받으려 한다. 그다음엔 자녀를 통해 자신의 성공을 드러내려 한다.

경제전문지 〈포브스〉는 매년 '세계 억만장자 리스트'를 발표한다. 그것을 보면 미국과 중국의 젊은 억만장자들의 배경에 커다란 차이가 있음을 알 수 있다. 미국의 20대 억만장자들은 다들 스스로 창업한 사람들이다. 페이스북의 창립자 마크 저커버그가 대표적 인물이다. 반면 중국의 젊은 억만장자들은 대부분 부모의 기업을 이어받은 이들이다. 세계 최고 부자인 빌 게이츠는 미국인이다. 만일 중국인이었다면 빌 게이츠의 아들과 딸이 세계에서 가장 젊은 부자가 되었을지도 모른다. 하지만 그는 거의 전 재산을 기부했는데, 아마도 자녀 스스로 행복과 부를 얻어야 한다고 생각한 것 같다.

중국인의 혈연 논리가 부패, 비리 등의 사회 현상을 일으킨다. 수십, 수백억의 뇌물을 받은 공직자들은 자신뿐만 아니라 대대손손 부자로 살고 싶어 잘못을 저지른다. 그래서 중국의 부패, 비리 공직자들은 숫자만 많은 게 아니라 뇌물 액수도 엄청나게 크다. 이런 현상은 중국 대륙뿐 아니라 타이완에서도 일어난다.

'부잣집에서 방탕아가 나온다'는 중국 속담이 있는데, 오늘날의 사회에 딱 맞는 말이다. 2012년 싱가포르에서 한 사건이 발생했다. 쓰촨에서 온 한 젊은 푸얼다이가 페라리를 몰고 나가 성매수를 하다가 교통사고를 일으켜 사망했고, 옆자리에 타고 있던 여자는 중상을 입었다. 유부남이었던 이 남자에겐 네 살 된 딸과 임신 중인 아내가 있었다. 같은 해 타이완에서도 엽기적인 사건이 일어났다. 한 푸얼다이가 계모를 비롯해 유명 모델, 배우 등 60여 명에게 약을 먹여 강간한 뒤 동영상을 찍은 사건이 발생한 것이다. 이외에도 캐나다, 미국 등지에서 사치와 방탕을 일삼는 푸얼다이 관련 기사를 심심찮게 접할 수 있다.

일명 '금수저'를 입에 물고 나온 푸얼다이는 부모가 물려준 큰돈이 있기에 스스로 노력해야 할 이유도, 목표도 없다. 그렇게 점점 정신은 나약해지고 사치와 향락의 세계로 빠져든다. 혈연 논리가 가져온 푸얼다이 현상은 자녀는 물론 사회까지 병들게 한다는 사실을 알아야 한다.

보시라이 사건으로 보는 맹목적 교육관

중국을 발칵 뒤집었던 보시라이薄熙來, 중국 8대 혁명 원로인 보이보 전 부총리의 아들로 한때는 인민영웅으로 칭송받던 인물. 중국 최대 정치 스캔들을 일으킨 장본인이다의 재판 과정을 보면서, 중국인 절대다수는 시끌벅적한 상황과 각종 뒷이야기에 관심을 가진다. 소수만이 그들이 어떻게 그 일을 진행했는지, 그들의 관계는 어떤지 보려한다. 이런 상황을 반성하려는 사람은 아주 극소수에 불과하다. 그렇다면 중국인은 이 사건에서 무엇을 반성해야 할까?

2013년, 중국 사법부 최대 사건인 보시라이 부부의 재판 과정에 사람들의 이목이 집중되었다. 당시 사람들은 보시라이 부부가 저지른 각종 부정부패와 비리, 범법 행위들이 그들의 아들 보과과博瓜瓜와 관련 있음을 쉽게 알아차렸다. 그들의 모든 행동은 대부분 보과과의 안전과 교육, 미래와 이어져 있었다. 여기서 중국 부모의 일반적인 병폐가 드러난다. 바로 자식을 위해 모든 것을 다 해주려는 봉사정신, 자녀를 위해 그 어떤 결과도 생각지 않는 희생정신이다. 중국의 많은 부모들이 보시라이 부부 같은 심리를 갖고 있다. 차이가 있다면, 보시라이 부부처럼 엄청난 권력을 가지지 못했다는 것뿐이다. 만일 그들에게도 이런 권력이 주어진다면, 그들 중 적지 않은 사람들이 보시라이 부부가 간 길을 걸어갈 것이다.

보시라이 사건에서 어떤 부분이 보과과와 관련 있는지 한번 살펴보자.

첫째, 구카이라이谷開來, 보시라이의 아내는 아들의 안전을 위협하던 영국인 닐 헤이우드를 독살했다. 헤이우드는 보씨 집안의 재산을 뺏으려고 보과과의 안전을 위협했다. 구카이라이는 아들을 사랑하는 마음에 살인을 저질렀다.

둘째, 구카이라이는 약 20억 원에 달하는 런던의 고급 아파트를 구입해 아들이 공부하는 동안 머물게 했고, 프랑스의 부동산을 구입해 세를 받도록 해주었다. 아들이 경제적 부담 없이 공부에 전념하도록 하기 위해서였다고 진술했는데, 당시 보시라이의 연봉은 12

만 위안약 2천만 원에 불과했다.

셋째, 보시라이는 상급 기관의 충당금 500만 위안약 9억 원을 가로채 사적으로 유용했다. 이 자금은 보과과의 유학 자금으로 사용되었다. 영국과 미국의 명문 학교에서 공부하려면 학비와 숙식비 등이 만만치 않은데, 보시라이 부부의 수입만으로 이를 감당하기는 어려웠다.

만일 보시라이 부부가 다른 각도에서 아들을 바라보고 대했다면 어땠을까? 아들이 자신의 목표를 정하고 스스로 생활하게 했다면 아마 보시라이 부부도 다른 선택을 했을 것이다. 앞에서 말한 모든 일들은 일어나지 않았을 테고, 적어도 살인은 저지르지 않았을 것이다.

보시라이 부부가 저지른 죄악은 결코 용서받을 수 없는 일이지만, 아들을 목숨처럼 여기는 중국 부모의 전형적인 모습과 다를 바 없다. 그들이 선택한 방법은 '최악의 맹목적 교육 방식'이었다. 현재 보시라이 부부는 무기징역을 받았고, 보과과 역시 여러 사건에 연루되어 법률적 책임을 면치 못할 것 같다.

또한 타이완의 전 총통 천수이볜陳水扁도 보시라이와 같은 길을 걸었다. 천수이볜은 재임기간 동안 거액의 국가자금을 국외 은행으로 빼돌려 수천만 달러의 비자금을 조성했다. 자식들은 물론 손자 손녀들까지 평생 쓰고도 남을 거금이었다. 현재 천수이볜은 감옥에 갇혔고, 정치생명은 끝이 났다.

이에 비해 중국의 수많은 부모들은 같은 맹목적 교육 방법이지만 조금은 부드러운 방법을 택한다. 그들에게는 보시라이나 천수이볜 같은 권력이 없기 때문이다. 많은 젊은 부모들은 아이 위주로 판단하고 행동한다. 자신의 이상을 추구하기보다는 아이 중심으로 생각하고, 자신의 시간과 열정과 돈을 아이에게 모두 쏟아 붓는다.

아이의 앞날까지 걱정하고 다 보살피는 중국 부모의 교육 방식은 아이의 성장에도 좋지 않고, 심지어 아이의 앞날을 망칠 수도 있다. 앞에서 말한 구카이라이는 아들이 돈 걱정 없이 공부할 수 있도록 하기 위해 부동산을 구입했다고 했는데, 그녀는 잘못 알고 있다. 경제적 부담이 젊은이에게 꼭 나쁜 일만은 아니라는 사실을 그녀는 왜 몰랐을까? 돈을 벌어야 하는 상황은 노력해야 할 동기를 제공하기도 한다. 부모가 모든 것을 다 해주면, 자녀는 오히려 노력할 동기를 잃고 만다.

우리는 보시라이 사건에서, 부모의 전통적 사고를 반성하고 자녀를 진심으로 위하는 일이 무엇인지 깊이 생각해봐야 한다.

신분 의식이
강하다

관직에 오르려는 이유

오늘날 중국에서는 고위 관리와 부유한 상인이 고위험 직업군으로
분류되고 있다. 어찌된 일일까? 2013년과 2014년의 상황에서 그 답
을 찾을 수 있다. 이 2년 동안 신문에는 정부 부서 부장_{장관에 해당한다}
부터 각급 간부까지 줄줄이 낙마한 이야기가 끊이지 않고 올라왔
다. 거액의 뇌물을 바친 수많은 기업가들의 이름도 함께 줄줄이 거
명되었다. 어제의 기세등등하던 고위 관리가 오늘은 질타 받는 죄
인이 되었고, 부러움을 한 몸에 받던 기업가는 순식간에 감옥에 갇
힌 죄수가 되었다.

　이런 현상이 일어난 원인 중 하나는 '관직에 오르면 부유해진다'
는 전통 관념 때문이다. 많은 사람들은 관직을 직업들 중 하나일 뿐
만 아니라, 부자가 되는 지름길이라 생각한다. 권력이란 지나고 나
면 쓸모없는 것이기에 일부 관리들은 그 자리에 있을 때 직권을 남
용해 온갖 재물을 끌어 모은다. 2014년, 베이징대학교를 방문한 시
진핑習近平 국가주석은 학생들에게 "부자가 되고 싶으면 관직에 오
르지 말라!"라고 심각하게 경고했다.

　최근들어 부쩍 매관매직과 관련된 기사가 많이 보인다. 왜 사람

들은 큰돈을 주고 관직을 살까? 그들은 관직에 오르면 많은 돈을 벌수 있을 거라 믿기 때문이다. 정치적 포부를 실현하기 위해 돈으로 관직을 사는 사람은 결코 없다.

유교에서 강조하는 교육의 목적은 진리 추구가 아니라 관직에 오르는 것이다. 공자와 제자들의 대화로 이루어진 《논어》에서 가장 많이 나오는 질문의 주제는 '정사政治'다. 즉 공자에게 '어떻게 하면 관직에 오를 수 있는가'를 묻는 것이다. 공자는, 공부는 수단에 불과하고 관직에 오르는 것을 목표로 보았다. 따라서 공자의 사상을 좀 더 정확하게 정리하면, '모든 것이 저급하고 오로지 관리만이 고급하다'일 것이다.

내가 걱정하는 문제는 이런 부패 공직자와 비리 기업가들이 '관직에 오르면 부유해진다'는 전통 관념을 가지고 있다는 점이다. 이런 생각은 이미 오래전부터 집단적 무의식처럼 대중의 마음속에 깊이 새겨져 있다. 이런 대중들의 생각이 악순환을 부르는 나쁜 힘의 근원이다. 사회 분위기를 바꾸려면 이런 전통 관념부터 철저히 바꿔야 한다.

권위와 질서에 복종하는 것이 미덕

중국은 역사가 긴 만큼 대대로 내려오는 관습이나 규칙이 아주 많다. 태어나면서부터 각종 질서와 규칙과 마주하게 되고, 성별과 나이로 개인의 권익이 결정된다. 남자는 아무래도 여자보다 우대를 받고, 나이가 많으면 젊은 사람들보다 권위가 선다.

모든 사회가 질서를 통해 유지되고 있는데, 그 질서에는 합리한 것과 불합리한 것이 있다. 특히 질서가 가져오는 특권이 사상 문화 영역에 진입하게 되면 많은 부정적인 효과를 함께 가져와서 개인의 독립적인 사고를 억제하거나, 심지어 개인의 창조력을 말살시키기도 한다. 개인의 독립적인 사고 능력이 상실될 경우, 결국에는 사회 전체가 활력과 창조력을 잃어버리고 말 것이다.

중국인은 권위와 질서에 복종하는 것을 미덕으로 여겼다. 옳고 그름과 잘잘못을 따지기보다는 맹목적으로 복종하는 것을 의리라 생각했다. 《삼국지》의 '도원결의桃園結義'를 다들 알 것이다. 거기에 나오는 관우와 장비는 유비를 큰형님으로 모시기로 한 뒤, 모든 면에서 유비의 말을 따랐다. 관우와 장비의 무공이 유비보다 훨씬 뛰어나고, 대책이나 전략도 유비보다 뛰어났음에도 불구하고 유비의 의견을 존중했다. 관우와 장비는 이렇게 하는 것이 '충의'라 여겼고, 세상도 그들을 칭송했다.

중국인은 스승의 존엄성을 강조한다. 학생들은 스승의 말을 따르고 존경해야 하고, 권위에 도전하는 학생은 용납되지 않았다. 설령 스승이 분명한 실수를 해도 지적하지 않고 넘어간다. 그들은 '침묵은 금'이라는 말을 배움의 금과옥조로 여기고 있다.

현재 중국의 교육 학술계는 연줄로 인한 계보화가 심각하다. 즉 연장자를 따르는 가정 안의 장유존비長幼尊卑 질서가 교육 학술계에 그대로 옮겨져 있다. 후배는 무조건 선배의 말에 복종해야 한다. 어떤 일이나 모임이 있으면 선배가 정하는 대로 따라가야 하고, 발표자도 능력이 아니라 연차나 관계에 따라 정해지기도 한다.

'관본위' 사회인 중국에서는 집 밖에만 나서면 바로 위계가 분명한 관료 사회로 들어간다. 아랫사람은 윗사람에게 복종하는 사회 말이다. 고대에는 옷조차도 마음대로 입을 수 없어, 관원은 등급에 따라 어떤 색깔의 옷을 입어야 하는지 엄격하게 규정되어 있었다. 백성들은 면옷만 입을 수 있었다. 그러다보니 옷차림만으로도 그 사람의 신분을 알 수 있었다. 긴 세월이 흐르는 동안 사람들은 이런 계급 현상을 아주 자연스럽게 받아들이게 되었다.

　　반면 서양 사회는 어떤가. 신분이나 계급에 따른 차별이 전혀 없다고는 할 수 없으나, 중국에 비하면 약한 편이다. 서양에서 공부할 때 가장 놀랐던 점은 그들의 평등 의식이었다. 나이나 성별, 직업, 직위에 상관없이 인간은 모두 평등하다고 여기는 그들과 부대껴 살면서 누가 누구보다 우월하다고 느껴본 적이 없었다. 미국 사람은 직함으로 사람을 부르지 않고, 조금 친해지면 바로 이름을 부른다. 학술 강좌에서도 스승과 제자 간의 평등한 관계를 쉽게 볼 수 있다.

　　질서를 준수하고 권위에 복종하는 문화적 전통은 중국인들의 창조력을 구속한다. 어렸을 때는 부모의 말을 따르고, 학교에 가서는 선생의 말을 따르고, 연구할 때는 학술 권위에 따르다보니 얼마 안 가서 자신이 독립적으로 사고할 수 있는 개체라는 사실조차 잊어버린다. 나는 '창조'와 '혁신'을 이루기 위해선 권위에 도전하고, 구태의연한 질서를 깨부술 수 있는 의지가 필요하다고 본다.

호랑이 엄마, 호랑이 아빠

중국인 부모가 자녀를 교육할 때 드러나는 특징이 있다. 첫째, 아이들이 어린 시절에 누려야 할 즐거움을 빼앗아간다. 둘째, 아이를 위해 부모들의 즐거움을 희생한다. 셋째, 경제적 투자를 아끼지 않는다. 그런데 중국인은 교육에 투자한 것에 비해 얻는 수확이 미미하다. 엄하고 모진 교육을 시키는 부모를 뜻하는 '호랑이 부모'는 중국인에게 깊이 새겨진 문화적 요인 때문에 탄생했다.

중국인 부모의 엄하고 모진 교육 방법은 세계적으로 유명하다. 아마 가장 많이 알려진 이는 예일대학교 법학과 종신교수인, 일명 '호랑이 엄마'로 불리는 에이미 추아일 것이다. 그녀는 딸들에게 피아노를 가르칠 때 미리 정해놓은 것을 다 하지 않으면 물도 주지 않고, 화장실에도 가지 못하게 할 정도로 엄했다.

나중에 그녀의 두 딸은 모두 하버드대학교에 들어갔는데, 마치 이런 혹독한 교육 방법이 성공한 듯 보였다. 그녀의 자녀교육법은 미국 사회를 놀라게 했고, 미국 부모는 아이 자율에 맡기는 교육 방식이 과연 괜찮은지 돌아보았다. 그녀가 쓴 책은 베스트셀러가 되었고, CNN 방송에서 인터뷰도 하는 등 중국인 사회의 유명인사가 되었다. 후진타오 서기가 미국을 방문했을 때도 그녀는 현지 중국인 대표로 축하 만찬에 참석했다.

사실 에이미 추아는 이민 3세대로, 그녀의 부모는 필리핀에서 살다가 나중에 미국으로 이민 왔기 때문에 그녀는 중국어나 중국 문화를 잘 알지 못한다. 그런데 그녀의 혈관 속에는 완벽한 중국인의 문화가 흐르고 있다.

중국에도 아들 넷 모두를 베이징대학교 등 명문 대학교에 진학시킨 유명한 호랑이 아빠가 있다. 그 아버지가 외치던 구호는 '하루에 세 번 체벌하면 아이를 베이징대학에 보낼 수 있다'였다. 그는 신문에 나와서 유명해졌지만, 실제 현실에서는 우리가 모르는 이런 아버지가 아주 많다. 그와 마찬가지로 자신의 아이를 혹독하게 공부시켰지만, 아이가 베이징대학에 들어가지 못했을 뿐이다.

중국인은 베이징대학교나 칭화대학교, 그리고 미국의 하버드대학교에 들어가는 것을 학생으로서 최고의 성공이라 생각한다. 그것만으로 남보다 뛰어남을 증명한 것이라 믿는다. 요즘 사람들이 명문대를 바라보는 감정은 옛사람들이 과거 급제를 대하는 감정과 같다. 공부와 관련된 중국인의 체면을 반영한 것이다. 그런데 사람들은 가장 실질적인 문제를 잊고 있다. 과거에 장원 급제한 사람들이 중국의 과학 문화 발전에 얼마나 많은 공헌을 했는지, 역사를 한번 돌아보자. 베이징대학교, 하버드대학교에 합격한 학생이 정말 모두 빼어난 인재일까? 미국의 호랑이 엄마의 딸들은, 어린 시절의 추억을 다 희생하고 정말 인생에서 무언가를 찾았을까?

서양에서는 대학교 졸업부터 인생이 시작된다고 여긴다. 대학 입학은 그저 준비의 한 과정일 뿐, 앞으로 그 학생이 사회에서 어떤 모습으로 살아갈지가 더 중요하다. 즉 서양인은 대학 입학을 인생 사업의 시작에도 넣지 않는데, 중국인은 대학 입학으로 이미 인생에서 성공했다고 생각한다. 그 때문인지 중국 학생들은 대학교에 입학하면 전과 달리 별로 노력하지 않는다. '성공했는데 뭐 하러 또 노력을 해?' 하는 모습이다.

중국인은 공부할 때 스스로를 학대하거나 부모에게 학대받는다. 과거에는 교사에게도 벌을 받았다. 서당에서는 회초리를 준비해놓고 숙제 안 한 학생을 때리곤 했다. 이런 체벌로 공부를 강제로 시켰다. 격려로 학습 동기를 유발하는 서양 교육과는 많이 다르다. 호랑이 부모는 전통적인 '체벌 교육'이 가정에 스며든 것이지만, 결코 자랑할 만한 방법은 아니다.

혈연 논리가 빚은 경쟁 교육

중국인의 관념에서 혈연관계는 탯줄과 같다. 부모와 자식은 '네 속에 내가 있고, 내 속에 네가 있는' 곧 일체라 생각한다.

많은 중국 부모들이 아이를 통해 자신을 증명하려고 한다. 옛 속담에 '용은 용을 낳고, 봉황은 봉황을 낳고, 쥐는 태어나자마자 구멍을 판다'라는 말이 있다. 이 논리에 따르면 아이가 용이 되면 부모가 용이 되고, 아이가 봉황이 되면 부모 역시 봉황이 되며, 아이가 쥐면 부모는 자연히 쥐가 된다.

20~30년 전 중국의 국영기업에서는 일을 자녀에게 물려주는 제도가 있었다. 아버지가 퇴직하거나 병이 들어 일할 수 없게 되면, 그 일을 아들이나 딸이 물려받아 했다. 자녀에게 그런 능력이 있는지, 잘할 수 있는지 하는 것은 아무 문제도 되지 않았다. 이런 제도 때문에 기업에 더 적합하고 능력 있는 사람이 들어올 수 없게 되었다. 이런 기업이 과연 노동 효율성이나 경쟁력이 있었겠는가? 지금은

그런 제도가 없어지고 경쟁으로 직원을 선발하고 있으니, 그래도 큰 발전을 이루었다고 볼 수 있다.

앞에서 말한 혈연 논리의 영향으로 30, 40대 젊은 부모들이 자신의 모든 열정과 재력과 미래를 아이에게 쏟아 붓고 있다. 그들에겐 아이의 영광이 곧 자신의 영광이고, 아이의 실패는 곧 자신의 실패다. 아이가 자라 성인이 되면 아마 부모와 같은 길을 걸을 것이다. 자신의 꿈은 어디에도 없고, 오로지 자신의 인생 가치의 실현을 다음 세대인 아이에게서 찾으려 할 것이다. 결국 인생의 의미가 대를 잇는 것처럼 되고, 일에 대한 열정도 피었다가 금방 저버린다. 이처럼 한 사람이 커다란 성취도 이루기 어렵고, 인생의 찬란함도 누릴 수 없다면 얼마나 엄청난 사회적 낭비인가?

이와 동시에 자녀에 대한 지나친 기대가 아이를 망치는 경우도 많다. 부모와 조부모의 기대를 등에 업은 아이는 어린 시절의 즐거움도 포기하고, 오로지 그들의 기대에 부응하기 위해 공부에 매진한다. 아이가 곧 자신의 체면이고 미래라 생각하는 부모들은 교육을 위해서라면 아낌없는 지원을 퍼붓는데, 이 과정에서 부모들 간의 경쟁도 대단하다. 이런 경쟁은 유치원부터 시작되고, 그 사이에서 많은 아이들이 마음의 상처를 받고 스트레스에 시달린다.

미국에서 살고 있는 중국인에게도 이런 경쟁의 모습을 볼 수 있다. 중국계 부모들은 아이들에게 매일 엄청난 숙제를 내주고, 복습을 시킨다. 그 모든 것이 아이를 명문 대학에 보내기 위해서다. 노력만 하면 될 수 있다는 식의 교육으로 중학교까지는 좋은 성적을 받게 할 수 있지만, 그 이후는 장담할 수 없다. 오히려 아이가 더 많은 교육을 받을 수 있는 기회를 뺏어갈 뿐이다.

중국인의 이런 교육 방식 때문에 미국의 다른 민족들은 중국인과 함께 공부하기를 별로 좋아하지 않는다. 그들은 아이들이 경쟁하느라 어린 시절의 즐거움을 잃기를 원치 않기 때문이다. 홍콩, 타이완, 싱가포르 등지에서도 비슷한 일들이 일어난다. 이것만 봐도 과도한 경쟁은 교육 체제의 문제가 아니라, 그 뒤에 깊이 숨어 있는 문화적 요인이 원인임을 알 수 있다.

연줄과 인맥이 통하는 사회

오늘날 중국 사회에서는 연줄이 없으면 일이 안 된다. 원래는 아주 간단한 일이 아주 복잡하게 변해버린다. 관계에 기대고, 친구를 찾고, 정이라며 선물을 건네고…. 원칙대로 하면 금방 끝날 일이 며칠, 심지어 몇 달이 걸려야 처리된다.

왜 연줄을 찾는 일이 사회의 보편적 현상이 되었을까? 원인은 크게 두 가지로 볼 수 있다. 첫째는 사람들이 이익을 얻을 기회를 그냥 흘려보내지 않기 때문이다. 둘째는 인정을 저축해두려는 심리다. 오늘 내가 누구를 도와주었다면 그 사람은 내게 빚을 진 것이니, 다음에 어떡하든 내게 빚을 갚아야 한다. 이 때문에 어떤 일을 부탁할 경우 돈뿐만 아니라 인정도 빚지게 된다.

《논어》에 '먼 곳에서 친구가 왔으니 어찌 즐겁지 않겠느냐!'라는 구절이 나온다. 예나 지금이나 사람들은 모두 친구 사귀기를 좋아한다. 그런데 친구를 사귀는 목적에 질적 변화가 생겼다. 옛사람은 서로 배우고 발전하기 위해 친구를 사귀었다. 공자는 자기보다 못한 사람을 벗으로 삼지 말라며, 배울 점이 있는 사람을 친구로 삼아야 한다고 했다. 또 공자는 '정직하고, 아량이 넓고, 견문이 넓은' 친구를 사귀어야 한다고도 했다.

그런데 오늘날에는 친구를 사귀는 의미가 조금 달라졌다. 〈친구〉라는 대중가요에서 우리는 현대 중국인들이 친구를 사귀는 태도를 엿볼 수 있다.

"세상에서 찾기 어려운 게 친구이고, 친구가 많으면 편히 갈 수 있다."

평소 중국인들이 친구를 사귀는 이유는 앞으로 있을 일들에 도움을 받기 위해서다. 함께 공부하고 같이 발전하는 의미는 이미 퇴색한 지 오래다. 과연 오늘날 중국인들은 공자가 말한 친구를 사귀는데 평생 동안 얼마나 많은 시간을 들일까?

많은 중국인들이 자신을 과시하기 위해 "발도 넓고 연줄도 많으니, 무슨 일이 생기면 다 나한테 말해"라고 한다. 어느 분야에도 다 아는 사람이 있다는 뜻이다. 중국인이 줄을 대는 수단은 다양하다. 군대 친구, 학교 동창, 고향 친구…. 그래서 이제 친구의 의미는 많이 희석되어 밥 한 끼 먹고, 일 한 번 같이 하고, 누군가에게 소개를 받아 알게 되어도 다 친구라고 한다. 옛사람들이 말하던 친구의 의미와는 이제 질적으로 달라졌다.

그리고 많은 중국인들이 이런 사회 분위기 때문에 엄청난 정신적 대가를 치르고 있고, 다들 여러 가지 감정적 피로감을 겪는다. 일을 하나 처리하려면 돈을 주는 것뿐만 아니라 몇 번이고 찾아가 부탁

한다. 그리고도 상대방이 선물을 거절하고 일 처리를 안 해줄까봐 노심초사한다. 선물이나 대가를 받은 쪽도 마찬가지다. 어떻게 하면 체면도 안 깎이고 안전하게 받을 수 있을까, 또 받은 뒤에 나중에 혹 문제가 되지 않을까 걱정한다. 아무것도 안 받은 사람도 마음이 불편하기는 마찬가지다. 주변에서 다 그렇게 하는 모습을 보면 괜히 자신만 바보가 된 것 같고, 빈손으로 온 사람을 보면 괜스레 화가 나기도 한다.

이렇게 다들 '연줄'과 '빽배경'을 찾게 되면, 문제를 처리하는 데 어둠의 경로가 나올 수밖에 없다. 연줄을 찾는 사람이나 그들에게 돈을 받는 사람이나 모두 정당한 일이 아니기에 음지로 찾아들게 된다. 무슨 비밀처럼 몰래 하기를 좋아하는 것도 중국인의 특징이다.

연줄과 빽은 대중의 정서에도 좋지 않은 영향을 준다. 이런 분위기에서는 당당하게 사는 게 어렵지 않을까? 중국인은 당당한 모습이 부족한데, 이 역시도 누군가를 통하지 않으면 일이 안 되는 사회 분위기가 한몫을 한다.

혈연, 학연, 지연의 울타리 문화

'울타리 의식'은 중국인이 어떤 문제를 고민할 때나 일을 처리할 때 나타나는 또 다른 특징이다. 일상생활, 공부, 일 등 여러 방면에서 드러난다. 어디에 있든 중국인은 자기 둘레에 다양한 울타리를 친다. 그렇게 해야만 생활에서 안전감을 느끼기 때문이다.

울타리 의식은 농경 문화에서 시작되었다. 중국 어디를 가도 경작이 가능한 곳에는 논밭이 펼쳐져 있다. 예나 지금이나 농민 대부분의 가장 큰 소망은 자기 땅을 일구며 사는 것이다. 수천 년 동안 사람들은 땅에 의지해 살아왔다. 상형문자인 '전田' 자의 구조를 보면, 중국인이 생각하는 땅의 특징을 알 수 있다. 그렇다면 왜 땅을 한 구역 한 구역 작게 나눈 것일까? 거기에는 세 가지 원인이 있다.

첫째, 토지소유권을 명확히 하기 위해서다. 역사 이래로 언제나 사람은 많은데 땅은 적었다. 땅을 작게 쪼개어 나눈 것은 소유자가 다름을 표시하기 위해서였고, 각각의 땅과 땅 사이에 두둑하게 두렁을 만들어놓은 것은 자신들의 토지 재산을 표시하기 위해서였다.

둘째, 분쟁을 피하기 위해서다. 경계 역할을 하는 두렁이 없었다면, 매년 수확할 때마다 경계가 불분명해 이웃 간에 분쟁이 일어났을 것이다.

셋째, 물을 대거나 비료를 줄 때 편리해서다. '비료와 물이 남의 땅으로 가지 않게 하라'는 옛말이 있다. 농작물을 심으면 물도 대야 하고 비료도 줘야 하는데, 이런 두렁이 있으면 물이나 비료가 남의 땅으로 흘러 들어가지 않는다.

고대 중국인들은 먹고살기 위해 자신의 땅을 갖고 싶어했다. 이런 농경 사상의 영향으로 사람들은 이 사회에서 살아남으려면 자신만의 울타리가 필요하다고 여긴다. 이 울타리가 바로 자신의 땅이고 두렁인 것이다. 예로부터 중국인은 여러 울타리 안에서 생활했다. 형태가 있는 것도, 없는 것도 있었다. 약하거나 강하거나 크거나 작거나 하는 각각의 울타리들을 첩첩으로 두르고 살면서 그 누구도 자기의 울타리를 벗어나지 않았다.

농경문명에서는 '먹을 양식을 생산하려면 반드시 자기 땅이 있어야 하고, 무슨 일을 하려면 도와줄 울타리가 필요하다'라는 생각이 강했다. 오랜 시간이 흐르면서 이 생각은 울타리 의식이 되었고, 이것은 문제를 풀고 세상을 바라보는 데 영향을 주었다. 시야가 좁은 것도, 또 울타리를 열고 다른 사상을 받아들이기 어려운 것도 다 이 때문이다.

이런 문화 때문에 중국인의 또 다른 특징이 형성되었다. 중국인은 낯선 사람에게 대단히 차갑고 폐쇄적이다. 낯선 이들은 울타리 밖의 사람이기 때문이다. 반면 유럽과 미국 사람들은 다르다. 그들은 낯선 사람에게도 친절하게 인사한다. 그들에게는 중국과 같은 울타리 문화가 없기 때문이다.

중국인은 혈연관계로 만들어진 울타리를 가장 신뢰한다. 중국인에게 혈연관계란 언제나 믿고 기댈 수 있고, 변하지 않는 관계이기 때문이다. 중국인은 어떤 일을 진행하거나 외부로 크게 확장하려할 때, 가장 먼저 혈연관계와 함께 일하려고 한다. 사돈에 팔촌이라도 혈연관계가 있으면 중요한 자리에 앉힌다. 그렇게 해야 자기 것을 지킬 수 있다고 생각하기 때문인데, 개인 기업들 대부분은 가족, 친척이 운영하는 바람에 여러 문제가 발생하곤 한다.

중국인은 '어떻게 울타리를 만들까?' 하며 많은 고민을 한다. 만일 혈연관계를 활용할 수 없다면 다른 곳으로 눈을 돌리는데, 바로 '의친척'이다. 의형제, 의자매, 수양아들, 수양딸 등 의리로 맺어진

관계는 중국에서는 쉽게 볼 수 있는 현상이다. 이 역시 중국 문화의 특징이다. 세상에는 아무 이유 없는 사랑도 없고, 아무 이유 없이 누구의 의친척이 되는 사람도 없다. 보편적으로 이런 관계는 어느 한쪽이 다른 한쪽에 요청해서 맺어진다. 대개 권세가 있는 사람과 쓸모가 있는 사람들 사이에 이런 수양아들이나 수양딸, 의형제 관계가 맺어진다.

중국인은 또 대부분 지역 의식이 강하다. 고향 사람이나 같은 지역 사람에 대한 감정적 유대감이 남다르다. 타지에서 일하거나 공부할 때, 고향 사람을 만나면 한층 더 친밀감과 동질감을 갖는다. 이것은 각종 향우회나 지역 모임으로 이어진다. 이렇게 서로 정보도 공유하고, 생활도 도와주고, 일도 거들어주면서 또 다른 울타리가 자연스럽게 만들어진다. 설령 고향이 다르더라도 부모 중 한쪽과 같은 고향 사람이면 '반고향 사람'이라며, 아무 연고 없는 사람들보다 더 친근하게 대한다.

중국인에게 '지연地緣'은 정치적 신념보다 훨씬 더 중요하다. 천수이볜이 두 번이나 타이완 선거에서 승리할 수 있었던 것은 중국인의 지역 관념 때문이다. 타이난台南, 타이완의 남부 지역 사람들은 천수이볜이 정치를 잘했든 못했든 상관하지 않고 그를 지지한다. 그 이유는 천수이볜이 타이난 출신이기 때문이다. 즉 그를 지지하면 자신들의 권리와 이익을 지켜줄 것이라 믿는다.

미국은 지역 관념은 없지만 민족 관념은 있다. 오바마가 대통령에 당선되자 많은 흑인들은 마치 자신이 승리한 것처럼 기뻐했다. 취임하던 그날 밤 백악관 앞에는 수많은 흑인들이 모여 오바마 대통령을 환호했다. 만일 중국에 미국 같은 선거와 투표 제도가 도입된다면, 아마 지역 분열 현상이 일어날 것이다. 그리고 중국 지도자는 아마 인구수가 가장 많은 허난 출신이 될 것이다.

또 다른 울타리는 바로 '학연'이다. 같은 학교 출신이라도 관계가 아주 복잡하다. 같은 학교, 같은 입학년도, 같은 반, 같은 전공, 같은 교사 등 같은 학교라도 멀고 가까운 다양한 관계가 있다. 공부를 많이 하면 할수록 그의 학연 울타리는 점점 많아진다. 취직한 뒤에도 다양한 배움의 공간, 즉 평생대학원, 경영전문대학원MBA, 최고지도자과정 등을 통해 새로운 울타리가 또 만들어진다. 공직에 오르기 전에 거치는 공산당 학교는 모든 울타리 중에서 가장 실속 있다. 이곳을 거쳐 간 사람들은 나중에 대부분 실권을 장악하기 때문에 특히 서로를 챙겨주거나 밀어주곤 한다.

아무런 관계도, 연줄도 없는 사람은 어떡하든 자기가 울타리를 만든다. 세력이나 단체가 있을 수 없는 영역에서도 중국인만 모이면 패거리 같은 울타리가 만들어진다. 학술계가 가장 대표적이다. 같은 뜻을 가진 사람이 함께 연구하고 나아가는 학술 연구 영역에서는 다양한 학파가 존재하게 마련이다.

그런데 중국에서는 이 학파가 어떤 패거리처럼 변질되었다. 학파와 패거리 사이에는 본질적인 차이가 있다. 학파는 학술 연구와 발전이 목적이므로, 서로 관점이 달라도 토론을 통해 진리를 찾는다. 반면 패거리는 공통의 이익을 위해 모인 이들로, 서로 밀어주며 이익과 명예를 취하려 한다. 이 같은 현상이 오늘날 중국의 학술 발전을 가로막는 요인이다.

폐쇄 사회로 이끈 담장 문화

담장은 자신의 안전을 지켜주지만, 동시에 시야를 가리기도 한다. 오래전부터 중국인은 안전이 보장되지 않는 환경에서 살다보니 자신을 보호하기 위해 높고 견고한 담을 쌓아올렸다. 중국인에게는 담을 쌓아올리기 좋아하는 특징이 있다. 고대 중국의 만리장성은 중국 전체의 담장이다. 외외에도 성마다 높게 둘러쳐진 성벽, 마을마다 높이 쌓아올린 담장, 집집마다 정원이 밖에서 보이지 않게 감싸 안은 담장등이 있어 중국의 담장 문화를 보여준다. 지금도 크고 작은 모습의 담장들이 학교, 기업, 거주 지역을 둘러싸고 있다.

중국인은 외부인이 들어오지 못하도록, 또 낯선 사람이 집 안을 들여다볼 수 없도록 하기 위해 담장을 쌓았다. 그래서 중국의 담장은 견고하고 높은 데다가 안팎을 전혀 볼 수 없게 만들어졌다.

서양을 여행해본 사람이라면, 그들의 담장이 중국보다 훨씬 작고 낮을 뿐 아니라 대부분은 장식 역할을 하고 있음을 알 것이다. 작고 낮으며, 목재나 철재로 지어져 있어 밖에서 안의 상황을 어느 정도 가늠할 수 있다.

자금성은 중국 황제가 살던 곳이고, 루브르 궁전은 프랑스 왕이 살던 곳이다. 두 궁전의 가장 큰 차이는 담장이다. 자금성은 높고 견고한 담장으로 둘러싸여 있고, 담 아래에는 해자성 주위에 둘러 판 못가 있다. 밖에서 보면 궁전의 지붕만 보일 뿐이고, 안으로 들어가도 건물마다 높은 담장이 둘러쳐져 제대로 볼 수 없다. 반면 루브르 궁전은 개방식이다. 높은 담장도 없고 해자도 없다. 이것만 봐도 중국인이 담장에 얼마나 많은 투자를 했는지 알 수 있을 것이다.

예로부터 중국인은 높은 담장 안에 있으면 안전하다고 생각했는데, 과연 그럴까? 중국의 역사를 살펴보면 바로 답을 알 수 있다. 중국 내부가 혼란스러울 때마다 북방의 소수민족이 쳐들어왔다. 그때 만리장성은 중원 사람들의 안전을 제대로 보호해주지 못했다.

청나라가 멸망하고 사회 질서가 사라졌을 때에도 담장은 제 역할을 못했다. 마을마다, 집집마다 높은 담이 있었고, 심지어 보루 같이 튼튼한 성도 지었지만 백성들의 안전은 그 무엇으로도 보장받지 못했다. 당시에는 사람 목숨이 파리 목숨 같았다. 우리 집 이야기를 해보겠다. 어느 날 내 외조부의 집에 무장한 도둑들이 떼 지어 몰려와 담을 부수고 침입했다. 그들은 물건을 훔쳐가면서 외조부의 세 형과 아버지를 기둥에 묶어놓고 불을 질렀다. 그 때문에 원래 사형제였던 외조부는 네 살 때 천애고아가 되었다. 나라든 집이든 높은 담장으로 생명을 지킬 수는 없다. 아무리 견고하고 높은 담을 둘러친대도 안전과 평화로운 삶을 보장하기란 실로 어렵다.

물질적인 담장은 사람의 시선을 가리고, 정신적인 담장은 인간의 사고를 제한한다는 사실을 기억하기 바란다.

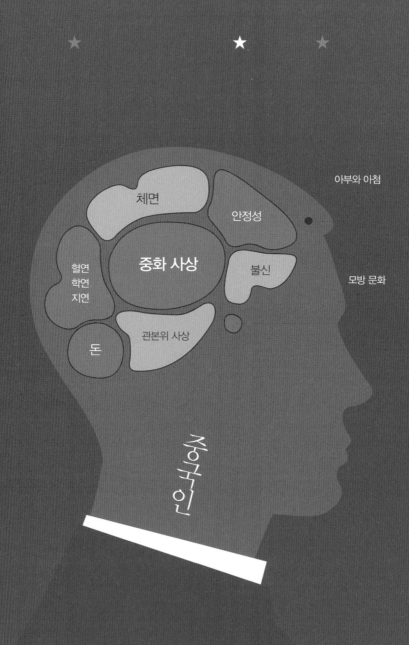

아부와 아첨

모방 문화

체면

안정성

중화 사상

불신

혈연
학연
지연

관본위 사상

돈

중국인

9

중국인의 허세와 체면:

왜 체면에 살고
체면에 죽는 걸까?

겸손을 강요하다

겸손을 중요하게 생각하는 전통 사상

유교 문화에서 겸손은 미덕이며 삶의 묘약이다. 그래서 중국에는 '겸손함이 산만큼 깊다', '교만하면 손해를 보고 겸손하면 이익을 본다', '겸손한 사람은 발전하고 오만한 사람은 퇴보한다' 등 겸손과 관련된 속담과 명언이 넘쳐난다. 현대 중국인들도 '사람을 대할 때는 몸을 낮추고, 일을 할 때는 몸을 세워서 적극적으로!'라는 말을 사회생활을 잘하는 비결이라 여긴다.

서양인에 비해 중국인은 겸손을 아주 중요하게 생각한다. 만일 "저 사람은 겸손하지 않아!"라고 했다면 그 말은 "저 사람은 아주 거만해"라는 의미다. 중국인 대다수는 거만한 사람에게 반감을 갖고 있다. 겸손은 자신을 낮추고 가볍게 여기는 마음이고, 거만은 자신을 높이고 중하게 여기는 마음이다. 인간의 본성을 보면 진심으로 자신을 낮추고 가볍게 여기는 이는 드물다. 그래서 겸손은 때때로 일부 사람들의 생존 전략이 되기도 하는데, 그들의 진짜 속마음이 어떤지는 알 수가 없다. 유난히 겸손한 사람들 중에는 어떤 목적을 이루기 위해 자신을 그렇게 포장하는 이들도 적지 않다.

대다수 사람들은 자신을 중히 여기는 한편, 다른 사람들도 자신을 귀하게 대해주길 바란다. 실생활에서 자신감이 넘치는 사람은 자신을 솔직하게 드러내는 사람이다. 아무 꿍꿍이가 없어 오히려 믿을 만한 사람이다. 중국인들 중에는 서양인을 거만하다고 생각하는 경우가 있는데, 사실 그들은 중국인에 비해 좀 더 솔직할 뿐이다. 그들 문화에는 '겸손하면 이익을 보고, 교만하면 손해를 본다' 같은 가르침이 없다.

중국인은 겸손한 사람을 편애하고, 잘난 체하는 사람을 좋아하지 않는다. 자신의 뛰어난 능력을 말하면 그것이 사실이라도 반감을 갖고 대한다. 솔직한 사람이 환영받지 못하기 때문에 사람들은 자신을 겸손으로 포장한다.

그렇다면 중국인은 왜 유난히 겸손을 강조하고 중시할까? 이는 중국인의 두 가지 전통 관념과 밀접한 관계가 있다. 하나는 체면을 중시하는 성향 때문이고, 또 하나는 계급의식 때문이다. 겸손은 상대방에 대한 일종의 예의다. 자신을 낮춰서 상대방의 체면을 높이 세워주는 것이다. 이 말을 이해하려면 체면의 특수한 속성을 알아야 한다. 여럿이 있을 때, 각각의 체면이 더해진 총량은 정해져 있다. 누구 한 사람의 체면을 세워주면 다른 누군가의 체면은 깎이고, 반대로 누군가의 체면이 깎이면 다른 누군가는 체면이 선다.

겸손을 강조하는 유교 전통은 공자로부터 시작되었다. 빙빙 돌려 말하기를 좋아했던 공자는 자주 원래 뜻과 반대로 말하거나, 자신의 속마음을 직접적으로 표현하지 않았다. 그래서 공자의 말은 잘 새겨들어야 했다.

어느 날 공자가 자공에게 말했다.

"군자에게는 세 가지 도리가 있는데, 나는 잘하는 것이 없구나. 어진 자는 근심하지 않고, 지혜로운 자는 미혹되지 않으며, 용감한 자는 두려워하지 않는다."

얼핏 들으면 공자가 자신은 군자의 세 가지 도리를 지킬 능력이 없다고 말하는 것 같지만, 실은 반대로 말한 것이다. 똑똑한 자공은 스승의 속마음을 제대로 이해하고 바로 대답했다.

"군자삼도는 곧 스승님의 길이십니다."

만일 공자가 "군자에게 세 가지 도리가 있는데, 나는 그 도리를 다 지켰다"라고 했다면, 아마 후세까지 그 교훈이 미치지 못했을 것이다. 이것이 바로 중국의 문화다. 말할 때는 돌려서 말하고, 들을 때는 마음을 써서 잘 들어야 한다.

오늘날에도 중국 학생들은 전반적으로 공자가 말한 '겸손함과 신중함'을 명예로 여기는 전통을 잘 지켜나가고 있다. 착한 학생들은 부모에게 대들지 않고, 교사에게 반항하지 않으며, 권위에 도전하지 않는다. 또 타인에게 자신의 진짜 감정과 의견을 솔직하게 말하지 않는다. 그 결과 사람들은 질서와 권위에 복종하는 로봇처럼 돼버렸다. 반면 서양 문화는 개개인의 개성을 존중하고, 모험심과 권위에 대한 도전을 장려한다.

겸손을 중시하는 중국의 문화는 개인의 재능과 지혜를 발휘하지 못하게 막는다. 이것은 개인의 의견과 감정을 자유롭게 표현할 수 있는 문화에서 맘껏 발휘될 수 있음을 알아야 한다.

솔직함을 권하지 않는 유교 문화

전통적 가치관의 영향으로 중국인은 자신감과 당당함을 내세우는 사람보다는 자신을 낮추고 속마음을 잘 드러내지 사람을 더 좋아한다. 이 역시 시작은 공자부터였다. 공자가 가장 사랑한 제자는 안회로, 언제나 안회에게는 칭찬을 달고 살았다. 가장 열심히 하는 제자가 누구냐고 물으면 언제나 안회라 답했고, 안회가 일찍 죽어 지금은 그를 따라갈 제자가 없다고도 했다. 사실 안회의 가장 큰 장점은 바로 겸손함이었다.

수천 년 동안 중국인은 안회처럼 겸손하고 신중한 사람을 좋아하고, 자로처럼 솔직한 사람을 그다지 좋아하지 않았다. 그 결과 독립적인 사고와 자유로운 인격을 지닌 사람들을 만나기 힘들어졌다.

지금도 몸을 낮추는 것이 처세의 금과옥조요, 생존 전략이 되고 있다. 한번 생각해보자. 똑같은 시선에서 상대를 바라보면 안 되는 것일까? 당당하게 사람을 대하고 일을 하면 더 좋지 않을까? 중국인은 말할 때나 무엇을 할 때 신경 쓸 게 너무 많아서 항상 스스로를 억제한다. 한마디로 중국인은 아주 피곤하게 산다. 매일같이 자신을 감추는 것과 드러내는 것 사이에서 갈등한다. 해결책은 하나다. 어떤 일이든 솔직 당당하게 표현하면 삶은 단순해지고 마음 역시 가벼워질 것이다.

늘 개성을 억제하느라 중국인의 심리 상태는 언제나 조금은 뒤틀려 있다. 어떤 사람이 한여름에 친구 집에 놀러갔다. 친구가 차가운 콜라를 마시겠냐고 묻자, 그는 고개를 저으며 말했다. "콜라는 무슨,

그냥 물 한 잔이면 돼." 사실 그는 차가운 콜라가 마시고 싶었지만, 그러면 다른 사람이 예의 없다고 욕할까봐 속마음을 말하지 않았다.

여자들은 누구나 아름다워지려 하고, 다른 사람의 칭찬을 듣고 싶어한다. 그런데 누가 예쁘다고 칭찬을 하면 또 겸손하게 아니라고 손사래를 친다. 만일 그녀가 다른 이의 칭찬에 고맙다고 말하면, 스스로 예쁘다는 걸 인정하는 모습이 된다. 즉 겸손하지 않다는 인상을 주게 된다. 반면 서양 사람들은 누가 예쁘다고 칭찬하면 고맙다고 말한다. 지금은 부모 세대와 달리 솔직한 태도를 보이는 젊은 이들이 점점 많아지고 있다.

겸손함은 외국과의 관계에서도 드러난다. 노자는 '사람에게 이로운 것은 사람 눈에 보이지 않는다'라고 했다. 중국인은 언제나 드러내지 않고 가만히 때를 기다리는 외교 정책을 실행해왔지만, 국제 사회에서 겸손은 결코 바람직한 생존 전략이 아님을 알아야 한다.

겸손의 힘을 과신해서도 안 되고, 무턱대고 몸을 낮출 필요도 없다. 당당하고 솔직한 태도가 때로는 훨씬 더 효과적이고, 삶도 덜 피곤하다.

겸손이 있는 곳에 허세도 있다

겸손을 강조하는 사회지만, 그렇다고 허세를 부리거나 허풍을 떠는 이들이 없는 것은 아니다. '겸손'과 '허세'라는 두 모순 사이에서 중국인은 완벽하게 적응되었다.

겸손을 특히 강조하는 사회에서 허세는 필연적으로 많아진다. 이

두 현상 사이에는 내재적 논리 관계가 존재한다. 일단 겸손하려면 밑천이 있어야 한다. 능력도 없는 사람이 스스로 낮추는 것은 겸손이 아니라 자포자기이고 자기비하일 뿐이다. 그런데 순간적으로 그럴 만한 밑천이 없다면 어떻게 해야 할까? 그때 바로 허세, 허풍의 힘이 필요하다. 자신이 원하는 가짜 모습을 만들어서 다른 사람에게 자신을 과시하는 것이다. 이런 사람들이 결코 적지 않아, 이제는 허세와 허풍이 유행처럼 되었다. 겸손함이 넘쳐나는 곳에는 늘 허세와 허풍도 똑같이 넘쳐난다. 중국에 이런 속담이 있다.

"병이 가득 차 있으면 흔들림이 없고, 반만 차 있으면 요란하게 흔들린다."

허세와 허풍을 좋아하는 사람은 반만 차 있는 물병과 같다. 물이 가득 차 있으면 어떤 소리도 들리지 않고, 물결이 일렁이지도 않는다.

겸손과 허세는 실생활에 뿌리를 둔 것이 아니다. 많은 중국인들이 이렇게 실제와 동떨어진 허구의 세계에서 살아가고 있다. 사실, 단순하고 자유롭게 사는 법은 쉽다. 가장 좋은 방법은 실생활에서 있는 그대로 출발하면 된다.

체면은
명예다

체면에 살고 체면에 죽는 사람들

예로부터 중국에는 체면에 살고 체면에 죽는 사람이 많았다. 그래
선지 어떤 사람에게 체면은 일하는 동기이고, 심지어 인생의 목표
이기도 하다.

체면을 차리고 명예를 추구하는 것은 같은 일이다. 특별히 나쁜
일도 아니고, 사람을 발전시키는 원동력이 되기도 한다. 역사상 뛰
어난 인물들은 명예 추구를 동력으로 삼아 사회에 많은 공헌을 했
다. 공자는 그들 중 대표적 인물이다. 자신의 정치적 이상을 실현하
기 위해 공자는 14년 동안 각 나라를 돌며 왕들을 만나 설득하고 자
신의 포부를 밝혔다. 하지만 가는 곳마다 벽에 부딪혔고, 그 누구도
그의 이념을 받아들여주지 않았다.

이 같은 고난을 겪으면서 공자는, 정치는 그저 한때 영향을 미치
지만 문화는 천대 만대 이어질 수 있다는 사실을 깨달았다. 그래서
공자는 69세 때 노나라로 돌아와 남은 생애를 문화 창조에 쏟아 부
었다. 《춘추》, 《시경》, 《주역》 등은 모두 공자가 엮어 전승시킨 것이
다. 공자의 말을 빌리면, 그가 이 일을 하게 된 동기는 역사에 자신
의 이름을 남기기 위해서였다고 한다.

그런데 체면은 양날의 검이기도 하다. 사람에게 동기와 활력을 불어넣는 추진 작용도 하지만, 이성을 잃게 만드는 파괴적 힘도 갖고 있다. 체면 때문에 죽을 줄 알면서도 가는 사람들이 얼마나 많은가. 아마 항우가 대표적인 인물일 것이다.

항우가 진나라의 주력부대를 괴멸시키고 함양을 점령했을 때, 다들 그가 진나라 황제를 대신해 황위에 오를 것이라 생각했다. 그런데 항우의 생각은 달랐다. 그는 천하를 분할해 공신들에게 나눠주고, 자신은 고향 팽성彭城, 지금의 장쑤성 쉬저우으로 돌아가 왕이 되려고 했다. 이때 이름을 알 수 없는 어떤 사람이 항우에게 속삭였다.

"대왕께서는 함양에 도읍해야 합니다. 주변이 험준해서 적이 침입하기 어려우므로, 그야말로 천혜의 요새입니다. 게다가 주변에 비옥한 토지가 있으니, 제왕의 기초를 닦기에 가장 좋은 곳입니다. 반면 중원에 자리 잡은 팽성은 사방이 평야라 지키기 어렵고 공격당하기 쉬우니, 절대 가서는 안 됩니다."

항우는 일리 있는 말이라 여겼지만, 마음 한편에선 다른 속삭임이 들려왔다. 고향으로 돌아가 왕위에 오르지 않으면 아버지나 고향 사람들이 자신의 업적을 모를 거라는 생각이 든 것이다. 결국 항우는 팽성으로 돌아가기로 결심했다. 이에 그는 항우가 대군을 이끌고 가는 모습을 보며 이렇게 말했다. "원숭이한테 왕관을 씌워줘도 결국은 원숭이구나! 이름을 떨칠 수가 없구나." 이 이야기에서 나온 고사성어가 바로 '목후이관沐猴而冠, 원숭이가 관을 썼다는 뜻'이다.

그런데 지나가던 병사가 이 말을 듣고 항우에게 일러바쳤다. 크게 화가 난 항우는 그를 잡아서 죽였다. 불행하게도 그 후 항우의 운명은 그 남자가 말한 그대로 되었다. 팽성은 너무도 허무하게 유방의 공격에 무너졌고, 누구나 다 아는 〈패왕별희〉초나라의 패왕 '항우'와 그의 연인 '우미인'의 이별을 그린 경극를 남겼다.

사실 오강烏江에서 항우는 살아나갈 수 있었다. 당시 어부가 항우에게 강을 건너게 해주겠다고 했는데, 항우는 "고향의 부모에게 얼굴을 들 수 없다"라는 말을 남기고 검을 들어 스스로 목숨을 끊었다. 항우의 일생은 체면 때문에 끝난, 비극이었다.

사실 강호의 고수들은 모두 체면을 가장 중히 여겼다. 의리는 그들의 체면을 세워주는 꼼수이자, 부끄러움을 가리기 위한 방패일 뿐이었다. 중국인에게 체면은 목숨만큼 중요한 것이기에 중국인과 중국 문화를 이해하는 데 절대 간과해서는 안 되는 부분이다.

인간관계를 불편하게 만드는 체면

중국인들은 어디에서 살건 단합하지 않고, 서로 간에 불편한 긴장감이 감돈다. 그래서 "중국인 한 명은 한 마리의 용이지만, 중국인 세 명이 모이면 벌레 세 마리가 된다"라는 말도 있나보다. 왜 이런 상황이 벌어지고, 이런 말이 나올까? 그 이유는, 중국인은 내분을 잘 일으키고 무리 안에서 힘을 소모하기 때문이다. 체면 역시 이런 습성을 만든 주요 원인 중 하나다.

앞에서 말했듯이, 한 무리에서 체면의 총량은 정해져 있어 한 사람이 높아지면 다른 이들은 작아진다. 다들 체면을 따지는 상황에서 어떻게 하는 게 바람직할까? 해결책 중 하나는 다른 사람의 체면을 깎아내리는 것이다. 중국인은 뒷말하거나 몰래 험담하는 걸 대수롭지 않게 여긴다. 뒷말이 생기고 나쁜 소문이 퍼지면 그 무리는 필연적으로 분열하고, 서로 의심하며 적대시하게 된다. 중국인이 모이는 곳에서는 이런 일들이 많이 일어난다.

심지어 다른 사람이 불행하거나 어려움을 겪으면 안도하는 이들도 있다. 왜 그럴까? 이것은 아주 단순한 논리다. 즉 어려움에 처한 사람은 체면이 깎이게 되고, 그러면 자기를 포함한 다른 사람들의 체면이 높아진다고 생각하기 때문이다.

중국 역사를 보면, 민족 내부의 폭력으로 말미암아 대재난을 맞이한 일이 한두 번이 아니었다. 문화혁명이 바로 그 생생한 증거다. 이런 재난에는 공통된 특성이 있다. 바로 체면이나 명예가 없는 사람들이 들고일어나 명망 높은 사람들을 모욕하고 해를 가한다는 것이다. 문화혁명 때도 그랬다. 그 당시에 지위 높은 학자들이나 체면을 중히 여기는 사람들은 각종 굴욕을 당했고, 이를 견디다 못해 스스로 목숨을 끊은 사람들도 많았다. 누군가가 숙청 대상자를 콕 집어 말하지 않아도 주변 분위기에 휩쓸린 대중은 알아서 자신이 공격할 목표를 찾아냈다.

중국 문화에 대한 심층적인 분석과 반성 없이 모든 책임을 소수의 야심가에게만 전가한다면, 문화혁명 같은 대재난은 언제든 다시 일어날 수 있다.

체면의 굴레에 사로잡힌 사회공동체

체면은 개인뿐 아니라 한 무리, 한 집단에까지 이어져 관련 있는 사람들은 모두 체면을 나눠가지고 누릴 수 있다. 아이가 잘못하면 부모는 면목이 없다며 부끄러워하고, 학생들은 혼날 때 교사와 학교의 명예를 실추시켰다는 말을 듣는다. 이렇게 한 사람의 체면과 명예는 그의 가족, 학교, 회사의 체면과 명예와도 관련 있다.

직업을 대할 때도 사람들은 자랑스럽거나 그렇지 못한 직업으로 나누어 생각한다. 이 말은 낯이 서는 직업과 낯이 깎이는 직업으로 나뉘었다는 것이다. 이 영향으로 부모는 아이에게 종종 "길거리에서 청소하는 사람 봤지? 열심히 공부하지 않으면 너도 그렇게 돼!"라고 말하며 자극을 준다. 여기에는 남들의 시선을 늘 염두에 두는 의식이 깔려 있다.

또 아이에게 충고할 때도 공부를 열심히 하면 대학에 가고, 대학에 가면 좋은 직업을 얻을 수 있고, 그러면 좋은 집과 차를 살 수 있다고 말한다. 겉으로 보면 아이를 위한 평범한 조언 같지만, 그 안에는 아이의 미래가 가져다줄 자신의 체면이 내포되어 있다.

학교에서도 마찬가지다. "오늘은 학교가 너의 영광이지만, 내일은 네가 학교의 영광이 될 것이다." 도대체 무엇이 영광이라는 말인가? 여기에도 체면, 명예가 개입한다. 한 학생이 명문 고등학교, 명문 대학교에 들어가면 자연스레 학교와 교사의 명예도 높아진다.

후베이성湖北省의 한 작은 마을에서 일어난 일이다. 한 학생이 칭화대학교에 합격하자, 학교는 대리석으로 그 학생의 조각상을 만들어 교문 앞에 세웠다고 한다. 아마 외지인이 봤다면 그 학생이 누군가의 목숨을 구한 영웅이라 생각했을 것이다과거에는 누군가를 위해 목숨을 바친 사람을 기리기 위해 조각상을 세웠기 때문이다.

체면은 중국인의 우수성도 키워냈지만 결점도 만들었다. 중국인의 근면함과 인내심, 남에게 뒤처지지 않는 근성의 배후에는 이런 체면이라는 강한 동력이 있다. 그러나 중국 학생들이 대학에 들어가서 열심히 공부하지 않고, 멀리 내다보지 못하는 것 역시 체면을 중시하는 사회가 빚은 결과물이다. 많은 학생들이 체면과 명예를 지키기 위해 공부하고 있다. 그래서 대학이라는 목표가 성취되면 동시에 학습 동력도 사라진다.

오늘날 중국 학생들에게 가장 체면 서는 일은 바로 명문 대학 입학이다. 외제차를 몰고 좋은 집에 사는 것도 체면을 세우는 일이라 여기는 사람들은 이런 물질적 조건들을 충족시키기 위해 수단과 방법을 가리지 않는다.

서양에서는 학생들을 격려하거나 자극할 때 다른 사람을 예로 들어 비교하지도 않고, 개인과 학교의 명예를 들먹이지도 않는다. 그들은 진리를 찾고, 사회 환경을 개선하고, 세계의 어려운 문제를 해결하는 것 등 인생의 가치를 실현하는 데 중점을 두고 교육한다. 매년 입학식에서 교장은 현 세계에 당면한 문제에 대해 고민하고, 큰 포부와 도전정신이 젊은이의 사명이라고 격려한다. 이런 문화적 분위기에서 자란 학생들은 아마 탐구의 길에서 훨씬 더 멀리 갈 수 있을 것이다. 이런 학생들이야말로 전 세계가 필요로 하는 인재다.

가짜는 사도 중고품은 안 사는 심리

미국에서 공부할 때 주말에 중고품 시장을 둘러보는 재미가 쏠쏠했다. 당시 나는 가난한 유학생이라 중고품에 특히 관심이 많았다. 미국은 중고품 판매 방식이 아주 다양하다. 자기 집 마당에 물건을 늘어놓고 파는 경우도 있고, 동네 공터나 공원 등에서 정기적으로 열리는 플리마켓벼룩시장도 있다. 미국의 가정은 이사를 하거나 계절이 바뀔 때 창고나 마당에 안 쓰는 물건을 꺼내놓고 가격을 매긴다. 여기엔 옷, 장난감, 그릇, 예술품 등 없는 것이 없다. 내 딸도 어렸을 때는 중고 옷을 많이 입었는데, 10달러를 주고 산 재킷 두 벌은 5, 6년이나 입었다.

이처럼 미국에서는 일반인 사이에서도 중고품 거래가 아주 활발한데 중국에서는 중고품을 파는 곳을 찾기가 매우 어렵다. 중고품 시장도 드물고, 개인 간의 이런 거래는 본 적이 없다. 중국인들은 짝퉁이라도 새것을 사지, 다른 사람이 쓰던 진짜 상품은 꺼린다. 부유한 이들은 집 안 가득 쌓여 있는 오래된 물건들사실은 거의 새것을 어떻게 처리할지, 골머리를 앓는다. 이때 가장 간편한 방법은 형편이 어려운 친척이나 친구들에게 나눠주는 것이다.

가짜는 사도 남이 쓰던 물건은 안 사는 것. 이 역시 체면을 중시하는 사고가 반영된 중국인의 특징이다. 많은 중국인들은 남이 입던 옷을 입으면 무시당하기 쉬우나, 값싸고 품질이 떨어지는 옷이라도 새 옷만 입고 나가면 다른 사람의 비웃음을 사지 않는다고 생각한다. 이것이 중국인의 체면 논리다.

서로를
부끄러워하다

왜 같은 민족을 무시할까

중국에서는 서로를 무시하고 차별하는 일이 흔하다. 2014년 3월 20일자 한 신문기사에 이런 내용이 올라왔다.

"'반적화, 반식민'이란 이름의 홍콩의 한 반중국 단체가 16일 오후 홍콩에서 메뚜기홍콩인들은 단체로 몰려다니면서 물건을 싹쓸이해가는 중국 본토 여행객을 '메뚜기떼'라 부른다를 쫓아내자며 데모를 했다. 그리고 행진하면서 자신들과 마주치는 중국 본토 관광객에게 욕을 하며 모욕을 주었다."

이 일은 어쩌다 일어난 개별 사건이 아니다. 많은 중국인들이 자기보다 열등한 다른 중국인이 있는 곳을 찾아가, 그들을 무시하고 차별한다. 동시에 그들도 다른 중국인들에게 차별과 무시를 당한다. 지금 중국인 사회에서는 이런 그림이 존재한다.

- 홍콩, 타이완, 싱가포르 등지의 많은 중국인들은 본토 중국인을 무시한다.
- 베이징, 상하이 등 대도시의 중국인은 작은 지역에 사는 중국인을 무시한다.

- 도시에 사는 중국인은 농촌에 사는 중국인을 무시한다.
- 부유한 중국인은 가난한 중국인을 무시한다.
- 다른 성 출신 중국인은 허난성 출신 중국인을 무시한다.

한 민족 안에서의 무시와 차별은 서로 단결하지 못하고 화합하지 못하는 상황이 반영된 것이다. 그렇다면 이 민족의 힘은 약해질 수밖에 없고, 다른 민족에게 굴욕을 당하게 된다. 세계의 여러 민족을 봐도 한 민족 내부에서 이렇게 서로를 무시하고 차별하는 모습은 거의 찾아볼 수 없다. 반면 이스라엘, 일본, 독일은 서로를 무시하는 일이 거의 없을뿐더러 서로 합심해 다른 민족과 경쟁한다. 그렇다면 중국인은 왜 서로를 무시하고 차별할까? 다음의 몇 가지 원인에서 답을 찾을 수 있을 것이다.

첫째, 유교 사상에는 평등 관념이 부족하다. 유교 사상은 중국을 수천 년간 통치해온 주류 사상으로, 가장 취약한 부분이 바로 평등 사상이다. 사회에서는 물론 가정 내부에서도 성별과 나이에 따라 수많은 등급으로 나뉜다. 이런 문화 속에서는 황제를 제외한 거의 모든 사람이 자기보다 우월한 사람들과 열등한 사람들 사이에서 생활하게 된다. 그렇다보니 보통 자기보다 못한 사람을 깔보게 되면서 서로 무시하고 차별하는 사회 현상이 일어나게 되었다.

둘째, 자신의 이익만 생각하는 소농의식이 강하다. 오랫동안 내려온 농경문명으로 형성된 사상과 의식은 이미 뼛속까지 새겨져 있다. 중국을 떠나 해외에서 몇 대가 뿌리를 내리고 살아도 이런 소농

의식에서 완전히 벗어나지 못한다. 소농의식에 사로잡히면 멀리 내다보지 못하고, 눈앞의 이익에 급급해 큰 것을 놓친다. 홍콩에서 몇 차례 일어난 본토 중국인 배척 사건은 실상을 제대로 이해하지 못해서 일어난 일이다. 만일 중국 본토의 지지와 정부의 특혜가 없었다면 홍콩이 지금처럼 발전할 수 있었을까?

셋째, 전체 민족을 통합하는 신앙이 없다. 미국에서 공부하던 시절에 이스라엘 학생들을 많이 봤다. 이들이 있는 곳에서는 자연스레 기도 모임이 만들어졌다. 이들을 한 곳에 모아주는 것은 바로 유대교라는 종교였다. 만일 중국인이었다면 '이익'이 바로 모임을 만들거나 단합하게 하는 가장 큰 동기였을 것이다. 정신적으로 함께 추구하는 것이 없는 중국인은 세속화되거나 물질적으로 변하기 쉽다. 특히 가진 자와 못 가진 자로 사람을 나누다보니, 다들 돈에 대한 집착이 강한 편이다.

넷째, 인구가 많다. 내부적으로 단결이 잘되는 민족을 보면 공통점이 있다. 바로 인구가 적다는 것이다. 이 경우 살아남기 위해서는 서로 도울 수밖에 없다. 반면 중국은 인구 대국이다. 인구가 많다보니 서로 간의 친밀감도 약하다. 또 '네가 한 술 더 먹으면 내가 한 술 적게 먹어야 한다'는 생각이 지배적이어서 서로 방어하고 경계하는 마음이 강하다.

해외에 사는 중국인에게는 특이한 현상이 있다. 바로 자신이 중국인임을 감추려 하는 것이다. 어떤 사람은 중국어를 못하는 것을 자랑스럽게 여기기도 한다. 즉 중국어를 못할수록 서양인에 더 가깝다고 여기는 것이다. 이는 가난을 경멸하고 부자를 좋아하는 사상이 잘못 변질되어 나타나는 현상이다. 그로 인해 오히려 자신의 가치를 떨어뜨리고, 중국인은 물론 다른 민족에게도 웃음거리가 될 수 있다는 생각은 왜 못하는 걸까? 만일 어떤 한 민족이 무시를 당한다면, 세계 어디를 가도 다들 같은 취급을 받는다는 사실을 알아야 한다.

다른 민족은 유구한 역사와 찬란한 문명을 가진 중국인을 존중하고 있다. 중국인 스스로가 이 점을 무시한다면, 자신의 가치는 떨어지고 다른 민족에게 쉽게 동화될 것이다. 그리고 이렇게 계속 서로를 무시하고 차별한다면 결국 자신도 다른 사람에게 무시당하는 악순환이 반복될 것이다.

중국어를 모르는 척하는 중국인

어떤 중국인들은 여러 이유를 들어 동포를 무시하거나 차별하는 일을 멈추지 않는다. 그들은 그게 자신의 지위를 높이는 일이라고 착각한다. 사실 다른 민족이 볼 때, 세계 어디에 있든 중국인은 다 같다.

싱가포르는 독립국가지만, 국민의 70퍼센트 이상이 중국에서 건너온 이민자들이다. 이 나라의 중국인은 특수한 무리로, 이미 상류층에 진입해 있거나 상류층에 들어가고 싶어하는 사람들은 중국어와 중국 문화를 모르는 것을 자랑으로 여긴다. 이들의 논리는 자신들은 영국식 교육을 받았기 때문에 푸젠福建 지역 사투리만 쓰거나싱가포르 이주자들 중에는 푸젠성 출신이 가장 많다, 중국 대륙에서 건너와 영어가 서툰 신이민자들과는 근본적으로 다르다는 것이다.

이들은 또 중국어와 중국 문화를 진짜 모르는 부류와 알면서 모르는 척하는 부류로 나뉜다. 싱가포르 사람의 일부는 어려서부터 영어만 사용하고, 중국어는 제2외국어쯤으로 여겨 간단한 인사나 자기 이름 정도만 쓸 수 있는 수준이다. 또 다른 일부는 중국어를 사용하는 가정에서 성장해서 중국어로 쓰고 읽는 데 아무 문제가 없지만, 성인이 된 후 상류사회로 진입하기 위해 중국어를 모르는 척한다. 이들은 중국인을 봐도 영어로만 말하고, 마치 과시하듯이 자신은 중국어와 중국 문화를 알지 못한다고 말한다.

하지만 이들이 간과하는 사실이 하나 있다. 유럽인이나 미국인들은 중국어를 할 줄 알든 모르든 상관없이 이들을 다 같은 중국인으로 본다는 것이다. 한번은 영국 여행을 다녀온 싱가포르 사람이 대영 박물관 직원이 자신을 함부로 대했다며 불만을 터뜨리는 걸 봤다. 한마디로 공공질서 의식이 약한 중국 본토 여행객에게 받은 스트레스를 자신에게 푼 게 화가 난다는 이야기였다. 아마도 그는 자신이 중국인들 때문에 억울한 일을 겪었다고 생각하는 것 같았다. 그 직원 눈에는 자신도 여느 중국인과 마찬가지로 보인다는 걸 몰랐던 것이다.

미국의 중국인 역시 꿈을 이루기 위해 노력하고 있다. 많은 사람들이 주류 사회로 들어가기를 원하고, 서양인과 똑같은 대우를 받기를 바란다. 그런데 일부 중국인들, 소위 말하는 '주류 중국인'들 중에는 다른 중국인을 무시하고 배척하는 경우가 있다. 그들은 중국인 거주 지역과 멀리 떨어진 백인 거주지에서 살면서 중국 음식보다는 서양 음식을 즐겨 먹고, 주변에 백인 친구들이 얼마나 많은

지 자랑한다. 그들은 사업장의 직원이나 고객도 모두 백인이라야 더 수준이 높다고 생각한다. 이 얼마나 유치하고 단순한 발상인가.

유럽이나 미국은 대체로 다양한 문화를 존중하는 분위기다. 그래서 동양 문화를 존중하고, 중국어와 중국 문화에 관심을 갖는 이들도 많다. 만일 중국어는 한마디도 못하면서 영어로만 말하고, 중국 문화는 모르면서 유럽과 미국의 문화만 알고자 한다면 오히려 그들의 따가운 시선을 받을지도 모른다. 그런 중국인들은 자신의 문화 정체성을 잃어버린 사람이라 여길 것이기 때문이다.

그런 점에서 중국인은 유태인에게 배울 점이 있다. 천년 넘게 세계 각지에 흩어져 살던 유태인에게는 그들만의 언어도, 나라도 없었다. 하지만 그들은 1948년에 이스라엘을 세운 뒤 오래전에 사라졌던 히브리어를 다시 살려냈다. 유태인이었던 아인슈타인도 나라를 다시 세우자는 데 힘을 보탰다. 이들은 다른 민족에게 업신여김을 받지 않고 당당하게 살려면, 무엇보다 자신의 언어와 나라가 있어야 한다는 사실을 알고 있었다.

10

중국인의 절제와 질서:

왜 질서를 안 지킬까?

욕망을 절제할 수 있는 신앙의 부족

사람에게는 누구나 돈과 외모, 명예, 권력에 대한 욕망이 있다. 그 욕망은 끝이 없는데, 적당한 방법으로 이끌거나 적합한 형식으로 절제하지 않으면 개인은 물론 사회까지 불행해진다.

서양에서는 주로 종교와 신앙을 통해 사람의 욕망을 제어했다. 반면 중국에서는 전통 종교나 신앙도 없을뿐더러 전통 문화에도 욕망을 절제하는 사상이 결여되어 있었다. 또 힘들게 욕망을 절제해도 대수롭지 않게 여겼다. 이 때문에 중국인은 여러 유혹에 아주 쉽게 빠져들고, 때론 극단까지 치닫는다.

중국 최초의 황제였던 진시황의 사치와 향락을 보자. 중국을 통일한 진시황은 가장 먼저 천하의 온갖 희귀한 보물을 당시 수도인 함양으로 가져왔다. 진시황이 이런 보물을 정말 좋아했던 것은 아니다. 오히려 보물 대부분은 거들떠보지도 않고 바로 쓰레기처럼 아무렇게나 던져졌다. 그렇다면 왜 그는 보물들을 끌어 모았을까? 그 이유는 바로 점유욕 때문이었다.

야사에 따르면 진시황은 3천여 명의 후궁을 거느렸다고 하는데 이 역시 소유욕, 점유욕을 만족시키기 위해서였다. 역사상 많은 제

왕들은 권력이 최고조에 이르렀을 때 자신의 각종 욕망을 채우기 위해 무슨 일이든 서슴지 않았다.

'무절제한 욕망'은 왕 개인의 문제일 뿐 아니라 일종의 문화 현상이었다. 역사상 농민이 왕위에 올랐던 적이 있는데, 그 역시 왕이 되자 농민 시절의 근검절약 정신은 금세 잊어버리고 향락과 사치로 치달았다. 욕망을 절제하지 못하는 것은 중국 민족의 습성은 아닐까?

오늘날에도 사람들은 그럴 기회만 얻는다면 얼마든지 자신의 욕망을 채우려 든다. 2011년 11월, 각종 비리를 저질러 법정에 섰던 뤄야핑羅亞平의 사형 집행 기사가 실렸다. 원래 농촌의 한 가게 점원이었던 뤄야핑은 랴오닝遼寧성 푸순撫順시에서 토지 개혁 담당자로 일하며 엄청난 재산을 챙겼다. 판매원으로 일할 때 한 달에 1천 위안현재 환율로 약 18만 원 정도 받았기에 몇 천 위안만 받으면 충분하다고 생각할 것 같은데, 낮은 관직에 있던 그녀는 자신이 할 수 있는 모든 방법을 동원해 돈을 끌어 모으고 남자와 권력을 소유하려 했다. 그 과정에서 자신의 경제적 필요보다는 욕망을 채우려는 욕망이 그녀를 지배했고, 결국 돌아올 수 없는 길을 갔다.

또 다른 사건은 2013년 저장浙江성에서 일어났다. 우잉吳英이라는 한 30대 초반의 여성이 사기 행위로 사형 선고를 받은 일이다. 법원 판결에 따르면, 우잉은 사기와 기만과 거짓 광고로 자신을 실력 있는 여성 기업가로 속여 사람들에게 7억 7천만 위안약 1,390억 원을 받아냈다. 원래 농촌 출신이었던 그녀는 2만 위안약 360만 원으로 미용실을 차려 돈을 벌었고, 몇 년 만에 그 마을에서 손꼽히는 부자가 되었다. 그녀의 탐욕은 점점 커져서 높은 이자를 미끼로 사람들의 돈을 끌어 모으는 데 이르렀다. 그 과정에서 그녀는 자신의 욕망을 전혀 절제하지 못했고, 결국 금융사기죄로 사형을 선고받았다.

두 여성 모두 사형이라는 강력한 법의 처벌을 받았지만, 욕망을 다스리지 못해 스스로 목숨을 끊는 일은 이보다 더 많다. 지난 몇 년간 전국적으로 유명한 기업가 9명이 스스로 목숨을 끊어 중국 사회를 발칵 뒤집었다. 그들은 왜 자살이라는 극단적인 방식으로 인생을 마감했을까? 과거에 뛰어난 인재라 칭송받던 그들은 어떻게 이런 결과를 선택했을까? 그들의 죽음은 곤혹스러움과 동시에 세상 사람들에게 부와 책임, 인생의 가치에 대한 질문을 던져주었다.

중국 문화에는 절제가 부족하다. 이로 말미암아 작게는 개인의 인생을 파멸로 몰아갔고, 크게는 나라가 멸망하는 데 일조했다.

참는 자가 큰일을 한다

살다보면 불공평한 일을 겪게 마련이다. 그런데 중국에서는 자기의 권리를 지키기 위해 싸우라는 말보다는 참으라는 말을 더 자주 한다. '작은 일을 참지 못하면 큰일을 이루지 못한다' '인내는 쓰지만 그 열매는 달다' 등 이와 관련된 명언과 속담은 넘쳐난다. 그런데 많은 사람들이 평생 동안 참고 견디지만, 그렇게 큰일을 이루지는 못한다.

소식蘇軾, 소동파 은 〈유후론留侯論〉에서 호걸지혜와 용기가 뛰어나고 기개와 풍모가 있는 사람 과 필부평범한 사람 를 이렇게 비교해놓았다.

"호걸에게는 사람들을 넘어서는 절제가 있다. 살다보면 참기 어려운 때가 있는데, 필부는 욕을 당하면 검을 뽑아들고 싸우니 이를 '용기'라 하기에는 부족하다. 천하에 큰 용기가 있는 자는 뜻밖의 일을 당해도 놀라지 않고, 까닭 없이 업신여김을 당해도 화내지 않는다. 이는 그 품은 뜻이 아주 크고 깊기 때문이다."

성품이 올곧고 강직한 사마천이 흉노에 투항한 이릉을 변호하다가 황제의 미움을 사 궁형을 당했다. 그는 자살을 생각했지만 결국에는 굴욕을 견뎌내고 부친의 유언을 받들어 중국 역사서의 백미인 《사기》를 완성했다. 사마천의 이 경험은 굴욕을 이겨내고 큰일을 이룬 사람을 특히 숭상하는 가치판단 기준을 만들었다. 그는 자신과 비슷한 일을 겪은 사람들의 이야기를 《사기》에 남겨놓아 오늘날까지 사람들 입에 오르내리는 미담으로 만들었다.

이 방면에 가장 전형적인 예가 바로 한신일 것이다. 한신이 어렸을 때, 어떤 사람이 한신을 욕보이기 위해 이렇게 말했다.

"엉덩이 뒤에 그렇게 칼을 차고 다니면 뭐하나? 보아하니 쥐새끼보다 담력이 작은 듯한데. 네가 만일 용기가 있다면 그 칼로 나를 베라. 못 하겠으면 내 가랑이 사이를 기어서 가라!"

한신은 잠시 그 사람을 쳐다보더니 무릎을 꿇고 그의 가랑이 사이로 기어나갔다. 구경꾼들은 한신에게 겁쟁이라고 놀리며 박장대소했다. 훗날 한신은 한나라의 개국공신이 되어 자신을 조롱했던 사람을 찾아갔다.

"그때 나에게 당신을 죽일 만한 용기가 없었던 게 아니었다. 만일 그랬다면 오늘날의 나는 없었을 것이다."

한신은 그에게 보복하지 않았을 뿐 아니라 낮은 직급의 군관 자리도 주었다. '과하지욕跨下之辱, 가랑이 아래를 기어가는 치욕이라는 뜻'이라는 고사성어는 이 이야기에서 나왔다.

원래 위나라의 신하였던 형가 역시 마찬가지다. 그는 위나라가 진나라에 통합된 뒤 다른 나라를 떠돌며 살았다. 어느 날 그는 유차 榆次, 지금의 산서성 진중시 유차구에서 검객 개섭을 만나 검술에 대한 논쟁을 벌였다. 논쟁 도중에 화가 난 개섭이 노려보자, 형가는 말없이 그 자리를 벗어나 그날 밤 그곳을 떠났다. 또 조나라 한단에서 그는 투 전판에서 언쟁을 벌였는데, 상대방이 욕설을 퍼붓자 한마디 대꾸도 하지 않고 그날 밤 조용히 한단을 떠났다.

이 이야기를 들으면 아마도 형가가 겁 많고 소심한 사람이라 생각하기 쉽다. 하지만 그는 중국 역사상 가장 놀라운 선택을 한 사람이다. 바로 '암살은 불가하다'며 진시황을 죽일 절호의 기회를 스스로 내려놓고 죽음을 택한 것이다.

또한 장량도 빼놓을 수 없다. 젊은 시절, 그는 참을성이 없어 큰일을 이루지 못하고 세월만 보냈다. 나중에 인내하는 법을 배운 장량은 유방의 최고 책사가 되어 모든 원수를 갚을 수 있었다. 장량의 윗대는 3대에 걸쳐 한나라의 대신이었다. 자신의 창창한 앞날과 집안의 영화가 진나라의 침입으로 물거품이 돼버리자, 그는 진시황에 대해 복수심을 품게 되었다.

어느 날, 진시황이 온다는 소식을 들은 장량은 힘 좋은 사람을 고용해 진시황을 죽이려 했다. 하지만 이 일은 실패했고, 그는 오히려 쫓기는 몸이 되어 여기저기 떠돌며 숨어 지내야 했다. 그러다가 한 다리 위에서 어떤 노인을 만났다. 그 노인은 일부러 신발을 다리 아래로 떨어뜨리더니 장량에게 주워달라고 했다. 순간 장량은 화가 치밀어 올랐지만 이내 마음을 가라앉히고 다리 아래로 내려가 신발을 주워 노인에게 건넸다. 그러자 노인은 신발을 신겨달라고 했다. 이번에도 장량은 화를 참고 노인의 요구를 들어주었다. 그때 노인이 웃으며 말했다. "네 놈은 가르칠 만하구나!" 나중에 이 노인은 《태공병법太公兵法》이라는 책을 장량에게 주었다. 장량은 이 책으로 전략을 익혀, 훗날 유방을 도와 진나라를 멸망시켰다.

눈앞의 작은 굴욕을 참아낸 이가 훗날 자신의 큰 꿈을 이루는 이야기는 분명 감명 깊다. 그런데 불공평과 불공정 앞에서 다들 참기만 하고 항의하지 않는다면, 그것은 나쁜 사람을 도와주는 것이다. 결국 나쁜 세력이 힘을 키우는 데 일조한 것이나 진배없다. 그 사실을 결코 잊어서는 안 된다.

불공평해도 침묵하는 중국 노동자들

오랫동안 황제의 통치를 받으며 살아온 중국인은 인내심이 대단하며, 개인의 권리니 민주 사상이니 하는 것에 별 관심이 없다. 개인의 이익이 침해당하거나 생명의 위협을 받지 않는 한 적극적으로 나서서 불공평함을 말하는 이는 아주 드물다. 일부 중국인이 겪은 일들에 대해 다른 나라 사람들도 분노해 항의를 하고 집회를 여는데, 정작 중국인은 자신과는 상관없는 듯 아무런 소리를 내지 않고 있다.

오늘날 미국 기업들은 비용 절감과 자국의 환경 보호를 위해 중국처럼 인건비가 싼 나라에서 제품을 생산하고 있다. 그래서 중국에는 외국 제품만을 생산하는 하청기업들이 많은데, 가장 유명한 곳이 아마 '팍스콘'이다. 타이완의 기업가 궈타이밍이 세운 이 회사는 주로 애플과 델 제품을 전문으로 생산하고 있으며, 공장은 선전深圳·정저우鄭州·청두成都·스자좡石家莊 등지에 있다.

팍스콘은 이윤을 극대화하기 위해 노동 강도를 높였고, 이를 견디다 못해 젊은 노동자들이 빌딩에서 몸을 던지는 비극이 계속 이어졌다. 뿐만 아니라 가혹한 노동과 열악한 환경 때문에 많은 젊은 노동자들이 질병에 시달렸다. 한 기사에 따르면, 팍스콘 청두 공장에서 안전설비 미비로 폭발 사고가 발생해 여러 명이 목숨을 잃거나 다쳤다고 한다.

이런 사건은 중국 내에서도 계속 기사화되긴 했으나, 이들 공장의 직원들이 항의를 했다거나 중국 국민들이 모여 항의 집회를 했다는 기사는 어디서도 보지 못했다. 그런데 바다 건너 미국 국민들이 애플 전문점 앞에 모여 "중국 노동자들의 처우를 개선해주지 않으면 제품 불매 운동을 벌이겠다"라고 외치며 항의 집회를 열었다고 한다. 애플은 사건이 커지는 걸 염려해 바로 중국 노동자들의 근로 환경을 개선하겠다고 약속했다. 부당한 대우를 받은 건 중국인인데 항의는 미국인이 하고…, 주객이 뒤바뀐 느낌이다. 어찌됐든 결과적으로 중국 노동자들의 처우는 개선되었다.

중국인은 아마 미국 국민이 왜 그런 행동을 했는지, 잘 이해되지 않을 것이다. 미국인들은 자신은 물론이고 남들도 공평한 대우를 받기를 원한다. 그래서 그들은 자신이 사용하는 제품이 불공정한 수단을 통해 만들어졌다는 사실에 분노한 것이다. 우리가 알아야 할 점은 공정함에 대한 명확한 깨달음이 없는 민족에게는 결코 공정한 시스템이 나타나지 않는다는 사실이다.

강도를 당해도 신고하지 않는 까닭

1990년대 초, 미국 유학길에 올랐다. 미국에 막 도착했을 때, 서너 달 동안 아르바이트를 하면서 흑인 범죄자들이 가장 선호하는 범죄 대상이 중국인임을 알았다. 그 이유는 현금을 몸에 지니고 다니는 경우가 많고, 위협을 줬을 때 심하게 반항하지 않으며, 범죄를 당한 후에도 신고를 거의 하지 않았기 때문이다. 칭찬은 아니지만, 중국인은 이런 범죄를 당하고도 잘 참는다.

그때 광저우에서 이민 온 한 가족을 만났는데, 다섯 식구 중 네 명이 강도를 당했다고 했다. 또 허페이에서 온 유학생은 학업을 포기하고 친구와 함께 인테리어 사업을 했는데, 뉴욕에서 일하는 2년 동안 벌써 3번이나 강도를 만나 돈을 빼앗겼다고 했다.

로스앤젤레스의 한 기관이 발표한 보고서에 따르면, 2012년 일어난 보복 범죄나 강도 행위에서 피해를 입은 사람들을 분석한 결과 전체 피해자 중 약 5퍼센트가 중국인이었다고 한다. 그 기관 관계자는 대개 중국인들은 신고를 기피하는 경우가 많아서 실제는 이보다 훨씬 더 많을 것이라고 했다. 그는 또 분쟁 없이 조용히 범죄를 덮으려는 중국인의 태도 때문에 많은 범죄자들의 표적이 되기 쉽다고도 했다.

중국 속담에 "순한 말은 아무나 타고, 착한 사람은 무시당한다"

라는 말이 있다. 사실 강도를 당하고도 신고하지 않는 중국인의 특성은 착하고 순한 것이 아니라, 소심해서 겁이 난 것이다. 어떤 일에 대한 두려움이 클수록 더 쉽게 속거나 위험에 빠질 수 있다.

시카고 중국인 배척 사건

다른 민족에 비해 중국인은 불공평함에 대해 둔감하고, 불공정한 일에 대한 인내심도 강하다. 그 때문에 외국에서 다른 나라 사람들과 충돌하기도 한다. 19세기 시카고에서 일어난 중국인 배척 운동은 중국인의 이런 특징이 한 원인이었다.

당시 시카고 노동자들은 파업한 상태였다. 그런데 중국인 노동자들은 일자리를 잃을까 두려워서였는지, 아니면 돈을 벌어 가족을 먹여 살리는 게 더 중요해서였는지 몰라도 다른 노동자들 몰래 출근해서 일을 했다. 그러다가 다른 노동자들에게 발각되어, 일순간에 공공의 적으로 몰려 구타와 따돌림을 당했다.

노동자 계급은 사회에서 약자다. 이 때문에 자본가와 싸우려면 단결 말고는 별다른 방법이 없다. 다른 사람들은 모두 하던 일을 중지했는데 일부가 출근을 한다면, 전체 투쟁은 힘을 잃고 내부 분열도 생길 수밖에 없다.

역사 자료에 따르면, 당시 중국인들은 파업에 불참했을 뿐 아니라 더 낮은 임금으로 일하는 등 업계 규율을 깨뜨렸다고 한다. 다른 민족들은 이런 중국인의 행동을 더 이상 참기 어려웠을 것이다. 노동자 운동에서 가장 비협조적인 이들이 중국인이다 보니, 스페인 출신 이민자들이 '중국인 배척 운동'을 시작했다.

1882년, 미국 역사상 유일하게 특정 민족을 대상으로 삼은 '중국인 배척 법안중국인 노동자의 이주를 금지한다는 내용을 담은 법안'이 상정되었다. 이 법안은 당시 미국 대통령 체스터 아서에 의해 통과되었다. 링컨의 친구이기도 했던 그는 어떤 민족에 대한 배척이나 차별에 대해 일관되게 반대했었다. 그는 "이민의 자유는 그 어떤 민족도 이곳에서는 꿈을 펼칠 수 있다는 것을 보여줄 것이다. 이것이 미국의 정신이다"라는 말도 남겼다. 아서 대통령은 몇 번이나 이 법안을 부결시켰지만, 압박이 거세지자 결국 백기를 들었다. 법안을 상정한 사람들은 다음의 이유를 들었다.

"중국인들은 민주주의 제도를 파괴하고, 그 어떤 선거에도 참가하지 않는다. 만일 그들에게 투표권을 준다면, 아마도 그들은 자신들의 작은 이익이 있는 곳으로 갈 것이다."

2천 년 동안 지속된 봉건적 전제주의는 중국인의 독립정신은 물론이고 민주의식까지 사라지게 만들었다. 특히 땅이 삶의 기본 조건인 중국인은 일단 나고 자란 땅을 떠나면 아주 낯설어한다. 무엇을 해야 할지 갈팡질팡하고, 주인의식도 사라져 모래알처럼 흩어져 버린다.

역사를 돌아보면, 중국인에게 다음의 특징이 나타난다. 바로 노예처럼 죽은 듯이 살거나, 참다 안 되면 일어나 부숴버리는 것이다. 계약과 합법의 테두리 안에서 자신의 권리를 찾는 공민의식은 찾아보기 힘들다.

엄격한 법에만
움직이다

징벌로 유지되는 질서는 쉽게 무너진다

중국인은 질서에 복종하지만, 질서를 존중하지는 않는다. 왜냐하면 중국인의 질서는 대부분 강력한 권력이나 징벌에 의해 유지되기 때문이다.

세계 어느 곳의 화교에게나 한 가지 공통된 특징이 보인다. 바로 언제든지 질서에 복종할 준비가 되어 있다는 것이다. 그런데 이런 표면적인 복종 뒤에는 거대한 위험성과 파괴성이 도사리고 있다. 이런 복종은 권위로 찍어 누르거나 엄격한 징벌로 유지되는 것이지, 마음속에서 우러나와 질서를 존중하는 것이 아니기 때문이다. 따라서 권위나 징벌이 없어지면 중국인들은 아주 쉽게 질서를 잃고 혼란에 빠지며, 종종 사회적 대재난을 만들어낸다.

중국 역사를 보면 왕조가 교체되는 시기에는 예외 없이 엄청난 혼란이 일어났고, 마구잡이식 학살과 약탈로 백성들은 도탄에 빠졌다. 이런 상황은 새로운 왕조가 세워질 때까지 계속되었다. 왜 중국에서는 이렇게 반복적으로 대혼란과 대재난이 일어났을까? 그 이유는 정권이 교체될 때마다 관료 체제는 마비되고 사법부의 기능은 사라져서, 큰 잘못을 저질러도 아무 징벌을 받지 않았기 때문이다.

멀리 갈 것도 없이 청 왕조가 물러나고 중화민국이 건립되던 시기를 살펴보자. 당시 사회는 매우 혼란스러워서 사람을 죽이거나 재물을 약탈하는 일이 빈번하게 일어났다. 법을 집행하는 사람이 없었기 때문에 그 누구도 자신이 범법 행위를 저지른다고 생각하지 않았다.

문화혁명 시기에 사람들은 왜 그렇게 미친 듯이 때리고, 파괴하고, 약탈했을까? 이는 '질서'를 대하는 중국인의 태도와 무관치 않다. 일부 야심가, 음모가들이 '공안기관, 검찰, 인민법원을 쳐부수자!', '반란에는 이유가 있다!'라는 구호를 외치며 사법기관을 마비시키면, 많은 일반인들이 이들을 쫓아 자신의 욕망을 분출시키기 시작했다. 만일 중국인이 '문화혁명'이라는 이 역사적 대재난을 가져온 원인에 대해 심각하게 반성하지 않는다면, 이와 비슷한 비극은 언제든지 다시 일어날 수 있을 것이다.

같은 문화 논리가 작용하는 가운데 중국 역대 왕조의 통치자들은 오직 권력과 법률의 힘만을 믿고, 여러 가지 가혹하고 엄격한 징벌들을 만들어내 사회 질서를 유지했다. 이들은 백성들에게 질서의 중요성을 어떻게 인식시킬지, 또 법률 질서를 지키는 일이 얼마나 중요한지를 그들 스스로 어떻게 깨닫게 해야 할지에 대해선 고민하지 않았다.

보편적으로 중국인은 미국인이 질서를 잘 지키는 이유가 법률이 엄격해서라고 생각한다. 하지만 그것은 오해로, 중국인의 사고로 세상을 이해하는 것이다. 많은 영역에서 서양의 법률 조문은 중국보다 엄격하지 않고, 규율이나 규칙 역시 중국처럼 세세하지 않다. 그들 사회의 질서는 사람들이 질서의 중요성을 스스로 인식하고 지키기 때문에 유지되고 있다.

법과 질서를 지키는 것이 당연한 일임을 사람들이 스스로 깨닫게 될 때, 그 사회는 오랫동안 안정적으로 유지될 수 있다.

교통 규칙으로 본 중국인의 질서 의식

싱가포르 중국인은 세계 각지의 중국인들 중에서 가장 질서를 잘 지킬 것이다. 그런데 그들이 그렇게 질서를 잘 지키는 이유는 징벌과 권위에 대한 복종이지, 마음속에서 우러나온 행동은 아니다. 교통 규칙을 예로 들어 설명해보자.

미국의 도로에서는 '스톱Stop'이라고 적힌 교통 표지판을 아주 쉽게 볼 수 있다. 교통 법규에 따르면, 이 표지판을 본 운전자는 이유 불문하고 차를 완전히 멈췄다가 다시 출발해야 한다. 이 규칙의 장점은 안전에 있다. 완전히 멈춘 뒤에 다시 출발하기에 속도가 느려져 혹시 사람이나 자전거가 앞에 있어도 피할 수 있거나 큰 사고를 막을 수 있다. 이런 교통 표지판은 대부분 경찰 감시나 카메라가 없는 주민 거주지나 인적이 드문 곳에 있다. 미국에서 8년 정도 살면서 나는 물론이고 이 규칙을 어기는 사람을 본 적이 거의 없다. 미국인에게 교통 규칙을 지키는 일은 아주 자연스러운 행동이었다.

전체적으로 보면 싱가포르의 교통질서는 아주 좋다. 중국보다 훨씬 더 좋다. 그렇다면 싱가포르에서 징벌 제도가 사라진다면 어떻게 될까? 아마 질서를 우습게 여기는 중국인의 태도가 드러날 것이다. 내 직장에서 집까지는 걸어서 10분 정도 걸리는데, 중간에 2번의 멈춤 표시가 있다. 나는 이곳을 8년 동안 걸어 다니며 관찰했지만, 이 규칙을 완벽하게 지키는 운전자는 거의 보지 못했다. 표지판 앞에서 속도를 살짝 줄이는 운전자는 그래도 낫다. 대부분은 앞에 차가 없거나 행인이 없으면 속도를 줄이지 않고 그대로 통과해버렸다. 이 때문에 몇 번이나 사고가 날 뻔해서 언쟁을 벌이는 모습을 종종 보았다.

횡단보도 선에 대한 생각 역시 미국인과 다르다. 처음 미국에 도착해서 트렁크를 끌고 길을 건너려는데, 멀리서 차가 달려오는 게 보여 멈춰 섰다. 그런데 그 차는 도로에 멈춰 서서 움직이지 않았다. 나는 왜 저러나 의문이 들었지만, 길을 건너지 못하고 가만히 서 있었다. 차 안의 운전자는 나를 향해 손짓을 보냈고, 뒤이어 따라오던 7, 8대의 차들도 조용히 멈춰 서서 기다려주었다. 그제야 나는 다들 내가 건너가기를 기다리고 있음을 알았다. 알고 보니 내 앞에 있는 횡단보도 선 때문이었다. 교통 규칙에 따르면, 이 선 앞에서 차는 반드시 사람이 먼저 건너가도록 멈춰야 했다.

이 일은 내게 많은 것을 느끼게 해주었다. 생전처음으로 운전자에게 존중을 받은 일이었기 때문이다. 미국의 운전자들은 아마 '사람보다 차가 언제나 먼저'인 나라에서 온 내 마음을 절대 이해하지 못할 것이다.

싱가포르도 마찬가지다. 횡단보도 선 앞에서 운전자들은 대부분 사람을 먼저 보낸다. 그런데 사람이 있을 경우에만 그렇고, 없을 경우에는 그렇지 않다. 차들이 속도를 내고 달리면 보행자가 우선임에도 감히 건너갈 엄두가 나지 않는다. 많은 운전자들이 내가 가만히 서 있는 것을 보면, 내가 양보했다 생각하고 멈추지 않고 지나가 버린다. 이들은 벌을 받지 않을 정도로만 규칙을 존중할 뿐이다.

중국의 자동차는 날로 늘어나 도로교통 시설도 어느 정도 갖추어 졌다. 중국 내 교통 규칙은 대부분 미국을 따라 했는데, 멈춤 표시 같은 교통신호 표시는 아직 들여오지 않았다. 사실 중국에서 가장 필요한 것이 이런 교통신호 표시다. 인구가 많고 주거지가 조밀하다보니 차와 사람 사이에 크고 작은 교통사고가 많이 일어나는데, 곳곳에 이런 표시가 있다면 아마 사고 발생률을 현저히 낮출 수 있을 것이다.

그런데 중국인이 운전하는 상황을 한번 생각해보면, 굳이 남의 나라 규칙을 그대로 들여올 필요가 있을까 싶다. 만일 중국에서 앞에 차나 사람도 없고 속도 측정기나 카메라도 없는데 횡단보도 표시선이 앞에 있어 운전자가 멈춰 섰다면, 아마 옆에 앉아 있는 사람이나 밖에서 지켜보는 사람 모두 그 운전자가 이상하다고 생각할 것이다.

만일 중국에 멈춤 표시가 전면적으로 실행되고 중국인들도 그 교통 규칙을 엄격하게 지키는 날이 온다면, 그것은 규칙에 대한 중국인의 인식이 엄청나게 발전했음을 보여주는 것이다. 또 교통 사고율도 하락했음을 보여주는, 의미 있는 변화일 것이다.

중국은 너무 크고
사람이 많다

너보다 잘 살면 된다는 경쟁 전략

대중가요 가사 중에 이런 구절이 있다.

"나보다 행복하길 원해!"

그런데 현실에서는 대부분이 그 반대의 상황을 바란다.

"너보다 내가 행복하길 원해!"

특히 사랑이 미움으로 변해 헤어진 연인들 대부분은 상대방이 자기보다 못 살기를, 불행하기를 바란다.

옛말에 "사람은 높은 곳을 향해 올라가고, 물은 낮은 곳을 향해 흐른다"고 했다. 높은 곳을 향해가는 사람들, 그런데 사람마다 능력이 다르고 노력하는 정도도 다르다보니 높이가 다른 상황이 일어난다. 높이는 상대적, 절대적 두 가지로 나뉜다.

- 절대적 높이: 모두들 노력해서 높은 곳으로 올라간다. 사람마다 다다른 높이는 다르지만, 긍정적 경쟁을 통해 모두가 전보다 성장한다. 스포츠 경기가 전형적인 예이다. 인간은 높이뛰기 높이를 계속 경신했고, 100미터 달리기 속도도 갈수록 빨라지고 있다. 한 사회에서 이런 긍정적 경쟁을 택한다면, 그 사회는 끊임없이 발전할 것이다.

- 상대적 높이: 만일 한 사람이 위로 올라갈 노력을 하지 않거나, 갖고 있는 조건의 한계로 오를 수 없는데도 남보다 높이 오르고 싶다면 어떻게 해야 할까? 자주 이용하는 수단은 자기보다 강한 사람을 끌어내리거나, 자신과 비슷한 사람을 밟고 오르거나, 자기 옆에 접근한 사람을 잡고 오른다. 이렇게 하면 남보다 앞서는 효과를 얻을 수 있다. 이는 병적인 경쟁으로, 이런 현상이 빈번해지면 사회 전체는 정체되고 도태될 것이다.

서양 사회에서는 '절대적 높이'의 올림픽 정신을 숭상하지만, 중국인 사회에서는 '상대적 높이'의 병적인 경쟁이 빈번하게 일어난다. 이 같은 병적인 경쟁은 개인의 발전을 저해하고, 사회 전체를 퇴보시킨다.

언젠가 텔레비전에서 〈질투병〉이란 제목의 단막극을 봤는데, 병적인 경쟁을 일으키는 사람의 모습을 아주 생동감 있게 그려냈다. 질투병에 걸리면 다른 사람이 자기보다 뛰어난 것을 참지 못한다. 만일 자기보다 뛰어난 사람이 있으면 흉계를 꾸며서라도 끌어내린다. 자연히 이런 사람의 마음은 평화롭지 못하다.

병적인 경쟁 사회에서는 뛰어난 사람이 가장 쉽게 상처를 받는다. '모난 돌이 정 맞는다', '앞에 나는 새가 총 맞는다', '사람은 이름이 날까 두렵고 돼지는 살찔까 두렵다' 같은 격언만 봐도 그 사실을 알 수 있다. 자연히 사람들은 마음 편히 살기 위해 평범한 삶을 선택한다.

이런 문화의 특징은 외국에 사는 중국인에게도 그대로 남아 있다. 싱가포르는 중국인이 70퍼센트 이상인데, 먼저 살고 있던 중국인은 나중에 온 본토 중국인에게 불만이 많다. 이들은 "국민 생활을 어떻게 개선할 것인가?", "모두가 공정한 대우를 받을 수 있도록 어떤 정책을 펼칠 것인가?" 같은 사항을 정부에게 묻지 않는다. 그 대신 "왜 원래 살고 있던 중국인과 나중에 들어온 중국인을 똑같이 대우하느냐?" 같은 불만을 표시한다.

최근 몇 년간 싱가포르 정부는 나중에 온 이민자의 영주 특권을 많이 감소시켜, 원래 주민들의 불만을 어느 정도 해소했다. 바뀐 정책을 예로 들면, 영주권이 없을 경우엔 집살 때 세금을 더 많이 내고 자녀 학비도 더 많이 낸다. 이렇게 하자 오래전에 이주해온 중국인의 마음이 아주 평화로워졌고 행복지수도 올라갔다. 그들이 바랐던 것은 이런 상대적 차별이었고, 이로 인해 그들은 상대적 우월감을 느낄 수 있었다.

중국인 사회는 내부에서 소모되는 역량도 많고, 발전을 저해하는 힘도 크다. 이는 앞에서 말한 병적인 경쟁과 무관치 않다. 중국의 밝은 미래를 위해서라도 이제는 병적인 경쟁을 긍정적 경쟁으로 바꿔야 할 때다.

'나 하나쯤이야' 하는 생각

'나 하나쯤이야' 하는 생각은 중국의 하천과 공기를 오염시킨 원인이다. 2012년 상반기, 중국 전역에 걸쳐 끊임없이 이어지는 환경 재난은 이제 우리 사회 전체의 문제가 되었다. 2013년 상반기, 각종 매체에서 가장 많이 다루었던 화제는 중국을 뒤덮은 거대한 미세먼지와 상하이 황푸강에 둥둥 떠내려온 돼지 사체였다.

중국인은 왜 자신이 살고 있는 곳의 공기와 물을 소중히 다루지 않는 것일까? 단순히 이것은 한때 몇몇 사람들이 저지른 잘못으로 치부하고 넘어갈 문제가 아니다. 깊이 뿌리박힌 중국인 사고의 특징을 반영하고 있는 문제다. 사람들의 사고방식을 바꾸는 것은 오염된 강을 되살리는 것보다 훨씬 더 어려운 일이지만, 환경 문제를 근원적으로 해결하기 위해서는 먼저 이런 사고 습관을 완전히 바꾸어야 한다.

사람들은 중국이 아주 크다고 생각한다. 그래서 조금 나쁜 일을 하더라도 별 상관없다고, 자신에게까지 해악이 미치지는 않을 것이라고 생각한다. 다들 이렇게 생각하면서 자신들이 살아 숨 쉬는 환경을 소중히 여기지 않는다면, 결국에는 모든 사람들의 생존 환경은 파괴되고 누구도 안전하게 살아갈 수 없게 될 것이다.

중국은 영토가 넓고 인구가 많아서 '나 하나쯤이야' 하는 사고가 자연스레 생겨났다. 사람들은 황허강과 양쯔강을 바라보며 이런 생각을 한다.

'끝이 안 보이게 넓고 긴 강물에 누가 똥오줌이나 폐수를 버려도 금방 뒤섞여 흘러가서 흔적도 찾을 수 없을 거야. 설령 버려도 누가 알 리 없고, 또 내가 마실 물도 아니니…'

다들 이런 마음으로 대하니 하나가 모여 엄청난 수가 되었고, 자연에 가해지는 위협도 그만큼 커졌다. 결국 강물은 물고기가 살 수 없는 곳이 되었고, 이제 사람들도 그 강물을 안전하게 마실 수 없게 되었다.

　몇 년 전 한 신문에 화이허강_{허난성에서 발원해 안후이성을 거쳐 장쑤성으로 유}입되는 큰 강 주변에 사는 주민들은 강물이 오염되어 식수로 사용할 수 없게 되었다는 기사가 실렸다. 이런 자승자박의 결과는 이제 중국 전역에서 흔하게 일어나고 있다.

　중국 어디서나 볼 수 있는 가짜 상품이나 짝퉁을 만드는 사람들도 대부분 이런 '나 하나쯤이야' 하는 마음을 갖고 있다. 하수구의 기름을 걷어 식용유를 만들면서 '내 가족만 안 먹으면 돼'라고 생각하고, 플라스틱 쌀을 만들면서 '나만 안 먹으면 돼'라고 할 것이다. 또 30년 묵은 돼지고기를 파는 사람도 '나는 안 살 거니까'라고 여기고, 가짜 분유를 만드는 사람도 '우리 집에는 아기가 없으니까'라고 안심하며, 가짜 약을 만드는 사람도 '내가 이 약을 먹을 일은 평생 없을 거니까'라고 생각한다. 그 결과 온 세상에 가짜·저질 상품이 넘쳐나게 되었으니, 이제는 그 누구도 자신의 안전을 장담할 수 없는 사회가 되었다.

　중국인은 작은 이익을 취하면서 큰 성공을 이루기보다는 작은 해악을 끼쳐서라도 큰돈을 벌려는 마음이 강하다. 그게 재난으로 가는 길인 줄도 모르고 말이다.

　환경 보호를 예로 들어보자. 나무가 무성한 산을 분할해 개인에게 관리를 맡겼다. 어느 날, 어떤 사람이 산에서 나무를 조금 베어 땔감으로 쓰기 시작했다. 이게 소문이 나자 점차 이 집 저 집에서 따라 하기 시작했다. 그렇게 몇 년이 흐르자 원래 무성했던 산은 온데간데없고, 민둥산만 남게 되었다. 과거 수십 년 동안 중국 곳곳에서 벌어졌던 일로, 어떤 곳은 수백 년이 지나도 회복되기 어려운 상태라 한다. '나 하나쯤이야' 하는 사고가 가져온 엄청난 피해를 누가 책임질 것인가.

중국 각지의 지방정부 역시 눈앞의 이익만 생각한다. 새로 관리가 오면 재정 수입을 증가시키는 데 골똘해 돈 되는 일이면 무엇이든 하려 한다. 수입을 늘리는 가장 쉬운 방법은 바로 토지 매매다. 이때 지역의 장기 발전 청사진이나, 땅을 판 뒤의 미래를 그려보는 관리는 거의 없다. 나중에 새로 오는 관리는 팔 땅이 없는 현실과 농사를 지을 땅이 없는 곤경을 마주해야 한다. 이것은 지속적 발전을 이룰 수 없게 만들고, 후세 사람들이 살아갈 길을 가로막는다.

또 일부 지방정부는 철저한 계획과 조사 없이, 단지 한때의 이익을 위해 오염도가 높고 에너지 소모가 많은 산업을 유치한다. 외국이나 다른 대도시에서 거부하는 것을 굳이 들어오려 애쓴다. 단기간에 재정 수입은 늘릴 수 있겠지만, 그 뒤에 따라오는 문제는 대안이 없다. 환경오염을 막고 원래 자연 상태로 회복시키는 데 들어가는 천문학적인 비용을 어떻게 감당할 수 있겠는가. 게다가 대다수 환경오염 문제는 인체에 쌓였다가 오랜 시간이 흐른 뒤에 드러나기도 한다. 환경오염 지역은 각종 질병 발생률이 높고 악성 질환도 크게 증가해, 평균 수명도 하락한다.

'나 하나쯤이야' 하는 사고방식을 개인이나 일부 집단의 관점에서 접근하면, 자신이 세운 명확한 목표를 실현하기 위해 노력하는 모습으로 나타난다. 그러나 전체라는 관점에서 보면, 각자 자신만을 위해 혼란스럽고 무질서하게 바삐 뛰고 있을 뿐이다. 큰 그림을 보지 못하면 결국에는 자신의 목표를 실현하는 데 좋지 않은 영향을 미치고, 실현 자체가 불가능해질 수도 있다. 사람들의 꿈은 서로 통하고 연관되어 있기에, 자신의 꿈을 이루려면 반드시 주변 사람을 고려해야 한다. 모두가 자기 생각만 한다면 결국에는 그 누구도 꿈을 이루지 못할 것이다.

현재 중국의 대도시들은 교통 정체 때문에 골머리를 앓는다. 원래 차가 많기도 하지만, 대부분은 '끼어들기' 때문에 정체 현상이 일어난다. 양보해야지 하는 생각은 없고 오로지 자기 갈 길만 보고 운전하다보니, 차들이 얽히고 심지어 역행하는 경우도 심심찮게 볼 수 있다. 결국에는 아무도 움직이지 못하고 도로 중간에 서 있게 된다. 사실 도로만 놓고 보면 다른 나라에 비해 폭이 아주 넓어 막힐 일이 없을 것 같다. 그런데 왜 교통 정체가 이렇게 심한 걸까? 미국의 대도시만 봐도 중국보다 도로 폭이 더 좁고, 차량도 더 많은데 교통 흐름은 훨씬 원활하다. 두 나라의 차이는 한쪽은 전체를 보고, 한쪽은 나만 보는 데서 생겨난다.

중국인은 전체를 보고, 체계적으로 보는 것이 부족하다. 이제는 모두가 사회적 책임감을 갖고, '나 하나쯤이야' 하는 생각이 가져오는 위험성을 깨달아야 한다.

공정함이
부족하다

나만 좋으면 된다는 생각

공정함은 건강한 사고의 중요한 특성이고, 이성적 사고의 표현이다. 애석하게도 중국인의 사고에는 이 공정함이 많이 부족하다. 그렇다면 '공정'이라는 말은 무슨 뜻일까? 쉽게 풀이하면, 사회 대중이 올바르다고 여기는 것을 말한다여기서 '공公'은 사회 대중이고, '정正'은 올바름이다. 유교에서 강조하는 충서忠恕. 수양에 힘써 자신을 속이지 않는 인격을 쌓고, 그러한 태도가 다른 사람에게까지 영향을 준다는 뜻는 공정과 비슷한 것 같지만, 실은 다르다.

어느 날 공자가 수업 도중에 제자 증삼曾參. 증자을 앞으로 불렀다.
"이쪽으로 오너라. 나의 도道는 한마디로 꿰뚫어 말할 수 있다!"
증삼이 공자 곁으로 다가가 잠시 이야기를 나누었다. 공자가 떠난 뒤 다른 제자들이 증삼을 에워싸고 물었다.
"스승님 이론의 핵심은 대체 무엇인가?"
증삼이 말했다.
"충서일 뿐이다."

이 이야기에서 우리는 공자가 제자들을 대할 때 공정하지 못했음을 알 수 있다. 많은 제자들을 옆에 두고도 자신이 편애하는 증삼만 따로 불러 이야기를 나눴다. 다른 제자들은 스승의 가르침을 증삼을 통해서 들어야 했다. 그곳 제자들은 모두 똑같이 학비를 냈으니 가르침도 똑같이 받는 것이 맞다.

자신에게 충실하든, 참된 마음으로 다른 사람의 마음을 헤아리든 모든 것은 자기 자신에서부터 출발한다. 즉 자신이 올바르다고 생각한 대로 일을 처리하고, 다른 사람과 관계를 맺는다. 그래서 '충서'란 사실 '개인적인 올바름私正'이라 할 수 있다.

'충忠'은 다른 사람을 위해 성심성의를 다하는 마음이다. 유교에서는 '신하는 군주에게 충심을, 아내는 남편에게 충심을 다해야 한다'고 말한다. 그런데 이 규정 자체가 사실은 불공정하다. 왜냐하면 여기서 규정한 '충심'의 방향이 쌍방향이 아닌 한 방향이기 때문이다. 또한 군자는 신하를 어떻게 대해야 하고, 남편은 아내를 어떻게 대해야 하는지를 명확히 규정하지도 않았다.

《삼국지》에서 가장 강조하는 것이 바로 '충'이다. 유비의 촉나라를 살펴보자. 유비와 도원결의를 한 관우와 장비는 큰형인 유비에게 충심을 다한다. 나중에 합세한 조자룡과 제갈량도 유비에게 충심을 바치며, 유비와 함께 목숨을 걸고 천하를 얻고자 한다. 그렇게 세운 촉나라는 유씨 집안의 나라였다. 유비의 아들 유선이 능력과 상관없이 뒤를 이었다. 공정이라는 각도에서 본다면, 과연 유선에게 그런 자격이 있을까? '인의仁義'를 말하던 유비도 세습제라는 불공정한 전통을 받아들였다.

유교에서 강조하는 '서恕'는 다른 사람의 입장에서 문제를 바라보고, 타인을 이해하려 노력하는 마음이다. 이 역시 자신으로부터 출발한다. 공자는 '자기가 하기 싫은 일은 남에게 시켜서도 안 된다'고 했다. 이는 인류가 가져야 할 기본적인 도덕 원칙으로, 모든 사람이 이렇게 할 수 있다면 수많은 불공정한 일을 피할 수 있을 것이다. 그런데 '하기 싫은 일'은 자신의 가치관으로 판단하는 것이다. 어쩌면 다른 사람이 하기 싫어하는 일과 다를 수 있고, 때로는 완전히 반대일 수도 있다. 나는 하기 싫은 일인데 상대는 정말 하고 싶은 일이라면 어떻게 될까?

　또 공자의 이 사상에는 구멍이 하나 있다. 바로 '자기가 하고 싶은' 상황에 대해서는 따로 설명하고 있지 않은 점이다. 사람은 누구나 관직에 오르고, 명예를 얻고, 돈을 벌고, 미색을 찾고자 한다. 이런 것은 모두 '자기가 하고 싶은' 일에 속한다.

　그렇다면 공자는 이런 하고 싶고, 갖고 싶은 욕망을 어떻게 다스려야 할지에 대해서도 알려줬어야 하지 않을까? 유교 사상에서는 이 경우 어떻게 해야 하는지 아무도 가르쳐주지 않았기에 예로부터 중국에는 사치와 향락에 쉽게 빠져 들고, 또 스스로 깨닫고 헤쳐 나올 수 없는 사람들과 일들이 많았다.

　예나 지금이나 권력과 향락, 사치와 탐욕을 추구하는 사람들이 정말 많다. 이런 현상이 일어난 주요 원인 중 하나는 자신의 욕망을 절제하는 법을 모르기 때문이다. 앞에서 말했듯이, 이런 점에서 중국은 유럽과 미국의 문화에서 배워야 한다. 그들은 체계적인 이론으로 인간의 욕망을 절제하고 조절하고 있다. 이는 우리가 본받을 만한 품성이다.

오늘날 발생하는 수많은 사회 문제들은 모두 욕망의 무절제한 추구에서 비롯되었다. 수단과 방법을 가리지 않고 이익을 탐하면서 타인을 해치고, 결국 자신도 파멸의 길로 가고 있다. 이 사회에 필요한 말은 '하고 싶은 일을 다른 사람을 위해서 하라!'일 것이다.

공정성이 결여된 민주주의는 위선이다

사람들은 1인 1표를 행사하는 선거 제도가 가장 공정하다고 생각한다. 그런데 선거의 목적에 따라 제대로 투표하지 않는다면, 특히 후보자의 능력이나 소양을 보지 않고 표를 행사한다면 투표 결과는 심각하게 불공정할 수 있다. 중국인은 공정하게 사고하는 능력이 서툴다. 또 민주주의라는 전통도 없다. 그래서 중국의 유권자들은 아마도 아주 쉽게 다른 요인의 영향을 받을 것이다. 이는 분명 선거의 공정성에도 영향을 미친다. 이 다른 요인이란 개인의 이익, 친근감 또는 지역적 유대감 등을 말한다.

예를 하나 들어보자. 중국의 젊은이들은 선거 제도가 10~20여 년 전에 서양에서 들어온 것이라 생각하는데, 실은 중국에서 벌써 실행하고 있었다. 그것도 아주 철저하게 집행되어, 고등학교에 진학할 때도 '민주적인 선거'를 치렀다.

나의 누나는 1974년에 중학교를 졸업했다. 그 당시엔 따로 고등학교 입학시험을 치르지 않았는데, 고등학교에 진학하려면 마을에 할당된 인원수 안에 들어야 했다. 그해 우리 마을에는 다섯 명의 중학교 졸업생이 있었는데, 마을에 할당된 고등학교 진학자 수는 세 명이 었다. 마을 간부들은 한 집에 한 표씩 행사하는 선거를 실시해서, 표를 가장 많이 얻은 세 명이 고등학교에 진학하는 방법을 제안했다. 투표 결과 마을 촌장과 회계사, 제분사의 아들딸이 표를 가장 많이 얻었고 학교 성적이 가장 좋았던 누나는 떨어졌다. 고등학교 진학 여부를 결정하는 문제니만큼 중학교 졸업 성적으로 대상자를 정하는 게 가장 합리적이지 않았을까 싶다. 하지만 마을 간부들은 비합리적인 방법, 즉 선거를 선택했다. 문제는 투표권을 가진 마을 사람들은 중학교 졸업생들의 성적에는 전혀 관심이 없었다는 점이다. 그들은 누가 자기에게 이익이 될지를 생각해서 한 표를 행사했다. 과연 그곳에 공정한 사고가 있었을까?

타이완의 선거 열기는 대단하다. 1년 내내 크고 작은 선거가 끊이지 않는다. 타이완의 일부 정치 지도자들은 타이완이 민주주의의 모범 사례이고, 보편적 가치관을 대표하는 나라라 생각한다. 타이완의 민주주의의 발전은 부인할 수 없지만, 타이완 사람들 역시 결국은 중국인이다. 타이완의 민주주의는 '중국적'이라는 색채가 더해져 조금 변질되었다.

2011년, 타이완 중부에 위치한 한 도시에서 열린 학술회의에 참석했다. 택시를 타고 가면서 기사와 이야기를 나눴는데, 그는 당시 정권을 잡은 민진당에 불만이 아주 많았다. 반면 국민당 주석인 마잉주馬英九의 대중국 개방정책은 아주 좋고, 그 때문에 수입도 늘었다며 만족감을 드러냈다. 그런데 내가 다음 총통 선거 때 누구를 뽑을 거냐고 묻자, 그는 조금도 망설이지 않고 대답했다.

"당연히 민진당 후보지요!"

그의 이유는 아주 단순했다. 민진당은 타이완 사람의 당이니, 타이완의 이익을 대변한다는 것이다민진당은 타이완 독립을 주장한다. 지역 의식은 중국인의 공정한 사고에 영향을 주는 중요한 요인이다.

그렇다면 기준에 따라 일을 하고, 원칙을 준수하면 다 공정한 것일까? 실상은 그렇게 단순치 않다. 규칙도 사람이 만든 것이어서, 공정하지 않은 사람이 만든 규칙은 공정할 수 없다. 예를 들어 일부 학교의 정교수 선발 기준을 살펴보면 이런 규정이 있다.

"정교수는 강의 경험과 연구 실적 외에 행정관리 경험이 필요하다."

강의 경험과 연구 실적은 노력해서 성취할 수 있지만, 행정 경험은 도대체 학자가 어디서 쌓을 수 있을까? 이 규정은 아마 일부 공직자들을 위해 특별히 만들어졌을 것이다. 따라서 이 규정은 불공정할 수밖에 없다. 이런 일은 중국인 사회에서 아주 흔하게 일어난다.

공정한 사고는 도덕의 표현이며, 한 사람의 자신감과 건강한 심리를 나타내는 척도다. 공정한 사회를 만들려면 먼저 개인이 공정하게 사고하는 법을 익혀야 한다.

의리와 공정성, 공정성과 의리

중국인은 옳고 그름을 따질 때 가장 먼저 혈육 간의 정을 고려한다. 성인들도 다르지 않았다. 《논어》에 이런 내용이 나온다.

어느 날 섭공葉公이 공자에게 말했다.

"내가 살던 마을에 아주 정직한 사람이 있었네, 아버지가 양을 훔치자 아들이 고발했지!"

물건을 훔치는 일은 아주 비도덕적인 행위다. 아들은 대의를 위해 혈육의 정을 눌렀으니, 칭찬받아 마땅하다. 그런데 공자가 생각지도 못한 말을 했다.

"내가 사는 곳은 공이 사는 곳과는 다릅니다. 아비는 아들을 위해 숨겨주고, 아들도 아비를 위해 숨깁니다. 이 속에 곧음이 있습니다."

물건을 훔치는 일은 범죄이고, 범죄 사실을 알고도 말하지 않는 것은 범죄 은닉죄에 해당한다. 그런데 공자는 이를 '곧음' 곧 '정직'이라 했다. 공자의 이런 생각을 과연 어떤 사회가 받아들일 수 있을까?

유교 문화에서는 의리를 중시한다. 중국인의 가치관에서 의리는 언제나 좋은 쪽이었다. 사람들은 은혜를 원수로 갚거나, 의리를 모르는 사람을 비난했다.《삼국지》를 좋아하는 이유도, 무협지가 인기 있는 이유도 의리를 강조하는 내용을 담고 있기 때문이다. 의리를 중시하는 마음은 좋으나. 이 상황에서 종종 공정성을 잃고 만다.

의리와 공정은 같은 의미가 아니다. 이 둘은 때때로 서로 대립하기도 한다. 고대 시가나 노래에도 의리를 강조하는 내용이 많다. 한신이 젊은 시절 세상을 떠돌며 살 때, 어느 날 배가 고파 쓰러졌다. 때마침 빨래를 하던 아낙이 그를 발견하고 먹을 것을 가져다주었다. 훗날 한신은 한나라의 개국공신이 된 후에 은혜를 잊지 않고 어렵게 그 아낙을 찾아가 감사를 전하고 수많은 황금을 주었다. 이 이야기로 한신은 미담의 주인공이 되었다.

그런데 옳고 그름을 따지지 않고 의리만을 강조하는 성격은 간혹 결점이 되기도 한다. 많은 사람들이 의리, 의로운 것이라 생각하는 기준은 자신의 감정에서 출발하고, 순전히 주관적인 취향으로 어떻게 할지를 결정하곤 한다. 때때로 이런 결정은 타인의 이익을 침해하기도 한다.

조조가 적벽대전에서 대패하고 도망치다가 매복하고 있던 관우의 공격을 받았다. 거느린 군사도 별로 없고, 사기도 떨어져서 조조는 속수무책으로 당할 수밖에 없었다. 조조는 관우가 의리를 중시하는 인물임을 알고, 과거에 자신이 관우를 죽이지 않고 그냥 보내준 이야기를 하며 관우의 마음을 건드렸다. 마음이 약해진 관우는 조조를 살려 보내주었다. 이 순간 관우는 분명 조조에게 과거 빚을 갚았고, 의리를 보여주었다. 하지만 그는 제갈량의 명을 어겼고, 유비가 과거 조조에게 당했던 일이나 유비의 아내가 조조에게 죽임을 당한 일은 모두 잊었다. 이것을 우리는 공정하고 공평하다 말할 수 있을까?

옛말 중에 "인정과 도의는 값을 매길 수 없고, 또 갚을 수도 없을 만큼 크다"라는 말이 있다. 그래서 인정과 도의는 희생을 원칙으로 이뤄지는 경우가 많다. 감정과 관련된 일은 돈을 주고 물건을 받는 매매 행위와는 다르다. 만일 누군가에게 인정과 도의를 빚지면, 그것은 갚아도 갚아지지 않는 빚과 같다. 감정은 값을 매길 수 없기 때문이다.

어떤 사람이 관직에 올랐다. 그 과정에서 많은 사람들의 도움을 받았는데, 나중에 그들이 인정과 도의를 말하며 그에게 은연중에 은혜를 갚으라는 뜻을 내비쳤다. 이 뜻을 받아들인다면 희생이 따르고, 심지어 법률을 위반해야만 한다. 사회에서 일어나는 많은 불공정은 이 같은 인정과 도의에서 시작된다.

중국인은 보편적으로 인정과 도의를 아름다운 마음이라 여긴다. 이 때문에 오히려 일이 잘 풀리지 않고 많은 문제가 일어나는 것은 아닌지 생각해보는 이는 거의 없다.

애플을 예로 들어보자. 1980년 애플이 상장하자, 두 창업자인 스티브 잡스와 스티브 워즈니악은 순식간에 2억 6천만 달러의 재산을 갖게 되었고, 300여 명의 직원들도 다 백만장자가 되었다. 그런데 잡스의 대학동창인 다니엘 코트키는 아무런 이득을 보지 못했다. 코트키는 잡스가 인도 여행을 떠날 때 동행했던 이로, 창업 초기 때부터 그를 도와준 고마운 친구였다. 그런데 회사가 상장할 때까지도 그는 아르바이트처럼 일하고 있어서 주식을 한 주도 받지 못했다. 정직원이 아니면 주식을 받을 수 없다는 회사 규정 때문이었다.

그 당시 코트키는 여러 번 잡스에게 조금이라도 주식을 나눠줄 것을 부탁했지만 잡스는 단칼에 거절했다. 이런 상황을 안타깝게 여긴 애플의 한 간부가 잡스가 코트키에게 양도하는 주식 수만큼 자기도 똑같이 양도하겠다고 제안했지만, 잡스는 고개를 저었다. 결국 애플의 다른 창업자인 스티브 워즈니악이 자기 주식의 일부를 코트키에게 주었고, 그는 미담의 주인공이 되었다.

대부분의 중국인은 아마 잡스의 무정함을 탓하며, 인정이나 도의를 모르는 사람이라 생각할 것이다. 그러고는 워즈니악의 인정을 칭찬할 것이다. 그런데 애플이라는 회사 차원에서 보면 워즈니악의 방법은 오히려 해가 된다. 그가 이렇게 함으로써 애플의 모든 직원에게 일종의 선례를 남기게 된 것이다.

"애플은 능력과 공헌도만 보지 않고, 인정에 의해서도 이익을 나눌 수 있다."

반면, 잡스의 행동은 회사의 장기적 발전에 유익하다. 그는 직원들에게 이렇게 선포한 것이다.

"애플에서는 능력만을 본다. 친구건 가족이건 아무 소용없다."

중국인은 어떤 일을 접했을 때, 일 자체의 시비곡직_{옳고 그르고, 굽고 곧음}으로 판단하기보다는 다른 외부 요소들의 영향과 간섭을 받는다. 혈육·친구·의리·인정·울타리·권력 때문에 원래는 간단한 일이 아주 복잡해지고, 심지어 공정함까지 잃고 만다. 이는 개인뿐 아니라 사회의 발전을 방해한다.

중국,
엄청나게
가깝지만
놀라울 만큼
낯선

초판 1쇄 발행 2016년 8월 10일
초판 4쇄 발행 2019년 3월 11일

지은이 스위즈
옮긴이 박지민
펴낸이 이범상
펴낸곳 (주)비전비엔피 · 애플북스

기획 편집 이경원 심은정 유지현 김승희 조은아 김다혜
디자인 김은주 이상재
마케팅 한상철 이성호 최은석
전자책 김성화 김희정 이병준
관리 이다정

주소 우) 04034 서울특별시 마포구 잔다리로7길 12 (서교동)
전화 02) 338-2411 | **팩스** 02) 338-2413
홈페이지 www.visionbp.co.kr
인스타그램 https://www.instagram.com/visioncorea
포스트 post.naver.com/visioncorea
이메일 visioncorea@naver.com
원고투고 editor@visionbp.co.kr
등록번호 제313-2007-000012호

ISBN 979-11-86639-26-9 03300

· 값은 뒤표지에 있습니다.
· 잘못된 책은 구입하신 서점에서 바꿔드립니다.

이 도서의 국립중앙도서관 출판예정도서목록(CIP)은 서지정보유통지원시스템 홈페이지(http://seoji.nl.go.kr)와 국가
자료공동목록시스템(http://www.nl.go.kr/kolisnet)에서 이용하실 수 있습니다. (CIP제어번호 : CIP2016017531)